# 琼崖革命史料选辑与专题研究

主 编　李德芳　杨素稳

副主编　张竞予　原　广

武汉大学出版社

WUHAN UNIVERSITY PRESS

**图书在版编目(CIP)数据**

琼崖革命史料选辑与专题研究/李德芳,杨素稳主编.—武汉：武汉
大学出版社,2023.9

ISBN 978-7-307-23982-1

Ⅰ.琼…　Ⅱ.①李…　②杨…　Ⅲ.华南抗日根据地—史料
Ⅳ.K269.506

中国国家版本馆 CIP 数据核字(2023)第 172935 号

责任编辑:胡国民　　　责任校对:汪欣怡　　　版式设计:马　佳

出版发行：**武汉大学出版社**　　(430072　武昌　珞珈山)
　　　　　　(电子邮箱:cbs22@ whu.edu.cn　网址:www.wdp.com.cn)
印刷:武汉邮科印务有限公司
开本:720×1000　　1/16　　印张:20.75　　字数:335 千字　　插页:1
版次:2023 年 9 月第 1 版　　2023 年 9 月第 1 次印刷
ISBN 978-7-307-23982-1　　定价:88.00 元

# 前　言

为更好地传承红色文化基因，弘扬与伟大建党精神一脉相承的琼崖革命精神，海南大学马克思主义学院师生在承担教育部人文社会科学研究专项任务项目"琼崖革命精神研究"和海南省马克思主义理论研究和建设工程重大委托专项课题"琼崖革命精神基本内涵及时代价值"的过程中，编写了这本学习参考书。

本书分上、下两编。上编收录了部分反映琼崖革命斗争的文献资料，主要是琼崖革命斗争亲历者的文章、讲话、回忆录以及琼崖特委给中央的报告。收入本书时，对个别文献资料的文字标点进行了必要的校正；下编收录了海南大学马克思主义理论学科的部分琼崖红色文化专题研究成果。书稿上编中一些错误之处用[ ]在后标注正确的用词或用字，缺漏之处用【 】表示，衍文或多余符号用〈 〉标出。对于一些按照历史习惯的用语则遵循原貌，在此不作改动。

本书由李德芳、杨素稳主编，张竞予、原广担任副主编。张竞予、原广、李佳佳、李精翠、王文克做了大量的资料收集整理工作。海南省史志馆、海南省档案馆、海南大学图书馆等单位为本书的编撰提供了诸多便利。武汉大学出版社编辑胡国民老师为本书出版付出了许多辛劳。谨此致谢！

本书因篇幅所限，有许多重要文献资料没有收录。我们希望以后条件具备时编辑更加系统丰富的资料，进一步为弘扬琼崖革命的伟大精神、传承红色文化基因服务。

编　者

# 目　　录

## 上编　史料选辑

中国共产党的光辉照耀在海南岛上 ……………………… 冯白驹 （3）

红旗不倒 …………………………………………………… 冯白驹 （9）

红色娘子军 ………………………………………………… 刘文韶 （25）

海南妇女干部的摇篮

　　——忆琼崖妇女学校 ………………………………… 陈冰萍 （51）

琼崖抗日公学 ……………………………………………… 罗文洪 （60）

回忆琼崖抗日军事政治干部学校 ………………………… 祝菊芬 （65）

五指山尖五朵红霞 ………………………………………… 冯白驹 （73）

共产党是黎族苗族人民的救星 …………………………… 王国兴 （79）

姨母

　　——忆游击女英雄刘秋菊 …………………………… 李英敏 （82）

吃"南杀" …………………………………………………… 文　度 （94）

延安派来的老红军 ………………………………………… 陈青山 （96）

请示 ………………………………………………………… 庄　田 （101）

自卫反击总结 …………………………………………………………… （107）

坚定地完成解放全琼任务 ………………………………… 冯白驹 （112）

难忘的接见 ………………………………………………… 李独清 （115）

北上参加政协会议 ……………………………………………… 马白山（118）

## 下编　研究探讨

新民主主义革命时期黎族红色文化的精神内涵及育人功能 ……… 黎　航（123）

海南高校大学生红色文化教育状况调查与研究 ………………… 何宏米（152）

海南红色旅游在培育社会主义核心价值观中的功能 …………… 樊红潮（177）

琼崖革命精神史话 ……………… 李德芳　杨素稳　张竞予（204）

参考文献………………………………………………………（324）

# 上 编
## ❖
# 史 料 选 辑

# 中国共产党的光辉照耀在海南岛上

冯白驹

海南的共产党组织，是在一九二五年冬天第一次大革命的风暴里建立起来的。二十六年来，海南党的组织领导海南人民、依靠海南人民进行了艰苦卓绝的、前仆后继的长期的革命斗争，经历了极端残酷的日子，渡过了漫长的黑暗岁月，终于配合全国人民革命的伟大胜利，取得了伟大的胜利。海南党的组织的胜利，是和党在全国的胜利密切不可分的，是我们党三十年来的英勇奋斗及其伟大的胜利中的一个小小部分，是我们党三十年来千万个英勇模范例子中的一个小小的例子，不能亦不应该夸耀的。不过，海南党所处的情况，是比较特殊的，在一个四面被反革命势力封锁包围、面积不够四万平方公里、人口仅仅二百七十万的海岛上，共产党员赤手空拳奋起进行武装斗争，一直坚持了二十二年，几经曲折挫败，终于坚持和发展到有了万人以上的武装，有力地配合了我军主力最后解放了全海南岛。这是海南党的组织领导人民革命斗争的光荣的胜利。这个胜利说明了马克思列宁主义——毛泽东思想不可战胜的威力。因此，趁着我们党的三十周年纪念日，把在孤岛上坚持奋斗了二十多年的海南党的组织的情况介绍一下，是有意义的。

海南党的组织所经历的道路，和全国党一样。经过一九二五至一九二七年的第一次国内革命战争时期、第二次国内革命战争时期、抗日战争时期和第三次国内革命战争时期。当一九二五——一九二七年大革命的风暴遍及广东全省时，海南共产党组织才开始建立。海南的革命先进人士和海南人民，配合当时的革命军渡海作战，消灭了帝国主义走狗封建军阀邓本殷的统治，解放了全海南。在革命军中的共产党员的指导援助下，海南党组织建立了，并且从知识分子发展到工人及广大农民中，从城市发展到农村中，领导了海南人民进行轰轰烈烈的反帝反封建的革命运动。这个时期虽不久，但影响是很大的。从这一时期起海南党就建立了领导全岛的党组织机构（第一次国内革命战争时期是琼崖地委，一九二七年"四一二"后改为琼崖特别委员会，一九四七年改为琼崖区委员会，主要负责人，最初是王文明，一九二八年改由黄学增负责，一九二九年黄学增同志牺牲后，由冯白驹同志负责，一直至现在）。一九二七年"四一二"事变国民党反革命以后，海南党转入农村，发动和领导武装斗争，直到一九五〇年全海南解放。在第二次国内革命战争时期，海南党领导海南人民掀起了二次土地革命的高潮（一次是一九二七年夏至一九二八年秋，一次是一九二九年秋至一九三一年冬），建立了万余人的武装部队，建立了遍及全岛的农民组织，建立了全岛的革命政权和几个县的革命根据地，并且在琼东、乐会、万宁、定安、陵水、澄迈等县进行没收和分配地主土地。但是由于反革命势力的疯狂进攻，内部暗藏奸细的破坏活动，特别是由于领导上存在许多错误和弱点，使革命受到严重的挫败。从一九三一年至一九三八年，海南党不能不转入秘密活动和分散游击的状态，党在无数失败和痛苦的教训下，长期艰苦坚持，耐心的积蓄力量，一九三八年在党中央抗日民族统一战线的方针的指导下，全海南的规模不大的红军参加了抗日战争，海南党也积极推动和领导起海南的抗日运动。一九三九年日寇侵占海南岛，海南党所领导的人民武装，以不足二百人枪的力量，首先奋起抗战。从一九三九年至一九四五年六年多的时光中，除了初期国民党中的某些爱国官兵曾一度和我们合作打击日寇以外，整个的孤岛抗日战争全部由我们党所领导的人民武装来担负。从一九四〇年冬天起，国民党反动匪帮就勾结敌寇发动内战，我们就在两面夹攻下坚持奋斗。一九四二年日寇在国民党匪帮的帮助下，进行了空前残酷的"蚕食"，"三光"扫荡，把抗日民主地区变为"无人区"，我们所遭受的困难是空前的。但终因我们执行了党中央和毛主席的方针，依靠了广大人民坚持了长期战争，取得了最后胜利。在日寇投降后仅三个月，国民党匪帮就发动了大规模的内战；在敌我力量悬殊下，在初期我们曾受到很大的困难和损失，但在党中央所领导的全国革命运动猛烈发展和我们的坚持奋斗下，逐渐改变了敌我悬殊的状态，扭转了战争局面。并且建立了革命根据地，在许多地区进行了减租反霸、土地改革，发动了广大的人民，展开了胜利的进击，把国民党匪帮迫到沿海城市和据点中。虽然，在全岛解放的前夜，国民党残匪猬集到海南，疯狂向我们进攻，但海南人民的力量已经大到从[前]所未有，终于配合野战军渡海大军，解放了全海南。

海南党的组织在这样长期斗争中，表现出了哪些特点呢？

第一、海南是一个海岛，反革命势力不但在海上封锁着它，而且在陆上亦是重重封锁着它，我们是长期被封锁在荒僻的山地和乡村中，不但远离主力、远离党中央，并且由于华南的革命发展的不平衡，海南总是变成突出的一点，反革命的进攻摧残是特别的残酷。由于这个特点，海南党组织所受党中央及上级党组织的领导是不正常的，有时候还陷于断绝联系的状态，这就使得海南党的组织不得不在很多时候独立地解决一些重大问题（当然仍是在党中央和毛泽东同志的总的方针之下），这对于海南党组织的锻炼是大有帮助的。

第二、海南党的组织是经过很多曲折挫败的，整个党都是倒下再起，再起又倒下，其中有一九二七年"四一二"事变后，一九二九年特委机关破坏后，一九三一年红军主力损失后，一九四二年日寇的大规模的"蚕食"，一九四六年国民党大规模进攻等几次，其中最严重是一九三一年以后革命力量损失到只存下几十个人，但是始终坚持到最后胜利，这都表现了海南党组织高度的顽强和英勇精神。

第三、正因为海南岛长期地在孤岛上进行战斗，远离中央，因此，全海南党的组织就不可避免地存在着一些严重的缺点，这就是党的马列主义——毛泽东思想的水平很低，党员的理论政策修养很差，党的游击作风还很严重，无政府无纪律的现象还很严重，党内的组织生活还不健全，党内的民主集中制的领导方法还没有学会等等。对于这些弱点全海南岛的同志必须明白地认识加以克服，否则，我们是不能担任我们新的建设任务的。

海南党所以能够领导海南人民长期奋战和取得胜利，我们觉得有几个基本因素：

第一、从全程的斗争上看海南党组织基本上是掌握了党的政治路线与战略方针和站稳了党的工人阶级的立场的。我们在大革命失败后，就坚决把革命主力转移乡村，依靠广大的农民斗争力量，坚持革命斗争，发动人民的武装反对反革命武装的进攻。

在第二次国内革命战争时期，海南党组织始终坚持了反对封建主义，推翻国民党反动统治，发动与领导广大人民进行革命斗争，组织与领导了农民进行土地革命，组织了工农兵民主专政的革命政权等等。在抗日战争时期，我们向全岛人民与在琼国民党当局提出"团结合作共同救琼"的号召，参加对日作战，且担负了领导的作用。在和国民党进行谈判与改编红军工作中，在抗日民族统一战线中，党始终坚持了政治上与组织上的独立性，打击与粉碎了国民党当局的"并吞"阴谋。在初期抗日统一战线较为顺利时，我们除了协助国民党中的爱国官兵在政治上的进步外，还能站紧发展自己以达到巩固抗日统一战线的立场，进行了适当的发展人民抗日武装力量的工作，并与党内取消自己基本武装力量的错误倾向作了严重的斗争。在国民党消极抗日、积极反共的时期到来时，则警惕敌人诱歼阴谋，站紧阵地坚决反击国民党反动派的进攻，但同时也不放松一切的可能向对方进行团结合作消灭内战危机的活动，基本上执行了中央的政策。在第三次国内革命战争时期，则克服了党内外因为和平运动及琼崖纵队决定北撤，而引起的思想上的严重波动，稳定了内外不安情绪与斗争意志，特别是警惕着国民党匪军司令韩练成的诱降诱歼阴谋，作好自己的准备，坚持自卫，反对与粉碎国民党反动派的进攻；并在战争中消灭了敌人，赢得了胜利，基本上执行了党中央联合四大阶级反对三个敌人，为实现新民主主义新中国而斗争的总路线。

第二、是由于我们在基本上执行了毛主席的建军传统与军事思想，培养了一支斗不倒的海南人民武装力量。海南人民的革命斗争，贯串在全过程的是武装斗争。海南人民自己的军队，就是中国人民解放军琼崖纵队。这支军队二十多年来在海南党的组织领导下，无论是在斗争失败时或在斗争发展时，都屹然不动，忠诚于党与人民的事业，它的斗争的英勇事迹，生动的典型，都是活生生的刻印在海南人民的心目中。它为海南人民服务，奋不顾身，无衣无食，任劳任怨，艰苦奋战，英勇顽强的斗争精神，也是革命运动史上所罕见的。它是在斗争中成长，斗争中壮大，从无到有，从小到大，从弱到强，来自人民，依靠人民。它在自己组织中，严格地执行毛主席所规定的三大纪律，八项注意，建立了有力的政治工作，消灭了军队中的军阀主义，执行了毛主席规定的爱民拥政，爱兵尊干，官兵一致，军民一致的政治工作原则。它在军事思想上，也是在毛主席天才创造的第二次国内革命战争时期的《中国革命战争的战略问题》《抗日游击战争的战略问题》《论持久战》，以及第三次国内革命战争中的十大军事原则所教育和锻炼之下才具备了初步基础的。因此，这一支军队就能在海南的艰苦的斗争中，坚持下来，消灭敌人，壮大与发展自己，配合我军主力解放海南。

第三、依靠群众，联系群众，群众的力量是不可战胜的力量。海南人民在革命斗争过程中，不管我们的损失是如何的重大，白色的恐怖是如何的厉害，反动统治是如何的黑暗，斗争是如何的残酷与艰苦，但是我们都克服了困难，渡过了难关，坚持下来并且能够发展的主要原因，就是我们始终依靠群众联系群众，得到了海南岛人民的拥护与支持。海南岛人民是有反对帝国主义和反对封建主义的顽强的战斗精神的，我们就是依靠了海南人民的这种革命精神，我们的斗争才能发展，并取得胜利。离开了广大海南人民对革命的热烈要求、支援与积极参加，那么，海南的革命斗争根本是不可能进行的。

第四、是由于党员干部忠诚于党与人民的事业。在海南人民革命长期的战争中，考验了我们的党员、干部。他们对于党与人民的事业，是抱着无限忠诚的。海南人民革命战争的残酷与艰苦，是十分严重的。然而我们的干部却在这个特殊斗争的环境中，长期埋头苦干，无衣无食，卧山岭，钻土洞，不怕劳苦，不顾牺牲，始终如一，奋战不懈。虽则，在我们的队伍中，在长期的恶战过程中，也有不少的叛变、逃走、动摇、蜕化，但绝大部分的干部与同志都是好的，都是忠诚于党与人民事业的。抗日战争中的日敌"蚕食"时期，琼山、文昌二县的区乡级干部，在几个月中就牺牲了约四百名，其中没有一个出卖阶级、出卖革命的。这个范例，可以作为我们干部如何忠诚于党与人民事业的典型代表。我们肯定地说，如果我们没有这样品质优良的干部支持斗争，那海南人民的革命战争，是无法想象的。

第五、是由于我们执行了毛主席的指示，建立了农村根据地。农村根据地的建立与否，对于坚持与发展斗争，是有重大作用的。这个经验，在海南人民长期的革命战争中也得到显著的说明。海南的武装斗争，在第二次国内革命战争与抗日战争时期，根据地问题还没有得到基本解决，在那两个时期中，小块的临时性的根据地是有的，但坚固的根据地还未建立，正因为如此，我们在那两个时期的斗争中，吃亏很大。到转入第三次国内革命战争时期，我们才把五指山区较巩固的根据地建立起来(包括白沙、保亭、乐东三县)。这个根据地的建立，虽然时间不久，但在支持与发展后期海南人民革命战争上是有重大的作用的。没有这个根据地建立，我们就不会有一九四八与一九四九年中冬夏两季攻势的伟大胜利，没有这个根据地的建立，我们就会很困难或不可能应付国民党将在解放前夜那样压倒优势力量的进攻；也可以这样说，没有这个根据地的建立，对于配合大军渡海登陆作战解放海南的任务，非但会受到影响，恐怕甚至不能起多大作用。

第六、最后，海南党的领导机关，贯串在全部斗争过程中是保持了党的组织与领导作用的。这与海南能长期坚持人民革命战争是分不开的。虽然，海南党的组织领导机构曾在一九二九年春在海口市被破坏，全部负责同志均壮烈牺牲，党一时失去统一领导，但这只是很短时间，经过几个月后，新的领导机构又建立起来，一直到海南解放，均一直保持其组织与领导关系，这也是海南党与海南人民的胜利的一个重要原因。

海南党的组织廿多年来，远离中央，在摸索中创造了一些成绩，但我们必须懂得，我们的斗争并不是孤立的，如果没有在毛泽东同志领导下的全国革命的发展和胜利，我们海南是不可能单独得到胜利的。在全部的过程中，虽然有些时候我们与中央断绝了直接的联系，但就在那些时候我们从中央公开发表的文件中从毛主席的著作中，初步的体会了毛泽东思想的要点，而这就是我们海南岛的斗争能够坚持与发展的最根本的原因。更不用说，党中央在各个时期都曾派了得力的干部来参加海南岛的工作，这对于海南岛工作的帮助更是很大的。

但究竟因为我们长期离开中央的直接领导，因此我们学得的毛泽东思想还很少，全海南的共产党员必须明确的认识这个问题，认真的展开毛泽东思想的学习运动，来提高我们的思想水平，来改变我们长期在游击环境中造成的在思想上、理论上、政策上的落后状态。任何的骄傲自满，都是不正确的，必须克服的。

光荣属于中国共产党！

我们党的领袖伟大的毛泽东同志万岁！

——录自《新海南报》1951 年 7 月 20 日。

# 红 旗 不 倒

冯白驹

## 1. 革命摇篮母瑞山

1932年，明媚的南岛之春被战神拖进了火和血的狂涛里。

白匪集中了强大的兵力，向我们紧紧地追赶着，敌机掠过田野和村庄，低压着椰林树梢，发着怪叫，在我们前后左右俯冲扫射和轰炸。炸弹的轰鸣在山谷中引起长久的回响，大地在动荡。

战火烧焦了百花；战火灼热了红色战士的心。

情况万分危急。中国工农红军琼崖独立师日夜兼程，从四面八方向母瑞山集拢。

母瑞山面对着海南岛的重镇嘉积市，是五指山东延的一支山脉。山势险要，云彩在她半山腰里缠绕。山林遮天蔽日，她是海南革命的摇篮。1927年，海南第一次大革命失败之后，革命的火种在这里得到掩护，又从这里掀起革命的狂澜，一直冲击着敌人反动统治中心海口市。如今，我们又要在这里和敌人周旋。

红军带着连日奔波的疲劳赶到这里的时候，坐着汽车的白匪军，也追到了山下。敌人把母瑞山重重包围起来，妄图在这里把我们斩尽杀绝。母瑞山上展开了激战。漫山遍野的白匪军向山上压缩。

"把敌人打下去！"师长王文宇呼喊着，命令着。每个山谷、每个山头都在战斗。炮火连根掀倒千年古树，土块、木屑、碎石挟着弹片象倾盆大雨，撒到红色勇士的身上。他们英勇地击退敌人一次又一次的冲锋。敌尸横塞着山沟，勇士们的鲜血也染红了山头。

激战不分日夜地持续了十几天。敌人无法攻上母瑞山；但他们也无撤退的打算。

战斗还要残酷地绵延下去。

师长王文宇坐在地上，正用盐水来洗他那烂了的双脚。总务三爹（同志们都这样尊敬地称呼一位年纪较大、管总务的同志，连他的真姓名都忘了）走到师长跟前报告：

"师长同志，我们的粮食快完了。"

"什么？"不知是因为枪声震得他听不清，还是他不相信自己的耳朵，王师长抬起头来重重地反问。

"只有一天的粮食了。"三爹伸出一个指头，低声说。

王师长的脸色顿时变得十分难看。他那闪闪发光的眼睛，也显得阴郁了。我在旁边徒[陡]然万分焦急，这就是说全师和所有的党政机关领导人员，将面临绝粮的危机。历史上有多少军队，并不是他们没有战斗的意志，就是因为弹尽粮绝而最后失败的啊。

"通知全师煮粥吃！"师长从牙缝里吐出了这句话。三爹敬了个礼，转身向森林深处去了。

在断续的枪声中，中共琼崖特委召开了紧急会议，研究当前的情况和我们的对策。认为敌人竭其全力来围攻我们，目的在于与我决战。如果我们全部长期死守在母瑞山，就是再守一个时期，再消灭一些敌人，但这样孤军困战，最后必陷于绝境。因而决定由王文宇、冯国卿两同志率主力部队突围，分散敌人，击破敌人对母瑞山的围困。

夜里，我和琼崖苏维埃主席符明经、秘书长王业熹、共青团特委书记冯裕深等同志站在山上，听着突围方向发出的爆豆似的枪声，看那拖着长长的红尾巴的流弹飞舞。一夜都没有合眼，谁不在为自己同志的安危而担心！

翌日，天蒙蒙亮，留在母瑞山坚持斗争的领导机关和两个警卫排共一百多人便往山顶上撤退了。阳光普照大地时，山脚下没有了枪声。四野静悄悄，母瑞山象是疲劳了，她要睡了。我目瞩远方，处处椰林成荫，宽大的亚热带植物，婀娜地摇动着它那叶子。银光闪闪的万泉河，匆匆向东奔流。稻田郁绿如绒毯。村庄微露，隐现在椰子林间。如画的南岛春色啊，却看不到放牧的牛羊，找不见耕作的农民。

"哒，哒，哒……"突然远方传来一阵机枪叫，接着机枪声中拌和了密集的手榴弹爆炸声。

"那不是乐会吗?"大家朝我手指的方向看去，枪声更加激烈了。

"我们主力突围的方向呀!"

南边也传来了枪声。

"莫不是队伍冲散了?"王业熹担心地说。

"你怎么尽往坏处想。"符明经放下遮阳光的手，不以为然地说。仿佛即使是事实，他也不愿这样想。可是看得出来，他全身都非常紧张。

我们把希望寄托在突围部队身上，愿他们早一刻送来好的消息。我们盼着，盼着。

## 2. 敌人哪，看你逞凶到几时

五天过去了，十天又过去了。每天每天，太阳从东海边升起，到被西山吞没，我们站在山巅上眺望，椰林山岗，稻田村庄，甚至连万泉河流水也越来越显得暗淡无光。母瑞山象一个负伤的巨人，偎依着五指山在悲愤，沉思。

周围的一切都好象跟我们一样在悬念着突围的红军主力。

枪声又响了起来，就在山脚下村庄里。

火、火，好大的火呀!一个村接一个村腾起滚滚浓烟，火舌喷向天空。我拿望远镜望去，烟火掩盖了房屋，火焰一阵旺似一阵。大地在燃烧。愤怒、仇恨的火焰也在我的胸膛中燃烧。

"敌人，敌人哪!"

我的警卫员嫒忠一声尖叫，把躺着看书的符明经，正写日记的王业熹，替战士们补衣服的王惠周和李月凤等都吸引过来。大家看呀，山脚下，村庄旁，大路上，一队队的白匪军，用刺刀威逼着一群群扶老携幼的老乡——我们的亲人，离开他们祖祖辈辈生息的家园。敌人在辱骂殴打，妇女和孩子在啼哭喊叫。

看着这些，我们心都要碎了。

"狗东西，他们把老百姓都赶走，企图挖掉我们的根。"符明经愤愤地自言自语。

"唉，两军对战，为什么糟害老百姓呢？"炊事员李月凤是位软心肠的姑娘，她总是好以她那纯洁而稚气的思想去想事情。

"你呀，又聪明又傻瓜，反动派还会管什么老百姓不老百姓。他们是宁可错杀一千，不肯错放一人啊！"我的爱人王惠周，这个共青团的支部书记，一边说一边把拳头握得打颤。

"报告首长！"急性子战士吴天贵跑到我跟前，我以为出了什么事了。他气呼呼地说："我们再也忍耐不下去了，让我们下山去。"

吴天贵还未说完，一位排长也跑来了，后面还跟着一群战士。他说："我代表全排要求首长给我们下命令，我们要跟敌人拼！"战士们举着枪支吵嚷起来。

"同志们，请冷静，"我们的苏维埃主席符明经严肃地制止大家。"我们是领导机关，我们留在山上不是怕死逃命，而是要保存我们的力量，领导全海南的革命，我们不能跟敌人一拼了事。"

望着愤怒的战士，我理解他们。可是我也不得不劝他们各回原位，严密注意敌人的动静。战士们跺跺脚散开了。忍耐下眼前的事，对他们来说真是无比的痛苦。

日子过得多么闷人！主力离开母瑞山快三个月了，还没有人回来联系。为什么连三爹也不回来呢？主力的安全，各县的斗争，苏区的人民，一连串的问题紧箍着我们的心。山下一点确实的消息也得不到。

在这些日子里，大批的敌人穿林攀岩搜剿我们。又鸣枪又呐喊，遍山都是他们的声音。但我们熟悉这里的每条山沟，每块岩石，每条小径和那不见天日的椰林深处。我们拖着敌人山前山后地打转转。我们在跟敌人捉迷藏。敌人拖得疲劳极了，对我们再也想不出好办法。

这一天，我们分散隐蔽。我和符明经、王惠周、嫒忠、吴天贵躲藏在一个石洞里。洞子很窄，天气又闷热，大家坦开怀，用帽子扇风，默默地听着敌人搜山的动静。近了，被搅动的灌木丛发出沙沙的声响，一阵脚步声传来了。吴天贵和嬛忠在洞口的藤篱后面，朝外窥探着。他们紧握着驳壳枪，食指扣在扳机上。嬛忠轻声说："敌人朝我们来了。"大家各抄家伙，几乎要骚动起来。我连忙打手势要大家千万镇静。闭着气静静地听，一阵脚步声过去了，大家刚松一口气，又听吴天贵连说带问："来了，打不打？"说着他的枪已伸向洞口了。我上去抓住他的手，向外一看，两个白匪兵一手持枪，一手攀着树枝爬上来了。离我们只有几步了，嬛忠圆睁着眼，吴天贵死劲咬着下唇。我眨了几下眼皮，向他们示意：敌人不发觉我们，我们就不开枪，谁知这两个鬼东西竟在我们头顶上的石头上坐了下来。喘着粗气，两脚还乱踢乱动。

一阵皮鞋踏在石头上的声音又传来了，接着是一声吆喝："你们干什么拉下来了！混蛋，是来剿匪，还是来歇凉？"

"是，报告营长……"

"不准多说，马上给我搜，共匪的师长都被人家抓到了。共匪就藏在这山上，你们都是笨蛋，连匪兵也不给我抓到一个……"

"什么，敌人抓到了我们的师长！"顿时，我的心紧缩起来。

吴天贵把牙齿咬得发响，嬛忠好像停止了呼吸。我紧抓着他们两个，生怕他们控制不住自己的怒火。好容易等到敌人走了，我把敌人的话告诉了符明经，他连连摇头一再说不会。不知是同志友爱情感的驱使还是其他什么原因，大家总不愿意相信王文宇同志真的遇难了。可是谁也没能力把对王师长和他带领的战士们的挂念从脑子中赶走。王师长双脚已烂，身又染病，他能领着大家突出重围吗？担忧、悬想，一直在缠扰着我们。

夜，一牙弯月渐渐向西下沉。我们出了石洞。母瑞山上笼罩着阴沉恐怖的气氛。在约定的地点我们集合了，布好警戒，女同志动手做饭。王惠周和李月凤是最忙的人，打柴、挑水、淘米和挖野菜，还要用芭蕉叶把锅灶围起来，以免暴露火光。两个女同志忙不过来，我们几个领导干部也凑上去帮忙。

森林里没有一点亮光，火可不容易升着。湿漉漉的柴，尽冒刺鼻呛喉的白烟，就是不起火苗。李王两位年轻女同志，一边一个，两腿跪在地上，曲着身子，头伸向三块石头架着的铁锅底，鼓着嘴巴，呼呼地猛吹。火吹着了，她们的眼泪也流干了。

饭作好了，炊事员李月凤，就成了指挥员。她要大家拿出椰壳碗，站好队，挨个分。分到最后，她和王惠周用勺子刮得铁锅刷刷地响，饭没有了，兑上点水吧，就这样她们常常用刷锅水来哄自己的肚子。是什么力量使得这些年青[轻]的女性这样忘我，这样坚强？革命，革命，革命的火种！

山脚下又响起了枪声，枪声划破了母瑞山寂静的夜空。大家都紧张起来，敌人发觉了我们做饭的火光吗？

一会，山洞里传来了走动的声音，越来越近，一个摇晃的黑影。

"谁？"哨兵压着嗓子问。

"我……是三爹。"

"三爹？"嬛忠、天德、天贵和我一齐迎了上去。三爹一头栽倒在地上，手中紧握着短枪。

"三爹，三爹！"同志们齐声喊。三爹急促地喘着气，不吭声。

我双手抱起他来，只觉得他全身软绵绵的。我去拉住他的左手，他全身猛一抖动，啊！血，三爹的血顺手滴淌在我的身上。

"三爹，你负伤了。"

"被匪徒们打伤了。"三爹忽然挺起上身说："我的粮袋呢？粮袋……"

这时我们才发现，他背来了满满的一袋粮食，栽倒时摔在一边了。我们把他抬进树林，王惠周给他扎好伤口，喂他喝了点水，让他依着岩石，我迫不及待地问："师长他们呢？"

三爹不答话，用手捂着脸，哭了。我熟悉这个铁汉子，多少年来我还是第一次看见他哭啊！同志们都拥挤在他身旁，等待着最不幸的消息。

好久好久，三爹才悲痛地低沉地叙说起来。原来红军主力突围未能奏效，途中被敌人前阻后击，一部分被打散了，一部分突不出重围就牺牲了。政委冯国卿下落不明。师长王文字突围到乐会后，不幸被俘，随即壮烈牺牲了。

大家慢慢地低下头来，一阵沉默。有人在低声啜泣，有人抬起了头，凝视着天空中遮住月亮的一块乌云。

"那么地方上的情况呢？"符明经低声问。

"也很不好，"三爹阴郁地说："敌人在我们周围筑起了许多碉堡炮楼，我们的家属被杀的被杀、被捕的被捕。红色村庄都划为'无人区'。敌人还到处悬赏买共产党员和红军战士的头。"

"三爹，这么说，我们完了吗？"李月凤这个女孩子不是气馁，她是悲愤和担忧。

"不，我不是这么说，我只是说我们前一段走错了路，绊倒了，摔伤了。"三爹拍着自己的胸脯说："我们永远也不会完！"

"同志们，"符明经站了起来，在黑暗中挥动着拳头。"三爹说得对，革命永远也不会完。我们要为牺牲的同志报仇。我们还有力量，只要我们坚持，我们一定能够胜利！"

"对！"王业熹激动地接下去，"革命运动就象大海的潮汐，有退潮（低潮）也有来潮（高潮）。我们革命战士要象在海洋里行船的水手那样：来潮不让风浪翻了船；退潮不让船搁浅。要前进！我们的任务更加重了。我们的党会象舵手那样，指引我们驶向胜利。"

王业熹慷慨激昂地讲下去。我又想到党中央。我们和中央断绝联系已很久了。如果说党是舵手的话，那么现在，一切全靠我们这几个领导同志给大家出主意了。责任的重担紧压在我们双肩上。我们必须支撑着祖国宝岛上的这面红旗！

## 3. 从春盼到夏，从夏盼到冬

趁敌人没有搜山的日子，我和符明经、王业熹、冯裕深等同志交换意见，一致认为：我们的主力确实是损失了，可是被打散的必然还在各地隐蔽。红色村庄虽然被摧残了，但敌人怎么也不能全部摧垮各地的党组织。我们这一百多人处在敌人的围困中，要是全下山，目标太大，行动不便。因而，决定派少数同志分批下山，到各地联系和了解情况。

我刚把决定告诉大家，同志们就乱了秩序，争先恐后的要求：

"我去，保证完成任务！"

"我是本地人，情况熟悉！"

"共青团员，请相信我能完成最艰巨的任务！"

"我是党的小组长，会看北斗星认方向！"

"……"

大家挤成一团，有的举着枪，有的握着拳，紧紧地靠在我的面前，黑暗中我看不清他们的面孔，但我体会到他们的心，真正战士的心。这个任务的艰巨困难，谁也知道得很清楚。他们知道山下有什么在等着他们，恐怖、艰难、最残酷的斗争，随时要准备献出自己的头颅。

"别争，共青团员自愿参加的，举起手来!"共青团特委书记冯裕深挤到最前面向大家喊。

我站到石头上去点人数，越点越多。

"哪有这么多团员?"

"还有谁冒充?"冯裕深追问。

"他不是团员!"嫒忠指着身旁一个捎步枪的战士说。

"我不是团员，也不是党员，为什么艰巨的任务就轮不到我?"这个战士气愤了，举着的拳头仍不放下。"什么时候才是我锻炼的机会! 我要求入团好几次了，组织上总说我没有经受过严重的考验。我今天不是团员，明天会是团员的!"他几乎要哭了。

"好吧，大家都把手放下，由领导决定谁去!"我又劝慰大家一番。特别勉励了那个"冒充团员"的战士。

冯裕深把十多名精悍的战士挑选了出来，我向他们交代了具体任务，联络记号等。

黄昏时分，我和符明经，王业熹一起送冯裕深和他带领的十几名战士走出茂密的椰林。千嘱咐万嘱咐：要警惕，要警惕，无论如何也要回来啊。

临近山脚了，冯裕深站住了，不肯让我们再多送。我握住他的手，情不自禁地说：

"去吧，我们等着你们，祝……"

"哥哥!"裕深——我的亲兄弟，好久没有这样叫我了，我感到我握着的他的手在颤动。他象宣誓似的说："除非牺牲了，不然一定回来。"

同志和弟兄的友爱之情，交织在我心中。我的心绪乱极了，惜别、眷恋和爱怜。明知道下山的风险，但为了革命斗争，又不能不派人下山。他向我和符明经一再要求，我们知道他当过琼东县共青团书记，很熟悉那里的情况，就答应了他。此刻，面对面站着，我仔细端详着他那坚毅、充满信心的面孔，我自豪我有这样一个弟弟和战友。我相信他一贯勇往直前，排除一切困难的精神，会在这次任务中发挥作用。

"哥哥，别难过吧，"他好象看出我的心情。"万一我们的离别成为永别，你告诉爸妈和同志们一声：裕深没有辜负爸妈和党的教养。"他突然笑了起来，"不过，这是笑话，好吧，我走啦，一定要回来的！"

我们目送他们顺着山沟，分开树丛去远了，直到消逝在暮色苍茫之中，才怀着无限的惆怅回到山上。

夜深了，山林里到处一片漆黑。我躺在铺着芭蕉叶的地上，怎么也合不上眼，脑子里映现着种种幻象。一忽儿，好象看见裕深他们正在敌人的碉堡下面，踮着脚，一步一步，一声不响的越过敌人的封锁线。一忽儿，又仿佛看见他们象一群出笼的小鸟，蹦蹦跳跳的在平坦的原野上急进。啊，他们多么自由自在呀！他们走下椰林夹岸的万泉河，手舀河水喝。他们又转入果树园，偷偷地摘下熟透了的蜜菠萝［菠萝蜜］，吃个够吧……一忽儿，似乎他们已巧妙地走进熟悉的村庄里，想找找哪是老房东的家，但面前只剩下一堆黑灰和瓦砾，发着刺鼻的焦火气味。没有狗吠，没有人影，没有一点生物的气息。他们失望地走过一村又一村，好容易找到这么一家，冯裕深在敲门，好久好久，回答他们只有他们轻轻的敲门声。

身旁的战士已经打鼾了。猫头鹰咕咕咕，似哭似笑。突然，近处传来一阵野猪嘶［撕］咬的尖叫，吓得树上的猴子惊慌奔逃。山下的野鹿长鸣，夜啼鸟掠过天空。但我一心只想着山下千万不要出现枪声。

"老符，你还没有睡？"我听着符明经来回的翻身。

"闷得要命，蚊子又多。你不是也没有睡吗？"

"热呀，身下的芭蕉叶都快叫我烘干了。"王业熹也醒着，一开口就说笑话。

其实大家都在挂念着下山的同志。

远处传来一阵隐约的枪声，我们都猛然翻身站起，侧耳细听，枪声正响在冯裕深他们去的方向。顿时，我象被猛击了一棍，尽量朝枪响的地方看去，但大地天空一团黑茫茫。

"事情不好，可能他们碰上敌人了。"王业熹说。

"可能，唔，也许不会。"符明经也是这样想，可他嘴上不愿说。

各种推测、判断和设想一齐涌进我的脑海。疑惑和担忧象许多条枯藤，纠缠着我的全身，随着枪声越来越紧。

几天过去了。我们始终得不到冯裕深他们的一点情况，只好决定派第二批人下山去。

从此以后，每天除了和敌人转圈子，我们就站在山顶上，攀到大树上，四下张望。景色依旧，但只有海风不时向我们吹来。黑夜里，我们常常都不说话，静静地谛听着周围的动静，但除了敌人打更的怪声和野兽的嚎叫，哪里有我们所一盼再盼的自己人的口哨和拍掌声音呢！

一天过去了，一月过去了，望穿了山巅密林，看腻了山谷曲径，一个人影也没有。石沉大海，我们无法测知他们的下落，只有横着心再派第三批，第四批……一次一次地盼望——盼望他们能带回真实情况和食粮，结果还是一次一次的落空，落空。

再不能派人下山了，一百多人只剩下二十六个了，敌人在山上山下的搜剿更加疯狂了，就是我们全部下山，也不能存在。母瑞山和我结了难解之缘。我们还要在山上坚持，等待时机。

# 4. 进入"原始社会"以后

严重的问题来了。

敌人的搜剿再紧迫，我们都有办法应付。但饥饿、疾病和自然灾害却在严重地威胁着我们。我们是一伙与世完全隔绝的人。

总务三爹和女炊事员李月凤来到我跟前，阴沉着脸，说他们最不愿意说的话：

"粮食完了。"

这个消息并没使我惊奇，我已经知道了。前些日子，我们吃的干饭就变成每人每天分一个象拳头大的饭团，饭团又变成每人一椰壳碗稀饭，稀饭又变成锅巴煮的清汤。昨天我端起清汤，已清楚地照见我的影子，我吃了一惊，这是我吗？满脸胡子，头发象一团乱草，脸巴削瘦得不成个样子。再看看眼前的三爹和李月凤，好象才发觉他们已瘦得皮包着骨头，面色灰暗，我不由得一阵心酸。

"怎么办？一粒米都没有了。"李月凤在催我们想主意。三爹也在叹息。

"叫母瑞山给我们想办法，你们看！"王业熹好象很有主见地指了指周围。"这么多的树叶野草，还能饿死人，鲁宾逊飘流在荒岛上，也没有谁给他粮食呀！"他的笑话又来了，说得大家哈哈大笑。

一个偶然的机会，使我们找到了一块苗家"刀耕火种"的番薯地，番薯已被野草和灌木淹没了。看来这地很久没人来料理，它的主人大概被白匪军杀害了。从此，每天夜晚我们都来挖番薯，不分干部战士，放好警戒，挖了就跑，还不能留下一点痕迹。这样我们又熬过了两三个月。我们下定决心，将来形势好转，一定要重谢那块番薯地的主人，如果他还活在人间。

番薯吃完了，三爹带着李月凤和王惠周东寻西找，凡是能放进嘴的，他们都要尝尝，苦的、酸的、涩的、麻的、有股恶臭味的，能下肚的实在不多。没有敌人搜山时，我们就分散，到山沟里去摸鱼虾，捞青苔和浮萍；爬到树上采野果；掏鸟窝找鸟蛋捉小鸟；采蘑菇、摘木耳、割野笋等等。同志们说我们简直个个都成了神农，把历史倒推了好几千年，重新开始过原始人类的生活了。

在野菜中，终于被我们发现了一种半尺多高，形状极象蚕豆的野菜，茎软叶嫩，可好吃啦。我们每天采它，顿顿吃它，这种野生植物，我们到底不知道它有没有名字。一天，大家正在山涧里洗这种菜，忽然有人提出该给这菜命个名，将来革命成功，把它采集到博物馆里，展览给咱们的子孙后代。这问题可有意思，大家都争着要在这件带点"历史意义"的事情上化［花］点脑筋。

李月凤笑着说："叫饱肚菜吧！"

"不，该叫山中宝。"三爹眉毛一扬说。

王业熹站在水里，没有说话先摆手，大家知道他又要高论了。他说："这种菜不怕热不怕寒，常年生长，就其性质，该叫'长命菜'。"

王业熹的意见给了我启发，我接上说："最重要的还是在我们革命最困难的时候，它帮助了我们，支持了革命，何不就叫革命菜？"

全体通过了这个命名。从此，"革命菜"便与我们这群革命者生死与共了。

可是长期吃这些没有油没有盐的野菜，怎么受得了？有的人拉肚子，有的人打摆子，大部分人患了夜盲症，王惠周和李月凤都有了月经病。可恼的疾病，比敌人还残酷凶恶。当时，我算是唯一比较健康的人了，整日带着病轻的同志给重病号找食物，觅草药。

俗话说，"屋漏偏逢连阴雨"。秋天来了，海南岛的台风既多且大。每当那飓风刮起的时候，挟着大雨，雨借风势，风助雨威。悬崖上溅起漫天雨雾，林梢头卷起满山风浪，山洪推走岩石，沟涧汇成激流。瀑布突然从头上来，砂石滚滚脚下走。哪里是我们避身的地方呀！有时半夜突然风雨大作，疾风呼啸横扫林木，象怒海狂涛一样。高大的树木被连根拔起。我们自己盖的茅草屋一下就倒了，飞了，无影无踪。我们只好几个人紧紧地抱在一起，挺立在狂风暴雨里。

风雨过后，我们就用芭蕉叶搭棚子，一次又一次，这也是一种斗争。

一天拂晓，我们几个领导干部正在谈论问题，附近突然响起枪声，大批的敌人忽然出现在我们面前。

"跟我来！"我拔出左轮枪，且打且退。战士们都紧紧随着我，但敌人的子弹也紧紧跟在我们前后左右。穿过密林，跳过山涧，敌人象恶魔似的死缠住我们不放。一边狠命地追，一边拼命地喊着叫我们缴枪投降。我们只好一再的投给他们子弹和手榴弹。从这棵树打到那棵树：共青团员嬡忠顶着前面的敌人打，给大家开路。百发百中的神枪手吴天贵和林天德断后，他们一枪一个把敌人撂倒。符明经被一个敌人迎头截住，他猛一回身，绕过一棵大树，跟敌人转了几个圈子，跑了。一个敌人追上李月凤，一把抓住她背上的包袱，她来了一个"金蝉脱壳"——将包袱一丢，摔开了敌人。三参和嬡忠的驳壳枪一阵连发，杀开一条血路。天德和天贵终于使敌人不敢再跟上来。我们摆脱了敌人，二十六个无一伤亡。敌人这次突然袭击，使我们更加警惕了。

但是，除了王惠周还保留有一个小包袱，其他人的东西全部丢光了。只剩下身穿的一身单薄、褴褛的衣服了。

寒风和毛毛雨整日吹着下着，母瑞山沉浸在混浊的浓雾里，到处找不到一块干的地方。这说明秋天尽了，冬天来了。日子在饥寒交迫中过去，我们身上的衣服成了不打结连不在一起的破布条条，恰如古人说的"串得钱，包不得米。"大部分人的肩膀露在外面，有的光着屁股。王惠周和李月凤更是为难，只穿着男同志给她们的裤衩。个个身上冻得发青发紫。有什么办法呀！只有象万年前我们的老祖先那样，摘树叶剥树皮，连在一起，披在身上。男同志披的树皮象古代骑士的盔甲；女同志穿起名符其实的"百叶裙"。大家走动起来，又笨重又唰唰响，好象是一群穿山甲。

海南的冬天，虽然不下雪也不结冰，但在这深山里，寒风吹来，仍然是冷气彻骨。夜晚就更不好过了，狂风扯着长哨，身上的树皮树叶被风不断地掀起，裹不住我们的身体。我们只好偎依在一起。一个风兼雨的夜晚，我问嬛忠："冷吗？"他说："你不冷我也不冷。"我笑了说："我是非常冷呀。"嬛忠也笑了："和冯政委在一块，身上再冷，心里也热。"我拉住他冰冻的双手，心里有股说不出的滋味。这孩子才十八九岁，在这种环境里，从未有过一句怨言，忠心耿耿，他好象只知道为别人服务。我把他搂在我怀里，交流着我们微弱的体温。

后来我想了一个办法，叫大家拢起火来，把芭蕉叶子烤热了当被子盖。两片叶子就能盖严一个人，但这也只是上下热呼呼，左右冷嗖嗖。

但是偏偏在最冷的日子，我们的火柴用光了，火种也被雨淋熄了。怎么办哪，全靠火来取暖的我们，又想起我们的老祖先——燧人氏钻木取火，叫大家设法来试试。总算是天不绝人，火被我钻出来了。从此，保存火种也成了我们重要的课题。

有谁想得到呢？在二十世纪四[三]十年代的世界上，在开化最早的中国，在椰子肥豆蔻香的宝岛上，竟还有这么二十六个工农红军的战士，为争取人类最先进最理想的社会，却过着人类最原始的生活。

愈艰苦，我们团结得愈紧，二十六个人就象一个人，二十六颗心结成一颗坚强的心。我们什么也不怕，尽量把生活安排得很有意思。上午是学习，主要由我负责，我给大家系统地讲说中国革命问题。下午有时采野菜，有时讲故事，主要由符明经同志负责。这位学问渊博，读过大学的革命战士，肚子里装了那么多的故事，古今中外，总也讲不完，好象越讲越多了。黄昏以后，是我们文娱活动的时间。王业熹从上山那天，一直带着一只[支]笛子，最紧张的情况他也没有丢。夕阳西下，他往地上一坐，背依棵大树，就吹了起来。笛声清脆悠扬，四周的群山答和着回响。

嬛忠和我还有我的妻子王惠周，都能唱两句琼戏，随着王业熹的笛子，我们便引亢高歌了，符明经也连忙用竹棒敲击椰壳碗当小鼓。我们会许多永远也唱不厌的革命歌曲。唱着唱着，全体帮腔和声；唱着唱着，大家载歌载舞。唱着唱着，直到天明。

## 2. 野火烧不尽，春风吹又生

山涧小溪的两岸，草茂叶绿了，各色各样的野花又开放了，鸟儿在枝头跳跃歌唱。大地苏醒了，1933年的春天降临了。

妩媚的春色，给人们带来新的气息。符明经、王业熹和我们躺在一棵大榕树下，相互吟诗论诗。这是诗一般的意境，这是诗的最强音。我们从"三百篇"到屈原，又到诗圣、诗仙。谈着谈着，王业熹一声朗朗，诵起了白居易的"古原草"来：

> 离离原上草，一岁一枯荣。
> 野火烧不尽，春风吹又生。

我们这堆烧不尽的野火，又要旺起来了。

我们分析判断了当前的情况，感到时机就要成熟了，决定下山去。

黄昏时分，我们告别了母瑞山岭，向山下走。山还是那座山，路还是熟悉的路，但我们感到难走极了。这一年以来，我们的身体都虚弱不堪了，但我们并没有倒下，咬牙坚持啊，我们要"东山再起"，把革命推向新的高潮。

经过两个夜晚，我们终于到了李月凤的家乡——澄迈的一个村庄。

事前商定，大家躲在山林里，派李月凤同志进村接好头，然后再出来联系。李月凤分了分自己散乱的长发，挺有信心地进村去了。那天正是旧历元宵节。我们都幻想着月凤找到我们的组织，他们一定要热烈欢迎我们，大家举杯同庆，共同度过这个可纪念的狂欢之夜。

但是从日出到日落，从黄昏到深夜，总看不到李月凤的影子，她哪里去了呢？

为了防止意外，我们只好留下三爹和嫒忠在原地等，其余的人转移到深山隐蔽。中午，我们听到从村庄那个方向传出了几声枪响。大家紧张得象烈火烧身。直到晚上，三爹和嫒忠才回到深山里来。大家一齐拥上，忙问：

"月凤呢？"

三爹一屁股坐在地上，有气无力地说：

"她，她……"

"她到底怎么啦，三爹？"

三爹悲痛地摇摇头，大家问嬡忠。嬡忠依着一棵大树，脸色愤怒得难看，象是要杀人的样子。三爹长叹一声，终于一五一十地说了：

"今天中午，忽然听到村里吵吵嚷嚷，我爬到一棵大树上向村子看去：一伙白匪军绑着我们的月凤，正推推拉拉的向村外走。月凤满身是血，被推到我们隐蔽的林边，她一下躺在地上，任凭敌人百般毒打，她再也不肯走一步，她放声大骂：匪徒们，你们杀吧，你们不要妄想我出卖革命！你们杀了我，革命也一定会胜利。月凤的声音很大，不用说，她是有意叫我们听见。"

"我说马上用枪打死那些狗东西，你偏不让我开枪，气死人！"嬡忠气愤难消，说起话来，瓮声瓮气。

"开枪，开枪！你以为我怕敌人！就是我们开枪撂倒几个敌人，也救不了月凤同志；而我们这一伙就会全部暴露给敌人了，那不更糟！"

"糟不糟吧，反正我嬡忠是眼巴巴地看着自己的同志，被敌人枪杀了。"他使劲搥着自己的脑袋。同志们都摘下树皮帽子，默悼我们的女英雄、好同志。李月凤这位年轻的姑娘，永远活在我们心中。

只剩下二十五个人了，在这里仍然无路可走，于是找些番薯生吃了，披星戴月，再回到母瑞山上。我们的野营生活还没有结束呢。

我们又照原样生活了一个多月。我们一点也不气馁。我们测定了新的方向，在一个黑夜里，走下山来。看着北斗星，向海口至嘉积的公路前进，然后沿公路向北走，通过敌人重重封锁。一路上，我们忍饥耐劳。有一夜，大家实在走不动了，便在定安县的金鸡岭一带隐蔽下来休息。天明一看，四周全是坟墓，而且大部分是刚埋不久的，这一带为什么死了这么多人呀！能使我们藏身的，只有一块低矮的灌木丛。这天又正碰上清明节，满山都是扫墓上坟的人。我们明白了，反动派在这里进行了残酷的杀害清剿。我们真想迎上去，和乡亲们痛哭一场，但敌人一个接一个的碉堡就在我们眼皮下，我们只好伏在地上，连大气也不敢喘。那真是"欢乐嫌夜短，忧虑怨日长。"憋了一肚子气，总算把太阳熬下西山。

夜，是我们的世界。我们下了金鸡岭，走走歇歇，在地里找能吃的东西。又经过四个艰苦的夜晚，终于到了我的家。

我轻轻的、压低了嗓子叫了半天门，没有人应。出了什么不幸的事吗？不象是，门是从内关得牢牢的。定是母亲担惊受怕，不敢开门。我【们】爬过了小横屋，进到厨房里，一股熟食的香味在吸引着我们。我揭开锅盖，正好有一锅煮着的东西，也不管它是猪吃还是什么，抓起来就往嘴里填，那个香劲呀……

通后屋的门，吱的一声开了，一线灯光射了进来，我兴奋得几乎跳起来：

"妈，妈!"我向妈妈扑去。

"你，你是谁呀?"妈妈向后倒退了一步，惊惧的双眼直看着我。那时我们混身上下实在不象人呀!

"我呀，妈，我是……"我双手拢了一下长发，把脸伸向妈妈面前。妈妈提起小油灯，上上下下，细细地看，好久好久，她把颤抖着的手扶在我蓬乱的长发上。晶莹的眼泪从老眼中连串地流了出来。

"孩子，孩子……回来了，可真回来了。"她抽泣着，"反动派说你们被……不，我不相信，我想着你们一定会回来……"

母亲显得老多了。这些日子，老人家不知道吃了多少苦，为我们担了多少心。鼻子一酸，我连忙咽了一下发焦的喉管，母亲马上给我们去做饭。我和同志们在村外树林里躲着。这一夜，我们吃了一年来的第一次饱饭。我们又回到母亲的怀抱了，我们又回到大地的怀抱了。

通过地下党，我们在琼山找到了秘密坚持斗争的秋菊和李黎明等同志。一年的分别，好象隔离了一个世纪。许多老战友又重逢了。我们根据情况，马上展开了新的工作。革命的火炬又燃烧起来了。

经过三年左右的努力，到1936年的春天，许多地方的党组织都恢复了，红色政权又建立起来。红军力量也得到相当的发展，成立了工农红军游击司令部。这支小小的队伍，紧紧支掌[撑]着革命的红旗，度过了海南革命史上最艰苦的时期，迎接着新的革命高潮——全国规模的抗日战争。

（吴之记）

——录自《红旗飘飘》（第3集），北京：中国青年出版社1957年版，第21~38页。

# 红色娘子军

刘文韶

一九三〇年夏至一九三二年冬，在中国工农红军琼崖独立师里，有一支妇女组成的战斗连队——"娘子军连"。全连一百二十人，从连长到士兵，大都是十七、八岁的姑娘，最大的不过二十岁，最小的只有十五岁。二十七年前，她们就站在革命斗争的前列，英勇地和敌人战斗！虽然，这支红色娘子军仅存在两年多，但她们那艰苦卓绝的斗争事迹，却永远是我国妇女的光荣和骄傲，永远是我军历史上光辉的一页。

当年的连长冯增敏同志，现任广东省乐会县妇联会主任，还是县人民代表大会代表、人民委员会委员、青年团工作委员会委员。今年四十三岁了、身体很健康。她有一个温暖朴素的家庭，女儿在中学读书。

下面是她对娘子军连的回忆。

## 一、走进红军的行列

一九三〇年，阳光穿透乌云，普照大地，第二次革命高潮①来到了！革命的烈火在海南岛上燃烧着⋯⋯

四月，冯白驹同志参加广东党的代表大会回来，召开了琼崖党的第四次代表大会，决定实行土地革命、普遍建立苏维埃政权、扩大红军。

夏初，在定安内洞山将各地红军部队正式编成中国工农红军琼崖独立师，下

———

① 海南人民称一九二七前为第一次革命高潮。国民党大屠杀后发展起来的斗争为第二次革命高潮。

辖三个团。

在广大农村，到处建立了农民赤卫队、妇女会、少年先锋队、劳动童子团，配合红军作战。"打倒国民党统治！""打到海口、加积①去，解放全琼崖！"的吼声震撼着山区、平原和沿海。

我的家乡乐(会)万(宁)县是老苏区，这里有"六连岭"老根据地、有培养革命干部的最高学府——琼崖列宁学校，因此，号称"小莫斯科"，红军第三团就活动在这一带。

那年我虚岁十七岁了，已经参加了"cy"②，先在少先队当大队长，后调团县委当妇女干事。那时，我们妇女和男子一样拿起尖刀、长矛、铁耙、斧头配合红军第三团"蒸团猪"，打炮楼闹得可凶了，有不少妇女当了乡、村的干部哩！我们少先队的女队员们也和男队员一样每天在村头路口站岗放哨，保卫苏区。还经常进行军事训练：野营、作操，用木棍当枪学红军那样齐步走、瞄准、冲锋、匍匐前进……当时红军都管我们叫"小革命"哩！红军练兵，我们就去"参观"，看人家真刀真枪的非常羡慕。我们就问："同志，你们要不要女兵啊？"他们说不要，我们就追问："男女平等嘛，为什么不要呢？"这时，他们常开玩笑地说："要女兵，可就是不要你。"

根据琼崖党的"四大"关于扩大红军的决定和师部的指示，为了适应广大妇女的革命要求，乐万县委和第三团号召妇女参加红军，准备组织一个女兵连，名字就叫"娘子军连"。参加娘子军的条件是：十五岁至二十五岁的妇女；贫、中农成份；身体健康；思想觉悟高；斗争中表现勇敢坚决；自愿。

这个号召传达到各乡、村后，当天就有一百多人报名。

在赤赤乡(县委所在地)许多人围着看县府和团部的联合布告。不少姑娘在议论着"报名去！""报名去！"我挤进人群仔细看："英雄的，经过考验的乐万县的妇女们，拿起枪来，当红军去，和男子并肩作战！……"这几句话强烈地激动着我，使我回忆起王文明同志和我的哥哥来：

一九二七年革命低潮后，海南党的领导人之一王文明同志就活动在我家前面

---

① 海口、加积为海南岛第一、二大城。国民党党政军重要机关所在地。
② 共产主义青年团代号。

的山上，我经常给他送饭，他给我讲很多革命故事和革命道理，记得最清楚的是告诉我："不要'定命'①，男女要平等，女子也要上学堂，妇女要从十八层地狱里解放出来，要和男子一样拿起枪，打倒国民党统治……"我哥哥冯增兴是团县委书记。小时候和他一起参加过两次乐会有名的大暴动，一九二八年国民党在海南岛大屠杀，他被杀害了。押赴加积前他对我说："不要哭，他们杀了我，还有你，还有你姐姐，杀了男的，还有女的，他们杀不完老百姓，坚持住，我们一定会胜利！"他还小声告诉我："咱们家里有枪。"后来，在我家墙壁里掏出两支枪。

今天，他们的话好像还响在我耳边，我要拿起枪来！

我向团委书记林士居同志请求参加娘子军，他说："不行，到部队要跑路，要打仗，你受不了！"

我误会了书记的话，涨红着脸说："我干了好几年革命了，打过炮楼、坐过牢，我什么受不了？我……"

书记笑着说："别发火，小革命，我不是说你受不了苦，是说你的脚烂了支持不住。"

我的左脚在一次夜间突围中被竹签扎了，脚板溃烂了。

"脚烂了算啥，离心远着哩，我能走路，不信你看！"我索性挺直身子，在屋里大步走起来，左脚一着地，实在疼的厉害，我咬牙忍着。

他看我这个样子，嘘了一口气说："好吧，把脚治好了再去，娘子军以后还要扩大的，我保证以后让你当上红军。"

书记不答应，我便去找三团王德春团长，冯甲政委求援。到了团部，恰巧团长从外面回来，见我就问："小革命，来干啥，我看看又长高了没有？"边问边引我进屋里，政委正在写什么东西，见我进来就说："喂，小干事，请坐吧。"

我没坐下，直截了当地说："要求参加娘子军，来请首长批准。"

"你要参加娘子军，好！"团长霍地站起来说："我先来考试考试你。"他把自己的驳壳枪退了子弹，命令我瞄准、射击、解合。我熟练地做了一遍。接着他又拿起传令兵的大枪叫我操作，我的动作也很熟练。他笑着点点头。其实这些，王文明同志和前任团长王天骏同志早就教过我了，我打的还挺准呢！

---

① 即由父母自幼订下终身。

经过考试，我觉得大概能答应了，可是团长没吱声，给政委递个眼色，政委看看我的脚说："还是以后再来吧，等脚好了，我们调你来当领导干部。"

希望又落空了。明天就到了报名的最后一天，我到合作社买点布，做了一件男子衣服穿上，把东西收拾一下，偷偷地走到报名处。

报名处是在一所祠堂里，挤满了人，背着行李的男男女女不断涌进来，看情形是哥哥、姐姐送妹妹，或母亲送女儿来参军的。我正在东张西望的时候，突然有人喊："大队长，你来了!"我回头一看，是少先队的老朋友谢式梅。她又说："你怎么才来呢？我以为你早报上名啦!"我正不知道怎么回答好，有不少少先队的伙伴把我围起来，争着告诉："我及格了!""及格了!"她们是经乡苏维埃介绍来报名的。我发现了李昌香。便找到了话题。问她"你也报名了，能舍得他吗？"她不好意思地笑笑说："他也当红军了，一块儿报的名。"

正在这时，团长、政委和林书记来了。我想躲也来不及了，他们相互看了看，团长就说："好吧，来者不拒吧!"林书记点了点头。

从乐会、万宁各地报名的六七百人中，选出了我们一百二十人，都是优秀的青年团员和少先队员。娘子军连成立了。

我们穿上崭新的军装，领到了盼望已久的枪。虽然都是"五排"、"单针"等土造枪，每人只五发子弹，但在那时就非常宝贵了。穿上蓝色的上衣和短裤，背上枪，真像个红军战士了。就是头发太长，行军打仗都不方便，于是我们都剪成了"军装头"（小平头）。剪完后，大家对着小镜子看看都笑起来，姑娘们你看看我，我看看你大吵大嚷："这回可像男人了!"屋里热闹的像唱戏一样。岁数稍大些的李昌香害羞地捂着脸说："哎呀，家里来了人可怎么见哪!"最爱开玩笑的大娥说："呸！你情哥哥要来了，还怕认不出你来!""调皮鬼，我撕你的嘴!"她们追打起来。我对着镜子看看，呀！真像个小伙子。

十五岁的卢叶兰把耳环也摘下扔了，说："丢掉这个'封建'，我现在是红军战士了!"

我们到合作社去买东西，路上，老乡们都打招呼："红军同志哥，加米没？"听见"同志哥"这三个字，心里甜滋滋的。

团部和三营的同志们派代表来祝贺，送来了战利品：鱼肚、尤[鱿]鱼、海带、干菜，头一顿红军饭吃的真香。

县府和团部主持召开了群众大会，庆祝娘子军连成立。指导员王时香同志代表全连向人民表示了决心。农民剧团演出了"妇女当红军"等节目。

我的脚很快就治好了，由于我参加革命早，受过锻炼，被任命为连长，指导员王时香同志是从军干校调来的。

不久，师长王文宇、政委冯国卿特地从琼四区赶来检阅东路部队和娘子军并授予军旗。一百二十个女红军战士，全付[副]武装，整齐排列在"红色操场上"，举行授旗仪式，师部授予我们一面鲜红的连旗，上写："中国工农红军琼崖独立师娘子军连"。我们向着红旗庄严地宣誓：坚决服从命令，遵守军纪，为党的事业奋斗到底！我们高举着红旗，迈着矫健的步伐，和红军第三团的同志一起接受师首长的检阅。娘子军连的旗帜飘扬着，我们走在浩浩荡荡的红军行列里！

## 二、初战的声威

大约三个月后，我们投入了第一次战斗。

乐万县"剿共"总指挥陈桂苑驻在朝阳。县兵经常到靠近苏区的地方抢粮、抓人，并且扬言要"扫荡"琼崖列宁学校。战士们早就急着要收拾这个家伙。

一天上午，在团部召开连以上干部会议。王德春团长布置战斗任务：我们扬言把部队开到万宁去打和乐墟，只留赤卫队看家，引诱他来苏区。在九曲江南岸拦路伏击。红军第三营担任正面堵击，娘子军连迂回包抄。

团长讲完，冯甲政委在旁边说："陈桂苑是黄埔军校的学生，是反共多年的老手。这一仗打的好与不好，影响很大。同志们一定要严守伏击纪律，节省弹药，给他一网打尽。"他停了停笑着说："咱们这回捏着敌人的鼻子把他牵出来，可不能让他穿兔子鞋溜了！"大家都笑了。

会后，好几个干部围住我说："你们娘子军要上阵了，平常比赛操练、唱歌，总是你们胜，这回打仗，咱们比比看！"我毫不示弱地说："战场上见吧，谁还怕你们！"

政委又个别叮嘱了我和指导员一番，问有什么问题没有，我和指导员说："没有，练了几个月的兵，同志们都憋足一股劲准备打仗呢！"

我和指导员三步并作两步，匆匆赶回连队，立即传达了战斗任务。全连顿时热闹起来，送还老百姓东西，打扫院子、打背包、用椰子油擦枪。炊事员忙着给大家准备饭团。

傍晚，队伍集合起来，苏区的群众都来送行。年青［轻］人握着我们的手嘱咐："同志，打胜仗每人带两支枪回来，给我一支！"

但群众普遍〈地是〉担心我们还回不回来，我的屋主王阿婆，拉着我的手，用颤抖的声音说："你们可千万回来呀，阿敏，别忘了阿婆！"她的眼泪流过布满皱纹的脸，滴到我的手上。我一时找不出适当的话来安慰她，只是在心里想："我们一定回来，带着胜利回来。"

入夜，走了十五里路，赶到预定地点——三矛岭。这是九曲江南岸的一个小山头，江北岸是白区。山下就是苏区的"红色操场"，前面是赤赤乡的一片村庄。敌人渡江后，我们就给他当头一棒，迫其背水而战。

夜色昏黑，我们静静地伏在山坡上，没有人说话，没有人抽烟，没有人咳嗽，只有风吹动身旁的小树发出飒飒的响声。我们焦急地等候"鱼来入网"。

我到各排阵地去巡视，战士们没有一个打瞌睡的，没有人破坏伏击纪律。姑娘们都为即将展开的第一次战斗所振奋。

天亮了。江边的村庄和袅袅炊烟映入眼帘。夜来，露水把衣服都湿透了，山蜢也把我们咬得够呛，但是，大家都忘记了疲劳，伏在地上，紧握着枪，手都握出汗了。

突然，村子里敲起了"紧急锣"。敌人，果然来了。黑压压的一长列，还打着一面国民党旗，沿着大路，大摇大摆地走来。队伍中间有一个戴大盖帽的胖子，十几个驳壳枪手和一名"手机关"兵护卫在他前后。

这几天，红军开走的风声传到陈桂苑耳朵里后，他便带二百多县兵，亲自出马，企图乘此"良机"把苏区"烧光、杀光、抢光"，毁灭我们的根据地。

"同志们，准备战斗！"我对全连下达了命令。

嘭嘭嘭！伏在前面引诱敌人的小股部队打了几声冷枪，敌人以为是赤卫队便追下来，等敌人进入"红色操场"这片开阔地时，三营打响了。我立刻命令号兵吹冲锋号，大声喊："全连左右散开！包抄！冲锋！"于是，旗兵梁华国举起了娘子军连的红旗，全连迅速地从两翼包围过去。我带着一排，和一排长李昌香、三班战士大娥冲在最前面。红军营也从正面压下来，顿时四面八方都响起了冲杀声。敌人被这"当头一棒"弄得昏头昏脑，一面还击，一面四散逃跑。

我和李昌香边追边喊："站住，开枪了！"一个小个子县兵举起手来："不要开枪，算上这回，我一共给你们交了三支枪了。以后，他们还让我干，我再送一支来。"这时，大娥挎着满身枪对我说："连长，你看，我缴了两支啦！"

我把人和枪都交给后面上来的战士。布置战士们彻底追歼逃敌，不让一个敌人漏网。突然发现那个带[戴]大盖帽的胖子带着十几个驳壳枪手，向操场左边的小丘陵地段跑去。我忙带一排追去。敌人伏在几个小土堆后面，"手机关"和驳壳枪一齐射击，子弹嗖嗖地在我们耳边飞过，我急忙命令卧倒。同时，三营的同志们也被火力压住了。

趁敌人火力间隙，我仔细观察，发现土堆后面是一片矮树丛，从那里偷袭敌人是再好没有了。我命令一排长原地坚持，便带一班匍匐绕过去。正好，三营部分同志也绕了过来，我们会合一起，冲过树丛，突然出现在敌人背后大喊："缴枪不杀，宽待俘虏！"敌人有的缴了枪，有的却滚向土坡，钻进了旁边的小树林，我们连连开枪，打死了几个，另几个钻进林里，我们急追上去。这时，四面八方的部队都冲上来，敌人已是走投无路，便举手投降了，可是惟独不见那个胖子出来。我们走进小树林里，见一个家伙正在脱军装裤子，还没脱下来，他上身只剩一件衬衣，帽子也丢了。我们喊："不许动，举起手来！"那家伙乖乖地举起双手。

"枪哪里去了？"我们问。

"我没有枪。"

"你是干什么的？"

"我是伙夫！"

这家伙挺着个肚子，胖得像头猪一样，肯定就是那个带[戴]大盖帽的胖子。我们当场问别的俘虏，一个俘虏吞吞吐吐地说："他，他就是总指挥。……"

这位自称为伙夫的总指挥被我们反绑双手押到了团司令部。

这时，村庄的老乡们也都拿着刀、斧、矛、耙围上来了，漫山遍野是红军和群众的胜利呼声。

这次战斗，红军营只伤三人，娘子军无一伤亡。毙、俘敌百余人，缴冲锋枪一挺，驳壳枪十多支，步枪一百多支。

在胜利归途中，我们娘子军连押着陈桂苑和他的驳壳班走在整个队伍的前面。我们吹着胜利号,唱着歌。陈桂苑听见我们唱歌,又看看娘子军连红旗后,吃惊地用眼睛瞪着我,然后沮丧地低下了头。我对他说:"哼,你这个'剿共'总指挥,现在被我们剿了!"跟在他旁边的一个俘房惊讶地问传令兵卢叶兰:"你们都是女的吗?"阿兰扬着头说:"对了,我们是娘子军,不知道吗?"那个俘房连忙说:"知道,不过没想到你们跟男子一样打仗,哪知你们这么雄[凶]呢!"路上,姑娘们一个个气势汹汹地对俘房们说:"你们胆子这么大,敢到虎口来,不怕死吗?"

初战之后,敌人对我们的称呼就多起来了。"娘们兵""敢死军"的帽子都给我们扣上了。在敌人中间流传着这样一句话:"长枪短发的红军婆好厉害!"

# 三、火烧"团猪窝"

三矛岭战后,红军声威大振[震],娘子军的名声也传开了。我们乘胜攻打文市炮楼。

文市是朝阳外围的重要据点。炮楼里有一个团丁大队,大队长冯朝天是个大恶霸的儿子,在正规军当过军官。他在文市坐小皇帝,自称"铁桶江山",三矛岭之战,他讥笑县兵是"熊包","陈指挥输给红军婆了,有辱党军"。对他手下的"团猪"们说:"碰上这些'娘们兵'活捉来,每人配给一个老婆,把连长做压寨夫人!"

我们决定首先拿他开刀,"以儆效尤",然后,逐个攻打全县的炮楼。

顶着残冬的冷风,我们娘子军连和三营的一个连,还有几百苏区群众,担着木柴,稻草,火油和辣椒,在团长率领下从内园村直袭文市。那时部队没有炮,没有炸药,没有手榴弹,打炮楼就是用火烧。我们管这叫"蒸猪"和"烧猪窝"。

太阳快落山时,到达九曲江边。冬春之交,刚下了几场大雨,江水陡涨,深达腰部,流急水寒。团长怕女同志受不了凉,布置三营的同志背我们过河。我们哪肯,一个个接连下河涉水前进。一班战士琼花是个小个子,我们都管他叫"嬛仔"①,我一边指挥大家过河一边对她说:"嬛仔,我背你吧!"她朝我瞪了一眼

① 海南话"小孩"。

说："连长，你别瞧不起人！"说完，把头一扭，大步淌过河去。

又赶了十里路，连夜把文市炮楼团团包围起来。

团长立即率领干部去看地形。夜漆黑，我们摸到铁丝网旁边，炮楼是在街外小高地上。从枪眼和楼门射出强烈的灯光。借着灯光可以看见，从铁丝网到炮楼约25公尺，铁丝网外四周都是开阔地，再向外有一片树林，开阔地约30公尺纵深。通过这片开阔地将遭敌人火力封锁，必须采用妥善的办法把"材料"运上去。我们正要撤回时，突然听见炮楼里传出一个妇女和老人的惨叫。接着是敌人凶恶的叱喝声。响导告诉我们，敌人前天抓去两个人，因为他们交不出粮食。

声声惨叫都刺痛我的心……

团长和干部们研究后决定采取挖地道的办法。就是挖一条一人多深的交通沟，加上被复，从地道将"材料"运上去。

当夜，我和指导员分头带人到各村庄去动员木板。老乡们听说我们是从内园来打炮楼的，都自动地将留作棺木用的厚板拿出来。被复用板很快筹够了。

全连除一个排放排哨外，其他都隐蔽在树林里，不进村打搅老百姓，可是，白区的老乡们听说是"娘子军"来了，格外的亲热，一定要我们到屋里睡，我们不肯，就给送稻草来，怕受潮受凉。又送来了椰子、菠萝蜜给我们吃，跟我们这些"女兵"叙家常。第一夜我们做好了准备工作。我们那时打仗都是夜间活动，白天隐蔽的。第二天一早，老乡们就杀鸡，炖肉款待我们。我们不吃，他们说："你们不吃，留着也得让团猪抢去。"年青人气愤地指着炮楼说："平时你们来抓我们的猪，这回红军要抓你们这群猪了！"

第二天夜里，我们偷偷开始挖地道。土地干硬，很费力气，可是，我们海南妇女都有劳动习惯，谁也不怕累。

在挖地道同时，我们就设法消耗敌人的子弹，不让敌人发觉挖地道。敌人在发觉被包围后就不时地乱打枪，夜里，我们就猛吹冲锋号，猛喊冲杀声，摆出要冲杀的架势。有时我也吹冲锋号，和号兵换着地方吹，敌人吓得连连射击。有时，用芭蕉叶和树枝做个假人，戴上帽子，放在前沿，敌人模模糊糊地看见人影就开枪。白天，我们故意把娘子军连的红旗打出来，敌人一见是娘子军分外生气，乱朝红旗打，可是，他一打我们就收回来，始终打不倒，气得鼓鼓的，我们为了节省子弹，一枪不发，敌人一停火后，我们就喊话宣传：

"团丁们，投降吧！投降放你们回家！"

"不投降，就让你们见火神爷去！"

"不投降就烧猪窝，蒸猪头！"

"枪杆不要对着红军和老百姓，要对着地主和反动派！"

姑娘们的尖嗓子喊得特别响，敌人听了特别刺耳。冯朝天有时像猪吼似的喊："红军喽，老子不信你们长了多长尾巴，能搅起多大的浪，你能搅翻老子的船？"

敌人一喊，我们几百人的呼喊又把他压下去。喊声在夜里震的山谷都有回音。

地道作业紧张地进行着。班与班轮流挖，一个小时一换班。冬天，大家却挖的满身大汗。一班的琼花虽然个子小，可是挖的非常快。男同志为了照顾女同志，常常让她休息，她说："别看我个子小，可有劲哩！"

挖过铁丝网后被发觉了，敌人以密集火力压制我们，打得土直冒烟。大家急忙卧倒隐蔽。敌人火力停止后，我们又继续挖，敌人又开枪，不幸，一颗子弹打中琼花的胸部，她牺牲了，手里还紧攥着锹把。她是万宁人，那年才十六岁。平时待人非常好，家里给她的钱，她常拿来给别人买鞋穿，有的人竟抱着她的尸体哭起来。一班长谢式梅当时就说："连长，咱们冲锋吧，给琼花报仇！"

我沉思许久，便离开地道布置部队继续扰乱敌人，分散敌人对地道部队的注意。这时，因此决定以火力袭击敌人，掩护地道作业。这样一来，弄得敌人顾东顾不了西，地道迅速地向前掘进。

第三夜，地道快挖通了，我交代排哨严密监视敌人，防其逃跑，并准备防御援军。战士们几天来没有好好睡觉，眼睛都熬红了，可是，即将发起总攻了，每个人都精神不[十]足。

破晓前，地道终于挖好了，一直通到炮楼跟前。上面厚厚的被复，子弹是打不透的。团长命令总攻开始。大家紧张地把木柴、稻草运到碉堡周围堆起来，撒上辣椒，倒上火油。然后再将点燃的稻草扔上去。顿时，火光升起，浓烟和着辣味灌进炮楼里。楼门、楼盖都被烧着了，火舌吞卷着炮楼。

战士和群众都喊："蒸猪了，蒸猪了！"

敌人在里面受不了了，吱哇乱叫，有的哭喊着："投降了，别烧了！"接着乒乓地把枪往外扔。用水扑灭门口的火，抱着脑袋钻出来。

冯朝天这家伙钻出来了，身上水淋淋的，还直冒热气，卢叶兰和梁华国立刻把他绑起来。我对他说："还敢吹牛吗？你可知道女红军的厉害!?"他瞅瞅我，垂头丧气地说："我算输给你们了!"

# 四、一支活跃的宣传队

红军节节胜利，国民党地方部队像乌龟一样缩到炮楼里、城镇里，轻易不敢和红军接触。我们便展开大规模地白区宣传运动，发动群众，准备围攻据点，拔掉这些钉子。冯甲政委指示我们："红军要把革命的道理告诉群众，唤醒人民起来革命。"于是，我们这些姑娘们便成了宣传员。

我们全连吹着军号、喊着口号，到白区各村庄写标语、作街头表演、访问，还组织群众到炮楼去示威。

我们写的标语花样可多了。有时用红绿纸写好，带去贴在墙上；有时用椰子毛扎成笔，用槟榔灰和成墨写在墙上；有时把竹子劈成两半写在上面，插在村头路口；甚至干脆插在炮楼外面，敌人只是打冷枪，不敢出来；树多的村庄，我们就把树皮刮去，写在树上。凡是明显的地方都有我们写下的标语："打倒国民党统治!""打倒地主恶霸!""团丁们，欢迎你们挑枪到红军这边来!""朱毛红军胜利万岁!""农民兄弟们团结起来!""打到海口、加积去，解放全琼崖!"等等，后面写着"红军娘子军连制"。

这些标语，团丁们看了当然很刺眼，他们常常涂掉。可是，涂了我们就再写上!

当时，写标语对我们是一项艰难的任务，海南岛妇女，过去受封建压迫很重，读书识字的人少得可怜。开始，我们全连只有三个人会写，大家便把她们当老师，按照她们写的样子照葫芦画瓢，一个人专学一条。

我小时候，由于王文明同志的启发，和母亲耍了一次脾气，才在民校念了几天书，可没写过毛笔字。我和干部们在连部集体学，把屋主小学生用过的破笔要来，把破碗底做砚台，用废纸来写。大家一边写一边互相评论，我看看一排长李昌香写的歪歪扭扭的，真像四脚蛇爬的一样，她说："咱们长的是绣花的手，可这比绣花还难哪!"团长政委有时来了就把着我们的手一笔一划地教。

战士们在树荫下,用小棍在沙土上写,午间也不休息,躺在床上还念团部发的标语稿,用手比划着。

后来想出一个办法,用"椰子笔"蘸柴灰在旧木板上写,完了用水冲去再写,效果很好。

白区老百姓开始不敢接近我们,以后熟了,就向我们一字一泪的哭诉"团猪"们的罪行,以后我们还帮助他们种稻谷子、种地瓜、喂猪。

我们还做街头演出。演出的大都是地主欺压农民的事,我个子长得高,常演大地主,谢式梅是个矮胖子,常演地主婆。

逐渐地群众觉悟提高了,我们一去了,就争着往屋里拉,把我们当作闺女一样。苏区开群众大会,他们自动淌过九曲江来参加。

群众觉悟提高后,就组织起来到炮楼去示威。红军和白区、苏区群众几千人在一起,连团丁的家属也动员来了。男女老少、人山人海的把炮楼围住,我们就向团丁交代政策,团丁家属喊话:"你要是我的儿子,就快出来投降吧!"

在阳江宣传后,一个叫王启孝的团丁投降了。后来,他领我们去烧毁了阳江的炮楼。

群众发动起来,逐渐建立各种组织,白区变成了赤区①,毁了炮楼的就变成苏区。

大规模地宣传,发动群众,差不多搞了一个春季,我们的宣传也像一九三一年的春天一样到处开放着鲜花,我们常常受到团部的表扬。连师部也表扬我们是一支活跃的宣传队哩!

## 五、保卫特委! 保卫苏维埃!

一九三一年冬,蒋介石乘中央红军反围剿的间隙,派陈汉光警卫旅和空军一部来围剿海南的红军,陈匪陆空联合攻破琼山、汀[澄]迈的红二团后,即集中兵力,向革命的心脏——中共琼崖特别委员会、琼崖苏维埃政府、琼崖独立师师

---

① 半红半白区。

部等机关所在地琼东四区展开进攻。党和红军临到了严重的关头，将和装备上数量上占绝对优势的敌人展开残酷的战斗！

一天夜里，我们正在开军民联欢大会，灯光通明的舞台上，农民剧团正在作戏。演了"农民声声泪"又演"红一朵"。红军和老乡们看得正入神，不住地鼓掌喝采。可是戏突然停止了。

根据可靠的侦察报告：敌整个旅的部队正向我逼进，前卫部队距我们只有五十里了，特委和琼府等机关决定立即转移。

师部召集连以上干部开紧急作战会议，当时在琼四区的部队只有红军一个营、军干校和我们娘子军连。我们是春末由东路调来的。师长王文宇，政委冯国卿命令："红军营和军干校扼守大路，娘子军连在牛鞍岭扼守小路，坚决阻止敌人，没有命令，战至一人一枪一弹也不准撤退！"

临走时，师长又单独交代我们："要及时和师指挥所取得联系，情况紧急时要迅速报告。"

牛鞍岭是连着东安岭的一座小山峰。山上一片小树林，山底有一条小路通向特委和琼府驻地，为敌我必争之地。全连乘夜在岭上埋伏下来。

指导员召集党团员开了个阵地紧急会议。我们知道敌人兵力强、来势凶猛，所以要求党团员带头，敌人来多了不要慌，宁肯流尽自己最后一滴血，也不让敌人爬上牛鞍岭一步。

我到各排阵地仔细地做了检查，战士们隐蔽的很好，枪弹都准备停当。我们的"机关枪"也准备好了。这是我们用竹子劈开做成的，是对付团猪的办法，再加上鞭炮，那时是很有效的。我又回到守在前沿的一排来。

明月和繁星泻下一片银光，照耀着山下青绿的椰林，长在高傲的枝头的宽阔的椰树叶，好像在我们脚下迎风摆动，和平、宁静的夜……〈。〉可是，此刻，在村里，特委的领导人大概正在对敌我力量的突然变化做出重大的决定，也可能正在组织转移。这时，不由得使我忆起特委书记冯白驹同志一次亲切地谈话：

有一次，冯白驹同志到合作社去喝茶，正好我也在那里，他叫我一起喝，我不去，他说："怕羞吗？当了红军连长就不该怕羞了！"

于是，我就去了，他一边喝一边问我："同志们的精神好吗？"

"很好，首长。"

"做操辛苦吗?"

"不辛苦,愈做愈有劲,愈做愈爽快哩!"

"好哇! 好好地锻炼自己,好好地干革命,你们要给广大的妇女作榜样,将来还要有更多的妇女参加红军,男男女女都起来革命,咱们就能早日取得胜利!"

今晚,就要用我们的战斗来保卫特委、保卫苏维埃政权了!

第二天上午约九点钟的时候,一排长李昌香报告:发现了穿着红军衣服,打着镰刀铁锤旗的几个人东张西望地从山下走上来。我一面命令注意监视,一面跑去前沿。

人越来越近了。哨兵问:

"口令!"

"……"

哨兵连问三声,那几个人不回答,却老鼠似的向山上窜来,先开了枪。接着,后面出现了黑压压的敌人的头颅。

"敌人上来了,同志们,射击!"我忙下达了战斗命令。

一阵排枪,第一批送死鬼滚下去了。

片刻,轻机枪、迫击炮齐向山头射来,打得树干辟拍作响、树枝折断,落叶纷纷、阵地升腾起团团浓烟,敌人偷袭不成开始火力急袭。

炮火过后,敌人又大喊:"冲呀,杀呀!"向山上爬来,我们全连投入战斗,又是一次猛烈地射击,把敌人打退了。

敌人两次失利,恼羞成怒,猛向山上开炮,泥土翻起,石块乱飞。各排都有几个轻伤。一颗炮弹在我身边爆炸,泥把我埋起来。我急忙翻滚出来。忽然,一排长爬到我跟前说:"连长,子弹快打光了。"

我的心立刻悸动了一下。我们打仗最怕没有子弹,因为我们的子弹都是搜集破铜盆、铜碗、香炉、铜钱、子弹壳等由军械局制造的。当时,党员都是以铜板缴党费的。每个战士最多有十发子弹,我们的口号是:"一颗子弹要顶敌人十颗!"

我急忙问:"一粒也没有了吗?"

"个别人还有几粒!"

我沉思一下,命令:"每个人留一粒,把其余的子弹集中起来给大娥。一颗子弹要换一个敌人的头！"大娥是二班战士，个子高大，很活跃，是全连有名的排球能手和神枪手。

我又命令三排长："敌人上来，准备用'机枪'射击！"同时派传令兵立刻到师指挥所报告。

敌人又开始第三次冲锋了。还操着广东话和福建话破口大骂，敌人现在还不知道我们都是女的，若知道了，还不知骂得多么凶哩！

大娥开枪了，敌人一个一个地倒下，枪筒打热了就换另一支。

我们的"机枪"开火了。敌人大吃一惊，立刻溃退下去，我心里想："不光是团丁，连正规军也怕这玩艺咧！"

但是，我们的"机枪"终究不能杀伤敌人。一阵惊慌后，敌人又发起冲锋。

我大声喊："同志们用石头来砸敌人！"顿时，就有许多飞雷似的石块砸向敌人。

可是，敌人上来的很多，黑压压地一大片，仍然疯狗似的往上冲，情况非常危急了，我和指导员大声喊："同志们，为保卫特委、保卫苏维埃政权和白鬼拼到底！"就在这千钧一发之际，突然，在身背后响起激烈的机枪声。我回头一看，啊，是师长，他正握着一挺机枪在射击，在他后面有四个传令兵，还有卢叶兰。我兴奋地刚想说什么，师长却边打边对我说："立刻撤退！"打着，打着，师长索性站起来，端着机枪扫射，一连串愤怒的子弹射向白鬼，上来的倒下了，后面的连滚带爬溃退下去。这时我按照师长的指示，叫传令兵通知各排立刻撤退。

我们的机枪没有充足的子弹，一停火，敌人又调头反扑上来。排、班长们都争着留下掩护，最后决定留下二班。大家把子弹都留给她们，总共才只有五十多发。我迅速地带领部队踏着崎岖的山路撤退，不一会，在我们的后面，枪声激烈地响起来……

撤到牛旺岭后，和师部靠拢一起，休息待命。这时才注意听到红军营扼守的方向枪炮声正紧。可是，牛鞍岭方面却什么也听不着看不见了。二班的十个同志此刻的情况怎样呢？

一直盼到天黑了，还不见回来，红军营方面的枪声也停息了。二班的十个同志那一张张活泼可爱的面孔浮现在我眼前：梁班长，大娥，神枪手，排球健将……这些搅着我的心。

根据白匪的作战特点判断，一般地夜间是不进攻的，为了探明二班同志的情况，经指导员同意，我带着传令兵和一个班，乘夜摸回了牛鞍岭。

敌人已经撤到村里去了。牛鞍岭上寂静得很。借着月光，我们看见了十个亲爱的战友，十个革命的英雄女儿，安详地躺在被炮火犁过的土地上，周围是被摔断和砸碎了的枪，好几个人的手里还紧握着枪把和拳头。神枪手大娥的上衣完全被血染红了，梁班长的衣服被撕得稀烂，可能是在敌人上来后发现她们是女的，进行过一场激烈的搏斗……

皎洁的月光照耀在她们，好像复[覆]上一层洁白的轻纱，"梁班长，大娥……"我轻轻地呼唤她们的名字，泪水流到我的唇边……

我们从敌尸身上，拿来了复仇的子弹！

……

# 六、森林长征七昼夜

激战一日，敌人被挫败了。特委和琼府等机关已安全转移。我们甩开敌人，撤退到东安岭的密林里，在这休整后准备集中到母瑞山去，和各路红军会师，结成铁拳粉碎敌人围剿。

中午，同志们正在休息，有的睡觉，有的谈心。我枕着驳壳枪躺在一棵大树旁，倾听传令兵卢叶兰哼的山歌，她一边哼着歌，一边补衣服。

天快中午的时候，四面八方猛然响起一片"冲呀！""杀呀！""抓活的！"的喊声，狡猾的敌人化装红军钻进来了，哨兵没有发觉。随着激烈的枪声，有几个同志中弹倒地。队伍紊乱了，我一面开枪一面喊："同志们跟我来！"向后面密林退去。我们疾跑着，翻过三个小山岭，直到听不见枪声才停下来休息。我数了数共有九个人：我、传令兵卢叶兰，战士冯锦英〈……〉等。

等到天黑，还没有同志来，疲劳、饥饿使得我们困倦无力，在黑夜隐蔽下，我们倒在石头上睡着了。

第二天，顺着原路走了不远，刚刚爬上一个山岭，正巧，敌人也向山岭爬，圆圆的钢盔、明晃晃的刺刀，闪着刺眼的光亮，我们急忙转身下山，但已被敌人发觉，连连开枪射击，我们飞快地钻进了密林。古老的森林掩护着我们，不管东南西北，一直向前走，向密林深处走，甩掉了敌人。

突然，我看见阿兰左膀衣袖上浸红了血。子弹把她的左膀穿了一个洞，幸好没伤到骨头。我急忙用手帕给她包扎起来。

我们有气无力地坐在潮湿的落叶层上，个个心情都很沉重。我判断当前的情况是：大部队转移了，一部分被打散了，敌人在搜索。在森林里敌情顾虑倒不大，最要紧的是我们和部队失掉了联系，迷了路。这一望无际的树海，何处是尽头？这遮天蔽日的森林哪边有日出？师部在哪里？同志们在哪里？娘子军连的红旗在哪里？

放下武器回家吗？不！

在森林中坐以待毙吗？不！

大家都同意我的决定：上母瑞山，找党、找部队去！

朝哪个方向走呢？我们都是当红军不久的姑娘，从未在深林里活动过，不知道怎样辨别方向，只是知道母瑞山在西边，我们打完主意，往前走，走出森林再说，只要能遇见群众就好办了。

森林里阴沉得发黑，只有树叶空隙射进一丝丝光。阴森森的林海里走着我们九个十六、七岁的姑娘。心里的确害怕，不知森林究竟是什么样子，究竟有什么东西。有时就停下来，不知往哪里走才好，恐怕突然出现毒蛇猛兽。后来想到我们是红军战士时胆子就大了，我想自己是连长，一定要带头，就壮着胆子在前面领大家走。

第一天过去了，没发现路和村庄，森林还是望不到边，大家肚子饿得咕噜咕噜直叫，森林里黑得伸手不见五指，又饿又累，只好倒头睡大觉。可是冻、饿使我们很早就醒了，大家坐起来，面面相观[觑]，却无力说话。

忽然，一声山鸡的啼叫吸引了我们，斑鸠、棕球、八哥也都吱啾叫起来。鸟醒了，也提醒了我们：既然鸟能活，鸟能吃的东西我们也能吃，也能活！大家精神振作起来，听小八哥声声叫着好像在说："不要怕，不要怕，我的家、我的家……"

大家一起去采野草、野菜。有劲的同志就爬上树找，没劲的就在小树上找。找了很多种来，我们一种一种的尝，苦涩的有毒，甜酸的又太少，最后我们选出了山竹子、鸡兰芯、白榄这些甜酸的野草。大家坐在一起吃。阿兰把两腿一盘比比划划说："同志们，在森林里饿不死，我们在会野果餐哩！"这些东西乍吃倒好往下咽，吃多了就往外吐，肚子也疼，但总算救了我们的命，所以我们就叫它"革命果"。吃完了每人还揣上两个。渴了我们就喝山涧的溪水。阿兰用手捧起来喝了一口说："唉，这水真热呀，和咱在部队喝的开水一样。"把大家都逗笑了。

森林没有路，我们没有鞋，赤着脚走，许多带刺的枝叶经常刺伤我们。于是，便坐下来用针慢慢地挑刺。

森林里的落叶，千百年来堆成了厚厚的地毯。由于雨水淤积，许多地方形成了落叶的沼泽，常常陷没膝部，第一次冯锦英陷下去时真把我们吓坏了，她左脚陷下去，想拔出来，一使劲右脚又陷下去了。两个人攮着她的两只手，才把她拉上来。以后，我们有了经验，每人都用木棍做一条手杖来探路。

我们走在路上总是说说笑笑的，谁也不走"哑巴路"，阿兰是个伤员，在我们九个人里面她最小，才十六岁，可是她最活跃，我们小休息后起来再走时，她就喊："立正，向正前方森林，齐步走！"她负了伤，我要帮她背枪，她说啥也不肯。

森林之夜是漫长难度的。我们摘几片野芭蕉叶铺在地上当作床褥，再盖上几张大叶当作被子来睡觉，遇到潮湿地方就睡在大石头上。冬夜，森林里很冷，我们只穿着单衣短裤，走路不觉冷，夜深时就常常被冻醒，只好挤得紧紧地来取暖，翻身后就得喊："向后转！"遇着风大的天气，冷得厉害，冻得睡不着就坐起来讲故事等待天明。那时要算我讲的最多，大家"强迫"我讲一个又一个，把母亲讲的，王文明同志讲的都讲了，有时就顺嘴胡编几个。大家都说我是"故事王"哩！有时我们就低声唱歌，合唱红军歌曲或对唱山歌，阿兰唱得最好听，她最爱唱那支"送郎当红军"，她轻轻地唱着：

> 三月春风吹椰林，
> 送郎当红军。
> 你打白匪闹革命，
> 带上妹的心。

我们听着这支歌就好像回到了苏区，又好像回到了我们参加娘子军的时候。

大家随着阿兰一起唱，唱着唱着，就把词给改过来了：

三月春风吹椰林，

送妹当红军。

你打白匪闹革命，

带上哥的心。

在这杳无人迹的深山古林中，在这黑的可怕的深夜里，飘荡着我们九个女红军战士的歌声。这尖尖的嗓音，林中的鸟兽听到了该感到多么奇怪呀！

森林之夜，常常发生可怕的事情，有一次把我冻醒了，忽然听到嗷嗷的吼声，越来越响。模模糊糊的觉得有一个很大的东西向我们走来，我没有去惊动别人，忙把子弹顶上膛。这东西走到我们跟前，哼了哼，又走开了。吓得我出了一身冷汗。究竟是什么野兽也不知道，反正我们是睡到野兽的老家里来了。

可是，有些鸟兽倒是我们很好的旅伴。早晨，山鸡的长啼把我们叫醒了。我们吃完"革命果"又踏上征途，一路上，黄猄[猄]、猴、小狐狸、猫头鹰、啄木鸟在林中和枝头跳来跳去，许多不知名的穿着花衣服的鸟儿婉转齐鸣，欢迎和欢送我们这些千百年来第一次来到的客人。

就这样，我们走了五天。

第六天：

劳累、饥饿、疲倦使大家颜面憔悴全身无力了。从树隙射进来的微弱的光，照着大家灰黑的脸。两眼凹下，肌肉松弛，脸儿打起一道道的折来，十几岁的姑娘已变成了老太婆。腿沉的抬不起来，一支枪压在肩上好似千斤重担。森林还是无边无际，我们艰难的走着。

忽然，冯锦英把枪往地上一扔，不走了。我吃了一惊，忙问她："怎么了？病了吗？"

冯锦英坐在地上喘了几口粗气说："连长，把枪扔掉吧，实在背不动了，要枪就不能要人，要人就不能要枪。"

"锦英，你怎么了？这几天把你折磨糊涂了？怎么说出这话来？咱们是红军战士，怎么能不要枪呢？"我慢慢地对她说。

"连长，远路鸿毛变成铁，再背就得让枪压死，到母瑞山还愁没枪用吗？"

这种说法大家都不同意，都来劝她说："咱们红军的枪来的不易，为了这支枪，不知有多少同志流过血，怎么能扔掉呢！现在咱们身上就剩这支枪了，不能再'轻装'了！"

冯锦英不作声了，低着头。过了一会她又说："什么时候能走出这森林，早晚得让森林给折磨死！"

我听了之后考虑一下。我们的处境的确令人担心。森林有多大，我心里也没底，只模模糊糊地记得从乐会到母瑞山大概有一百多里路。可是，走了五、六天了，还是在森林里转转。什么时候能把同志们带到母瑞山呢？可是，我有这样的信心：只要坚持走，就一定能走到，反正海南岛只有这么大。我就对锦英说：

"锦英，你可千万别泄气，你要一泄气这几天就算白走了。你想想，大海有岸，森林也得有边啊！相信咱们这红军战士的腿，一定能走出去，一定能找到党。咱们现在是累，是困难，可是，困难就能把革命的红心变灰了吗？不能！"

这时，阿兰采来一大把山竹子放在锦英手里说："阿英姐，吃吧，吃点'革命果'就有劲啦！"

锦英看看阿兰，看看我，看看大伙，泪珠在眼眶里直打转。

大家也都吃了一点。然后，我擦擦锦英的眼泪对她说："来，把枪给我，继续走吧！"

密密的森林里，又晃动着我们九个人瘦小的身影。

第六天，第七天……

每天我们都要爬上树观察情况，看有没有路？有没有人？这天，我又爬上树去，在无数棵树木的空隙里寻找着。突然，发现了一条小路，像一朵长长的带子缠着这绿色的山林。

"路！""路！"我大声喊着。过度的兴奋使我险些从树上摔下来。大家忘却了疲劳都争着上树去看路，经过七昼夜的长征，我们终于找到了路，走到森林的边缘。

可是，我们不知道这条路是通向哪里去的。也可能遇上敌人，我告诉大家拉开距离，发现情况立刻向右散开。

大家踏上小路，想象着母瑞山的样子，想着和娘子军连的同志们就要见面了,脚上也有劲了。

第二天下午,我走在前面,拐过一个山岭时,突然,前面来了三个人,穿着红军衣服,背着枪和行李,我刚想喊同志,又一转念,也许是敌人化装的尖兵,于是,我领大家急忙向右边山坡跑去,那三个人从后面跟上来,边走边喊:"喂,你是不是冯连长啊?"我一听这声音很熟,忙隐蔽在一棵大树后观察,那三个人愈走愈近来。我喊:"站住,干什么的?"

那人听我说话,露出惊喜的神色叫起来:"冯连长,可把我们找得好苦哇!"

"你是什么人?"

"我是师部的传达,我叫刘奇贤。"

"你举起手上来我看看。"

他上来后我仔细一看果然是师部的传达,我紧紧地握住了他的双手。

他们三个人是奉师长政委的命令找我们的,已经找了三天。第二天,领着我们到了母瑞山。我们这九个女战士终于回到了党的怀抱。

师长政委派人向苗胞买了几斤米,再加上点地瓜,煮饭慰问我们,七天来,我们第一次吃上一顿饱饭,每一颗饭粒都温暖了我们的心。

东安岭遭敌袭击,牺牲了八个同志,其他人都陆续集中到母瑞山。

姑娘们大喊着:"连长回来了!""连长回来了!"把我们包围起来,握手、拥抱,流着欢喜的眼泪。指导员破涕为笑地说:"增敏,我以为你当烈士了呢?你回来,咱们连又团圆了!"

师长接过去说:"是呀,敌人打不垮我们的娘子军,告诉你们一个好消息,东路最近又成立了一个娘子军连,西路也准备成立一个。将来要把你们编到一起,成立一个娘子军营哩!"

同志们都欢呼起来……

# 七、永不熄灭的火花

陈汉光部队在空军的配合下,猛烈向各地红军进攻。在这种形势下,领导上错误地采取了单纯防御的作战方针。将各地红军调集母瑞山,准备集中力量粉碎敌人的"围剿"。但因当地粮食异常困难,不能支持,集中十余天后,又被迫分散了。我们娘子军连随师部向乐万根据地撤退，不幸在果松岭遭敌伏击，有些女同志跟敌人打上交手仗，扭住敌人一起滚下悬崖。大部分同志壮烈牺牲，全连仅二十余人冲出重围和师长王文宇一起退到乐四区高罗岭。在这里和损失后的娘子军第二连的几个同志会合到一起。

各路红军遭敌前阻后击，因弹尽，敌我力量悬殊，部队几乎全部损失，革命进入了低潮。

高罗岭里是一片茂密的森林，山坳里有一个五户人家的小村——高罗村。村里人和山下苏区的群众一起被迫搬到"上科""阳江"等白匪据点去了。山下有些村庄被敌人纵火烧毁，敌人凶狠地将红色区域划为无人区，"不让老百姓养活红军"；并实行"五家联保"，出赏逮捕共产党员和红军战士。收买红军情报，在各地建筑堡垒据点，并进行"砍山围剿"和"露营封锁"，企图将共产党人和红军斩尽杀绝。

我们活动在山里，为了不让敌人发觉，每天都转移几个地方。

半年多来，我们赤脚和敌人周旋，爬山越岭，涉溪过河，荆棘刺，石头扎，再加上蚂蝗咬，每个人脚上的伤都溃烂了。山上蚊咬，气候恶劣，很多人又发了疟疾。

师长的脚也烂了，他满脸胡须，两颊瘦削，衣服也被荆棘刺破了，只有那一双灵活的眼睛还炯炯发光。

大约过了十多天，早上，我发疟疾刚退了烧，斜倚大树坐着。师长带一个参谋走来坐在我面前。他先摸摸我的额头，然后对我说："增敏同志，情况十分严重，我们全部住在这里是不行的。粮食解决不了，人多目标大不易活动。我们要设法重新组织斗争，恢复红军……我决定去六连岭设法和各团的同志联系。你们娘子军的同志不能行动暂时留在这里，由乐万县长庞世泽同志领导。"

我被师长说的重新组织斗争，恢复红军鼓舞着。师长讲完后问我有什么意见。我说："没意见，请首长放心，我们一定坚持到底！情况一有变化，希望快点联系我们。"

师长在临走前向全连同志讲了话，听完后，好多人都默不作声，低着头。有的竟哭起来了。就要离开敬爱的师长，谁都难过，师长的眼窝也湿润了。

师长亲切地摸着站在身边的卢叶兰的头说："小红军，不要低头。我们很快地就会渡过低潮，我们一定会胜利。海南岛斗争不是孤立的，我们有朱毛红军！"他说得很慢很有力，每一句话都刻在我的心里。师长又笑着对大家说："同志们，把头抬起来，别看现在咱们人不多，可是，每一个都是一颗革命的种子，很快就会发展起来的！"然后，他领着我们小声地唱起国际歌。

> 起来，饥寒交迫的奴隶！
> 起来，全世界的罪人！
> 满腔的热血已经沸腾，
> 作一次最后的斗争！

这时正值一九三二年深秋。我们二十几个女红军，在强敌、疾病、饥饿的严重威胁下顽强地坚持着。

我们给自己确定四大任务：找药材、找粮食、打听师长的消息、了解敌人的情况。

凡是能动弹的同志，都在山里找药材。我们只认识一种叫"四方芹"的草药，采来后，捣烂，敷在伤口上。用树叶当纱布，用细藤当绷带包扎起来。可惜，这种药的效力不大，我们的脚已经烂得很重了，不解决问题，只不过起些"精神作用"。发疟疾的找不到药，只有用椰子壳盛上山洞水，放在身旁，用手点点滴滴的往额头上撩，算是"冷敷"。发冷的，就几个人把她抱起来，把大家的热分给她。

几次派病轻的同志下山去找粮食，打听师长的消息，但敌人封锁很紧，和群众联系不上。

秋雨连绵。有时雷鸣电闪，风雨交加。我们就用十几片棕榈[榈]树叶，加一根粗树枝做成一把大伞撑着，可惜用不久就坏了。大雨把我们淋得像水鸡似的，可是阿兰还喊着："老天爷给我们洗澡了！"

下过雨后，山上的蚂蝗多得就像蚂蚁一样，遍地都是。不光是咬脚、腿，甚至连眼睛、嘴都咬，有次，早晨醒来，腮肿起来了，我一伸手从嘴里拿出一条蚂蝗。

衣服破烂了，用细藤连起来！

没有粮食，吃"革命菜""革命果"！

日子一天一天的过去了，我们都被折磨的变了样。"军装头"也长长了，还夹着一绺一绺的白头发，因为我们没有盐吃又是喝山涧的生水。阿兰原来是全连最漂亮的姑娘，现在都不敢认了。

环境这样恶劣，没有一个愁眉苦脸唉声叹气的。我们每时都设置哨兵，经常擦枪，不让它生锈。虽然，我们连一发子弹也没有了。我还经常派传令兵卢叶兰到五里外庞县长住的岭上去报告情况，请示任务。

我的病渐渐好一些，趁发疟疾"歇班"的时候，我和一排长李昌香，一拐一拐地走下山去，了解敌人情况，设法和群众联系。山脚下扎着一排排帐篷，敌哨兵像鬼影似的晃动着。村庄已成一片瓦砾，远远地可望见敌炮楼，我的家就在那一带，此刻正被敌人蹂躏着。

敌人封锁太严，下不去，第一次失败了。但是并不灰心。第二次，我和李昌香到"高罗村"那边去，看是否可以下山。快到村庄时，忽然看见一个人走出来。我仔细看看，认出来他是冯克勤，赤卫队员，我的同乡，忙迎上去。他见了我，大吃一惊，半晌才说出来："你还活着吗?"接着他告诉我："敌人向群众大肆宣传共产党垮台了，红军全部被消灭了。还出布告：谁抓到一个红军和共产党员赏二百块光洋。还在我们家乡一带扬言：娘子军连完蛋了，娘子军连长被抓到活埋了!"

关于师长的消息他不知道，他是回来取粮食的。他把粮食从埋藏的地方取出来，全部给我们，我们只要了一部分。

从此，我们和群众联系上了，以后他又来送几次粮食。可是，这条线突然断了。半个多月也不见动静。我们估计出了问题急忙转移。

飞机的嗥叫声和炸弹的爆炸声震荡着整个山林。这是前奏曲。渐渐，敌人的喊叫声和狗吠声也听见了，敌人强迫老百姓伐树砍藤替他们开路，大规模搜剿开始了。

我们向山林深处转移，敌人步步逼进[近]，在山里搭起帐篷来驻剿。一天我们在山上听见下面有刺刀碰水壶的叮当声，又听见敌人说："红军婆藏到哪去了，咱们几千人还搜不出他们来?"

情况非常紧急了。在我们面前有两条路，一条是在山上和敌人拼，拼一个够本，拼两个赚一个；一条是化整为零，分散突围。我们的家乡都是这一带，可以依靠群众掩护，养好病，情况好转后再集中。

有的愿走第一条，有的愿走第二条。我考虑，师长临走时交代过："现在每一个人都是一颗革命的种子。"不能轻易和敌人拼，请示庞县长后决定：走第二条路。

我家只有一个母亲了。敌人说她是"共产婆"，养的儿女都是共产党，对我家特别注意，我不能回去，决定和县府同志在岭上活动。

可是大家都不愿走。阿兰伏在我身上说："要活咱们活在一起，要死咱们死在一块！"我和阿兰两年来一直没离开，可是为了保存力量，准备重新战斗，现在不得不分开。最后大家都同意了。

李昌香见我的衣服破烂不堪，便把她那件旧而未破的换给我。哭着对我说："连长，脚治好了我就来找你，万一……我绝不当俘虏，我绝不出卖革命，我的生命就是我的最后党费！"说完她的眼泪就流到我的脸上。

谢式梅把她一直保存到现在的红军袖标小心地藏到怀里说："等伤养好了，带它来找组织。"

我们和县府同志一起用尖刀在山上挖个坑把枪捆好埋起来。大家一边埋枪一边流泪，谁也止不住。

埋完枪，阿兰又拉住我的手说："连长，咱们还能不能见面了？"我擦擦眼泪说："怎么不能呢？咱们娘子军垮不了。师长不是说过要成立娘子军营吗！海南岛有一百多万妇女，将来都发动起来，说不定还要成立娘子军团呢！那时候，你可能也当连长哩！"

深夜，借着夜幕的掩护。她们下山了！

我的病转重，县府同志把我送到苦藤岭，和乡府的三个同志在一起。他们决定在山上挖一个洞来藏我。敌人搜索愈来愈紧，洞还没挖好，一天，敌人就大喊着上来了。正好，旁边有一个坟窟窿，他们就把我藏到里边。

我躺在坟里听外面喊："站住！"接着是几响枪声。

敌人没发觉我。盼了二天二夜，乡府的三个同志也没回来，我断定，他们牺牲了。

夜晚，我拖着病弱的身子爬出来，打算去搞埔松岭找庞县长。开始是一尺一尺地爬，以后简直是一寸一寸地爬，爬了约五、六里路。身上骨节就像断了一样，呼吸困难，我昏迷过去了。

醒来时，我已经被俘虏了。

敌人几次审问我，可是他们什么也没得到。把我送到琼东，又送到海口，以后就送到广州，把我作为政治犯监禁起来。从此，我渡过了五年的牢狱生活。

一九三七年，我又回到了亲爱的海南岛，找到了党，又投入了革命斗争。

这时，海南的红军已恢复发展起来，改编为抗日独立大队。更多的妇女参军拿起枪和敌人战斗。那里面有当年娘子军连的战士。那些女同志都是娘子军战士的姊妹……〈。〉

1957 年春于海南岛

——录自《解放军文艺》，1957 年 8 月号(总第 72 期)，第 13~23 页。

# 海南妇女干部的摇篮

## ——忆琼崖妇女学校

陈冰萍

一九四八年初秋，我在琼中县任土改工作队队长时接到通知：回琼崖区党委另行分配工作。区党委组织部长杨少民同志找我谈话，他说："为适应急促发展的斗争形势，我们必须培养大批区、乡一级妇女干部。区党委和琼崖临时民主政府于今年五月创办了琼崖妇女学校。原妇校的甲班主任何秀英同志和乙班主任吴玲同志因工作需要调离学校，决定调你和何佩玲同志去接替她们的工作。"琼崖临时民主政府教育厅长吴乾鹏同志，又就教学业务问题对我作了具体交代。我小时在马来亚仅读过几年小学，文化水平本来不高，参加革命后虽然经过党的培养，但对教育工作毕竟还是陌生的。不过我于抗日战争后期曾在"琼崖抗日公学"①学习过，切身体会到通过学校培养干部的重要性，对办妇女学校的意义是理解的，所以鼓起勇气愉快地接受了任务。我在妇校工作了一年半时间，那段艰苦而有意义的教学生活，至今仍令我深深留恋，难以忘怀。

## "竹子编成的学校"

新创办的琼崖妇女学校设在乐东县的番阳镇边，这是白(沙)、保(亭)、乐

---

① 琼崖抗日公学：中共琼崖区委于一九四〇年夏天创办的一所干部学校。解放战争时期改称"琼崖公学"。

(东)根据地的腹地,离"公宅"①的驻地毛栈、毛贵仅距十几公里。这真是个难得的好校址,在流水清澈的番阳河边宽阔平坦的草地上,盖起了八幢茅屋,两幢当教室、四幢当宿舍、一幢当教务处和一幢饭堂。这八幢茅屋围成个大院落,院落中间是开展体育和游戏活动的场所。番阳山区遍地是青翠茂盛的竹林,我们学校也好象是"用竹子编成的学校"——盖房的柱子是用大竹撑,屋梁是用竹子架,饭桌、课桌和睡床用竹篾编成,甚至连墙壁也是用竹子编成后再糊上一层稻草泥巴……其它设备也很简陋:上课坐的长凳是将条木削平一面,架在两根木桩上,黑板是用黄泥抹在墙上再涂上一层黑墨汁……这所战时简陋的学校,成了培养海南妇女干部的一个摇篮。

当时全校的行政干部和教员只有八个人,其中,校长兼党支部书记张奋同志,原是乐(会)万(宁)县委的宣传部长,对干部教育工作较有经验;三名教员中有两名是回国参加革命不久的归侨知识分子;校总务主任王永信是红军时期参加革命的老同志。学校党支部开展正常的组织生活,全校人员还象在部队中一样,过着军事化的生活,组织纪律性严格,连吃饭时走进饭堂和离开饭堂都要统一列队。学校开设的课程有政治、语文、算术、地理、卫生常识等。政治课主要是结合当时斗争形势,学习毛主席的《论联合政府》《青年运动的方向》《关心群众生活,注意工作方法》以及刘少奇同志的《论共产党员的修养》等著作,还学习琼崖区党委所办的《新民主报》上的有关社论和文章;其它教材则由张奋校长带着教员们根据有关资料研究编写,然后刻钢板油印。根据学员的政治素质较高而文化程度普遍很低的情况,教学中以文化课(尤其是语文与算术)为重点。全校分甲、乙两个教学班,因教员力量不够,张奋校长兼任全校的政治课,我和何佩玲这两个班主任也分别兼任班中的语文或算术课。教学中实行考试制度,每月一小考,半年中考,毕业时举行毕业考试,各学习小组每月还进行各种形式的小测验。对考试成绩优秀的学员,进行奖励。当然,奖品是很微薄的,或一个小本子,或一支钢笔,却也能起到很大的鼓舞作用。

第一批约一百名学员中,年纪最大的三十二岁,小的也有十七、八岁,多数

---

① "公宅":当时根据地军民惯称琼崖区党委、琼崖临时民主政府、琼崖纵队司令部的住地为"公宅"。

是琼崖纵队各部队推荐来的女战士、医护人员和炊事员，也有部分是各级地方民主政府的政工队员或勤杂人员，还有一些是从事地下工作的女交通员和黎族女干部。这些学员中绝大多数人于抗日战争时期就参加革命工作，最短的也有两年以上的工作经历；三分之二以上的学员是共产党员。这些学员都是贫苦家庭出身的姑娘，过去哪有机会读书啊！现在她们走上了革命的道路，才得到党的关怀和培养，选送到学校来学习。尤其在当时那种艰苦残酷的战争环境下，这样的学习机会是多么宝贵！她们感到学不好不但对不起组织的期望，而且会给以后工作带来很大困难，所以学习热情普遍很高。每当中午和晚饭后，学员们三三两两坐在河边的石头上、草地上、菜地旁，认真地朗读课文，练写生字。当时纸张很缺乏，每人每月才发一张白纸装订作业本，这远远不够，于是她们通过各种途径设法解决，叮嘱原单位的同志或在前线的爱人捎东西，吃的用的全不要，能捎点白纸或笔记本就再好不过了。当时煤油也很缺，每个学习小组仅有一盏煤油灯，晚上全组十几个人就围在昏暗的小灯下聚精会神地学习。若是碰上天气晴朗的月夜，学员们绝不失此良机，纷纷走出屋外，在"公共银灯"（月亮）下勤奋攻读。熄灯后至睡觉前的那阵子，学员们还躺在床上背诵课文，互相提问呢！一些姑娘连夜里说梦话也在背诵着算术公式。刻苦的学习精神，使学员们的学习成绩日渐提高；浓厚的学习风气，也促使教学进度得到较快的进展。

番阳河畔的土地很肥沃，我们利用一些课余时间开荒种菜，养鸡喂猪，做到蔬菜自给和肉类半自给，减轻根据地政府和群众的负担。这些学员真是劳动的好手，种出来的大白菜最大的一棵重一斤多，萝卜一个重一、二斤，我们吃不完，逢年过节就挑上一担担蔬菜，涉过番阳河水，翻过河边高陡的石壁，送给"公宅"机关的食堂。

在番阳办校这段时间，环境比较安定，教学比较正常。到了一九四九年二月，琼崖区党委为加速干部培训，决定续办第三期"琼崖公学"，并且决定扩大妇女学校的规模。于是琼崖妇女学校奉命将番阳河边的校舍让给"琼崖公学"，三位教员及何佩玲同志也留在"琼公"工作，并将甲班一部分成绩优秀的学员留在"琼公"继续深造。我和王永信同志随着张奋校长，带领其余的几十名学员，迁移到新民（今屯昌县），在那里建设琼崖妇女学校的新校舍。

53

# "流动校舍"

我们经过六、七天的行军，到达了新民县南坤乡的咖哩园村。在地委、新民县民主政府和当地群众的热情帮助下，我们很快就建起了规模更大的校舍，共有十几幢大茅屋。妇校一边建校，一边垦荒种菜，一边扩大招生。新招收的学员除由各部队或根据地各级政权推荐外，还吸收了一些刚刚参加革命工作的女青年，学员人数增加到二百多人，根据政治状况及文化程度分成甲、乙、丙一、丙二、丁等五个班（在番阳入学的第一批学员都归并在甲班）。这时琼崖区党委又调郑史、羊林影、王玉春、顾益梅等同志来妇校担任班主任（我担任甲班班主任），还派来陈坚、符由炎、云子章、刘玉珠等同志来当教员。经过一番密锣紧鼓〔紧锣密鼓〕般的准备，琼崖妇女学校于四月底就又正式开课了。本来按教学计划，甲班学员于一九四九年七月二十九日期满毕业（学员学习期限为一年至两年），学校打算为她们举行隆重的毕业典礼。但是，就在她们结业的前两天，情况突然发生了变化。这时，在大陆被我人民解放军击溃逃到海南岛的大批国民党匪军，为在海南站稳脚跟，向我琼崖各革命根据地发起进攻"扫荡"，企图消灭琼纵主力和根据地的党政机关。当时，驻琼纵第五总队的主力采取积极防御的方针，游动到外线作战，西区根据地内只有一些领导机关和我们妇女学校。七月十七日晚，我们接到情报，说敌军要进犯我新民县根据地。次日，张奋校长到设在南坤附近的地委和新民县委联系，证实了敌军已向南坤乡第八保进犯，明天就要到达我们这里。地委负责人指示妇校和新民县政府一起撤退。于是全校紧张地进行转移的准备工作，把多余的粮食埋藏起来，能带的教具、厨具都带上，把菜地里的豆角摘下挑走。当天下午我们杀了两头自养的大猪和十几只大母鸡，匆匆忙忙地为毕业班的学员加菜后，于黄昏前向山里撤走了。

我们跟在县政府的队伍后面，天黑得象锅底一样，山路崎岖难行，我们干脆沿着山上流下来的一条小溪涉水而上。虽然溪床高低不平，但水不深，走过后可以不留下痕迹。半夜，到达约二、三十里外的荔枝埇村附近，稍事宿营做饭，每人吃了两个饭团，趁天未亮转移上山了。

第二天天蒙蒙亮，我们就听到咖哩园方向传来稀稀落落的枪声，傍晚我们接到群众报告敌人果然"扫荡"了咖哩园。到了第三天，学校派了几名有战斗经验的学员和校警卫班的同志回去侦察[查]，他们回来噙着泪水说：学校的房子全被敌人烧成一片焦土；猪圈里的大猪小猪一头不剩；几百只鸡，只剩十几只飞在树上才得以幸存。那时我自己也养了二十几只鸡，下了一大坛子蛋，撤退前我将坛子藏在鸡窝旁的小树丛里，也被敌人搜到连坛带蛋端走了。这些匪徒，在搜索食物方面本领倒挺高！

敌军千方百计寻找我们的领导机关，撤退后的第四天，张奋校长从县政府那里获悉：驻在合水的琼纵五总队部遭敌袭击，被捉去十几个同志。听到这不幸的消息，许多同志都流下了眼泪。又获悉离我们不远的临加乡也有一个团的敌军在"扫荡"，情况危急，要赶快突围。我们妇校只有警卫班的几支枪，只能与敌人迂回周旋。为避免人多暴露目标，妇校便和县政府分开行动。我们翻过两座山包，越过三道沟谷，到了地委过去的住地。这里只有几间残破的茅寮。偏偏又逢雨季，每天都下一阵大雨，我们的衣服和背包都被淋湿了。在校部号召下，各班砍山芭蕉叶搭成许多简易小寮，一个小寮住几个人。过两天芭蕉叶就被晒干了，又得重搭。几天后，米没有了，附近又没有村庄。派人跟县政府联系，仅取回来六斤米，看来他们的处境也好不了多少！二百多人用这六斤米煮二顿饭，每人每顿分到一椰子勺的稀饭汤。我们在山上挨过几天，每天都面临着饿饭的挑战。有时我们也派人到几十里外的村庄去购买大米或瓜菜，往往因为敌人"扫荡"，群众逃光了，便两手空空回来。偶尔买到一头猪，就摘来野菜、芋横（即芋头茎），和猪肉一起煮，来一顿典型的"荤素大杂烩"。

八月十日，为了解决粮食困难问题，张校长与新民县委领导同志磋商后，决定把妇校转移到琼中县临加乡第三保大边村一带。这一天下午三时出发了，翻山越岭，约走了三个钟头，到了红坡岭村。学员们又饿又累，实在走不动了，我也觉得头晕腿软。张校长只好决定暂时休息，进村买到十斤米和几只鸡。直到晚上八点多钟，每人才得到一口盅稀饭和一小块鸡肉，总算解决了晚饭。当夜，我们又买到一头猪和三十斤谷子，于是动员了十几位体力较好的学员摸黑加工，舂米的舂米，杀猪的杀猪。翌晨，每人又分得两个饭团和几块猪肉，吃完就匆匆赶路了。

在行军途中，不时听到隐隐约约的枪声，敌人就在二十公里左右的地方。我们这一队没有武器的"娘子军"，背着背包，挑着教具和炊具，在山区里与气势汹汹的国民党匪军捉迷藏。我们辗转经过琼中县的南利市、大边村、堡垒村，还在保亭县的一个苗寨里住了几天……终于到达了目的地。

撤退进山后，没听学员们叫过一声苦，但每人都流露着又心疼又焦急的心情。心疼的是亲手盖起来的、安定地学习了半年的学校被匪军烧为灰烬；焦急的是宝贵的学习时间被无休止的行军转移所取代。张奋校长体察这种心情，撤退后的第三天，就召集党支部委员、班主任和教员共同研究，决定在转移期间克服困难，坚持教学。没有黑板就口授；不宜多上大课，就以分组辅导和自学为主；不论转移到哪个地方，第二天都要照常上课。这段时间的教学更注意结合实际：张奋校长上政治课时分析当前对敌斗争形势和我党我军的方针策略；教员结合转移路上各种复杂的地形地貌讲解地理知识；沿途采集中草药学习医药卫生知识。我们班的语文课，则鼓励学员坚持写学习心得或日记，练习作文。有些学员的日记，不仅记叙了当时艰苦斗争生活和坚持教学的情景，还写了自己的感想和克服困难的决心。写得好的日记，我们还组织阅读和讲评。就是教员也都坚持写日记，我最近翻阅保存那段时间的日记，对坚持教学的情况，有这样的记载——

"……在地委的旧驻地，我们在临时搭起的简易课堂里上课……"

"八月八日。学校按区党委指示，将甲班毕业生全部介绍回区党委分配工作。接着，及时调整班级和班主任，教学继续进行……"

"八月十一日。中午，来到琼中县南利市，这是个黎、汉族杂居的山区小镇，人口不多，却有一间小学校，因环境恶劣，学生疏散回家，学校停课了。教室都是茅房，倒也算宽阔清洁，我们如获至宝，决定住下来，扎扎实实地上几天课……"

"八月廿二日。黄昏，党支部召开大会，选举和补充支委。这时接到区政府送来情报，说敌军已撤退。大家顿时高兴地跳起来说：真过瘾呀！明天我们可以返回南利市去上了！"……

由于长时间的行军跋涉，雨淋露湿，不少学员患了病，我们班也有几个学员发了疟疾。这些姑娘真顽强，患了病还照样背着背包行军，从不掉队；宿营后又撑着身体坚持上课。她们的理由是：我们的基础知识本来就差，再不上课就更跟不上教学进度了。我尤其佩服那些担任炊事工作的学员，妇校没有专门的炊事班，都是按学习小组轮流做饭。遇到转移，她们要背着大饭锅，挑着沉重的厨具行军，宿营后又要紧张地烧水做饭，非常辛苦。但若是宿营后要上课，她们就千方百计挤出时间参加，决不会旷课。有时晚上做饭，她们还借着火光在锅灶前看课文，还说这是"不点煤油的大汽灯"。

在与敌周旋将近两个月期间，妇校基本上未中断过教学。每一处宿营地都是我们的临时课堂，背包和膝盖是很好的"书桌"。有趣的是，我们的教学人员和学员都养成了用膝盖垫着本子写字的习惯。许多学员后来把这段转移的路途称为"流动校舍"。

琼崖区党委时刻关怀妇女学校的工作。当我们辗转重返南利市时，新派来妇校当教员的殷勤轩同志亲自带来区党委的指示，内容是："若环境恶化，不宜办学，妇校可迁到乐(会)万(宁)县；经费缺乏可派员回'琼府'领取，校址、粮食请乐万县委帮助解决。"张奋校长立即召开校务会研究贯彻区党委的指示精神。会后，张校长亲自赶到"公宅"汇报请示工作，并领回一笔经费和一些布匹、药物。妇校二百多人于九月四日由南利市启程，连续行军半月，途经琼中、保亭、乐会等县境，于九月中旬到达新校址——万宁县北大乡。

在当地民主政府和群众的支持下，我们继续发扬艰苦建校、积极生产、紧张学习的优良传统，在北大乡政府附近的一片荒芜草地上，很快又盖起了有十几幢草房的新校舍。学员们还挑来一担担泥土筑成一个露天舞台，盖起一座能容纳四百多人的茅草大礼堂。新校舍落成不久，"公宅"即派来琼纵政治部文工团来校慰问，热热闹闹地演出了一个晚上。从此，我们在北大乡比较安定地教学，直至解放前夕。

## "好活泼的姑娘"

琼崖妇女学校在建立党支部后，还相继建立和健全了妇女联合会和共青团总支部(我任妇联主任并兼团总支宣传委员)。我们学校只有几个男同志，其他都是二十岁左右的女青年，爱说爱唱，乐观融洽。在校党支部的领导下，团总支和妇联根据青年人活泼好动的性格特点，经常组织各班学员在保证学好主课的同时，积极开展各种社会活动和文体活动，活跃生活气氛，提高政治热情，建立紧张而活泼的学习新秩序。体育活动主要是打排球和乒乓球，文娱活动主要是唱歌和组织娱乐晚会。校领导了解我曾在琼纵文工团工作过，便决定由我兼抓文娱活动。我们当时教唱的歌曲很多，有鼓动性强的抗战歌曲，也有情调健康的抒情歌曲，还有不少歌曲是从延安来的同志传教的，如《延水谣》《不到黄河心不甘》《到敌人后方去》《游击队歌》《送郎上前线》等。记得《延安颂》这首歌是庄田副司令员一九四一年到万宁县民主政府检查工作时教我唱的，我又将这首歌教给妇校的学员们。

最热闹、最有趣的，要数每周举行一次的"娱乐晚会"。我们没有大汽灯，所谓"娱乐晚会"，实际上是在黄昏时间进行。当钟声敲响，全校师生都来到球场上习惯地围成圆圈，或做游戏，或集体化装跳秧歌舞，或即兴表演小节目。做得最多的游戏是"传纸条"，就是结合教学在纸条上写上各种政治或文化问答题，在人圈里传递，谁若没有发现纸条落在自己身后，谁就要站起来按纸条上的要求解答问题。开始很多人怕羞不敢站出来表演，慢慢地习惯了，晚会上都能显其长。甲班学员余冠芬，用两条花布做腰巾当成两个蝴蝶翅膀，跳起"蝴蝶舞"，博得大家喝采；李兰英性格滑稽风趣，演节目时她经常化装成男人，粗声粗气地学男人说话，或表演滑稽的丑角动作，逗得大家捧腹大笑。每逢我们进行娱乐活动，附近村庄的小孩子们定跑来看热闹，有时一些大人和老人也来看，同样被学员们的表演逗乐了，连声称道："这群姑娘真是会做（即能演）呀！"有些节目则是要提前认真编写和排练的，这主要是为节日晚会做准备。记得一九四九年元旦，区党委、琼府和纵队司令部举行联欢晚会，妇校也被邀请参加，并在晚会上表演了大合唱和独幕话剧《送郎参军》。冯白驹司令员及各领导机关的首长都高兴地看了演出。机关的同志说："你们这些姑娘真活泼，胆子也真大，这么大场合你们都敢登台演出！"

## 种子撒遍琼岛

解放战争形势迅猛发展。一九五〇年春天，琼崖革命军民一致动员起来，配合渡海大军解放海南岛。我们琼崖妇女学校也接到区党委指示：全体学员提前肄业，上前线参加战斗，解放后仍可回校继续学习。学员们纷纷表示在解放海南的最后一战中争取立功。三月下旬，区党委和琼纵司令部派符致东和卫生处长郭汉忠、军医林明汉等同志，来妇校组织指导战场救护的应急训练。四月中旬，妇校全体学员和工作人员由区党委统一分配，奔赴琼崖纵队各部队，担负战场鼓动和救护工作，在解放海南的战役中发挥了应有的作用。

　　琼崖妇女学校在不足两年的时间里，培养了近三百名学员，这是一支相当可观的妇女干部力量。学员们经过教育训练，文化程度、政治觉悟、组织纪律性和工作能力等方面都有显著提高。海南解放后，妇女学校因种种原因未再续办，妇校的学员除少数留在部队外，大部份[分]分在琼岛各地参加土地改革和社会主义革命和建设。不少学员后来成为各级妇联的领导干部。学员陈开蓉、林爱莲、张玉英、陈秀兰、符民、王妚忠(黎族)等，后来担任了县政府的行政领导工作。还有相当部分的学员在各级机关、工厂、企业，成为科、股级干部。琼崖妇女学校是海南妇女干部的一个摇篮，这是名符其实的。如今，在琼崖妇校学习和工作过的同志，追叙起当年那段艰苦而又有意义的教学生活，总是倍感亲切，更感到要保持发扬优良的传统，珍惜今天这优越的学习条件和宝贵的时光，为适应"四化"建设而学习更多的科学文化知识，为革命事业做更多的工作，发挥"半边天"应有的作用。

(李挺奋整理)

——录自《琼岛星火》(第5期)，1981年版，第64~76页。

# 琼崖抗日公学

## 罗文洪

1940年7月，组织派我到海南岛参加敌后游击战争。初到海南岛，由于语言不通，琼崖特委便分配我任《抗日新闻》编辑并兼琼崖抗日公学的政治辅导员。那时，我离开学生队伍还不太久，参加革命后也基本上一直在做青年学生军的工作，如今又干我的老本行，能有机会一面工作一面学习，我很高兴。考虑到《抗日新闻》是半旬刊，每一期我的工作量不是很大，因此，经请示特委同意，我索性搬到琼崖抗日公学去住宿。

琼崖抗日公学是培养军事、政治、民运干部的一所抗大式学校，是琼崖特委西迁到澄迈，建立美合抗日根据地后创办的。

这一天，吃过早饭，我便带着特委的介绍信兴冲冲地向琼崖抗日公学奔去。从特委驻地到琼公不过两公里的路程，我背着行李奔走在崎岖的山路上。海南岛的孟秋依然酷热，太阳刚刚爬上树梢就已经火辣辣的了，不一会儿，我的额头上冒出了颗颗汗珠。过不多久，我来到了公学门口，只见迎面有个用竹排和木杆搭成的大牌楼，上方端端正正地写着"琼崖抗日公学"几个大字，大门两旁是竹篾编成的"墙"，上面写着毛主席为抗大题的八字校风"团结、紧张、严肃、活泼"。

走进校门，我先到学校政治处报到。副校长史丹同志和政治处主任王高天同志对我表示欢迎，并向我介绍了学校的情况。随后，王高天同志引导我参观学校。

琼崖抗日公学建在一个名叫"荒草田"的地方。这里原先荆棘丛生，野兽出没，确是一个名副其实的荒芜之地。全校师生一齐动手，平整土地，清除杂木，盖起了一幢幢风格别致的课室和宿舍。所有的屋顶都是用竹条夹着茅草绑扎而成的，四周的墙壁是用竹篾编织的。课室里，宽敞整洁，用木条和竹枝钉成的桌凳排列成行。宿舍里，靠墙打着两排相连的床铺，又整齐又实用。全校有300多个学生，分为高级班、初级甲班、初级乙班、工农班、妇女班和儿童班。每个班都有一个操场，既可以上军事课，也可以打球锻炼身体，开膳时又是"露天饭堂"，入夜架起汽灯还是"娱乐场"。学校还修建了一个可容纳一两千人的广场。广场一端有一个用土堆起来的简易舞台。全校性的集会和文娱活动就在这里举行。

琼崖抗日公学的全体师生，用自己勤劳的双手在这荒山野岭上建成了这样初具规模的学校，为自身创造了一个较好的学习环境，这使我十分敬佩，同时也为自己能在这个战斗集体中工作而感到荣幸。

琼崖抗日公学吸取了陕北公学的好经验，组织了一套完整的管理机构和精干的教师队伍。琼崖独立总队总队长兼政委冯白驹同志亲任校长，副校长由史丹同志担任，王高天任政治处主任，吴耀南任教务主任，符明经任总务主任。各班分设班主任、队长，班主任负责学生的政治思想和学习工作，队长负责行政、生活管理和军事训练。学校除少数专职教师外，大部分课程都由特委和总队政治部的负责同志兼任。冯白驹同志和特委宣传部长陈健同志就经常给学生们上政治课或作政治报告，总队参谋长李振亚同志也常讲游击战术课。在专职教师中，史丹、吴耀南、王祝三等同志都是大学毕业并担任过中学校长或从事多年教学工作的老行家。有了这样一支坚强的师资队伍，既能保证办班的政治方向，又能保证课程的教学质量。

根据"尽快地培训大批军、政、民干部以适应抗日高潮需要"的培训目标，学校按学员的实际情况，分别制定不同的学制、教学大纲和实施计划。例如：高级班、初级班学制为4个月，妇女班、儿童班和工农班学制为8个月。高级班、初级班的课程分政治和军事两大类，以政治课程为主，即70%的时间学政治，30%的时间学军事。妇女班、儿童班和工农班则采取军事、政治、文化"三三制"，即各用三分之一的时间。高级班、初级班的政治课主要是学习党的抗日民族统一战线政策，学习毛主席的《论持久战》《新民主主义论》，还学习哲学和军队中的政治工作等。军事课则分为"学科"和"术科"，"学科"包括毛主席关于游击战争的战略战术思想，特别是游击战术中关于"敌进我退，敌驻我扰，敌疲我打，敌退我追"十六字诀的运用；"术科"除了队列、瞄准射击、利用地形地物、投掷手榴弹等基本课目外，着重结合实战需要进行侦察、化装奇袭、伏击等战斗演习。妇女班、儿童班、工农班的政治课主要是学习人民战争和群众运动（妇救会、青抗会、农救会、儿童园）的理论知识和实际作法，军事课则进行站岗、放哨、情报传递、救护等支前工作的训练。学校还专门为他们编写了一套以激发民族仇恨和提高阶级觉悟为主要内容的语文课本，使他们通过学习，成为有文化，有理论，还会宣传和组织群众开展抗日救亡运动的骨干。

琼崖抗日公学的学生大部分来自社会上的爱国青年，部队也选送来一些优秀干部和战士。初级班、高级班招收具有一定文化基础的青年，妇女班、工农班招收工人、农民和妇女中的积极分子，儿童班则招收 15 岁以下的"红小鬼"。所有学员都是经过不同方式的考试、考核，择优录取而入学的。他们怀着抗日救亡、保家卫国的共同志愿，投身到这个革命大熔炉里，学习的自觉性、积极性很高。尤其是工农班和妇女班的学员，一般都出身于贫苦家庭，深受封建势力的剥削和凌辱，受尽日本侵略者的残害，所以，每当他们捧起识字课本，读着"火，火，火，日本鬼子放的火"，"血，血，血，中国人民流的血"的课文时，脑海里便浮现出日本强盗肆意践踏我大好河山、大肆屠杀我国人民的悲惨情景，更加激起对日本帝国主义的仇恨，也就更加发奋学习，矢志要学好杀敌本领，为千百万受难的同胞报仇。

由于日军的严密封锁，根据地又处在初建阶段，物资供应十分困难，尤其是文化用品，几乎全部要靠自力更生解决。总队部造纸厂自制的土纸要保证特委的《抗日新闻》、政治部的《战斗生活》的出版需要，要供应琼公印刷课本、讲义，每个学员每月能领到手的纸只有几小张。大家对这几张纸视若珍宝，只有在考试时才用，平时记笔记尽量利用旧纸的边角或字行间的空隙。至于钢笔，在学员中就更少有了，即使有钱也不容易买到。很多人用小竹杆［竿］削成"蘸水钢笔"来写字。没有墨水，就用木炭或锅灰磨成粉末，再加水调制成一种"特制墨水"。工农班和儿童班的学员，干脆以沙地为纸、树枝作笔，在地上练字演算。

师生们的生活很艰苦，虽然执行总部规定的统一伙食标准（每天半斤米、四两菜、一两肉、两钱油），但哪里保证得了呢？因为这些主副食品的来源，一是靠向群众征集，二是靠自己生产。碰到环境变动征集不到或是生产歉收时，每人每餐就只有一勺盐水稀饭，有时还要掺进一半"革命菜"。生活虽然很艰苦，但大家都毫无怨言。每当开饭的哨子吹响，大伙便拿着椰壳碗，列队来到"饭堂"，依次向炊事员领取自己的那份口粮（有时是饭团，有时是稀饭），然后围着菜钵，津津有味地吃起来。

给我印象最深刻的，还是琼公同学之间的那种亲如手足的阶级情谊。入学之初，学校因缺乏资金，一时还不能给学员们统一置办被服等物品，一切都得由学员自备。许多学员来自贫穷的农村或山区，带来的东西都十分简单，那些通过日军封锁线而来的学员，除了身上的衣物外则一无所有。一些"富有"的同学主动拿出自己的衣物支援"困难户"。晚上，两三个人合盖一床毡子；白天，两个人轮流换洗三套衣服。妇女班有一个学员叫黄若媛，来自沿海地区，入学不久就患了疟疾，隔一天就要发一次病，时而冷得发抖，时而又烧得惊人。眼看这个健壮的姑娘被疾病折磨得面黄肌瘦、不成人样，大家都很心疼，劝她暂时休学治疗。但小黄无论如何也不肯辍学。班干部王玉春、祝翠连等发动同班姐妹帮助小黄，有的送饭熬药，有的帮洗衣服，有的为她补习功课……在阶级姐妹的精心照顾下，黄若媛终于顺利地完成了学业。后来，她在部队里成长为战斗英雄。

琼公的师生之间、上下级之间，同样也建立了水乳交融、亲密无间的革命友谊。虽然学校的管理按照军事化的要求有一套完整的制度，执行严格的纪律，但这都靠干部以身作则、学员自觉遵守来执行。上至学校领导，下至教师和班干部，无论在课堂还是在操场，谁都不摆"官"架子，他们对学员既严格要求，又循循诱导，允许学员提不同的观点、意见，提倡民主讨论，共同提高教学质量。抗大的"官教兵、兵教官、兵教兵"的优良作风也得到充分的体现。在日常生活中，师生们一起劳动生产，同吃一锅饭，同睡连铺床，没有任何特殊化。

琼公从上至下建立了健全的党组织生活和非党群众的民主生活制度。党支部大会每月召开一次，党小组会议和非党群众的民主生活会每周一次。党员也要参加群众的民主生活会。在会上，党员要带头检查自己的学习工作情况，带动群众实事求是地亮出自己的思想，开展同志式的互相帮助，表扬优点，纠正缺点。党支部大会定期综合党内外反映的情况和问题，总结经验教训，分析思想动态，提出短时间（一个月）内的简明工作计划和对党员的具体要求。各班的行政领导根据各小组所反映的情况和党支部的总结意见，每周（最迟一个月）举行一次讲评会，及时表扬先进，纠正和防止不良倾向。由于坚持发挥了党支部的战斗堡垒和党员的先锋带头作用，紧密地团结了广大群众，因此，琼公一直沿着健康的轨道发展，保证了教学任务的顺利完成。

琼公师生的精神生活也非常充实。教务处为各班安排了固定的歌咏课，由祝菊芬、王祝三和我负责教歌，还指定我负责组织学员的文娱体育活动。学校办了"列宁室"，为学员们提供排练文艺节目和开展文娱活动的场所。每天早上，当嘹亮的起床号声一响，师生们很快就集中到操场上，由班、队长领着跑步。和着整齐的脚步声，各班的歌声此起彼落。雄壮的歌声唤醒山峦，宣告紧张的一天从此开始。早餐后，大家井然有序地进入学习、工作岗位。到夕阳下落时，大家又涌向球场，一时间，击球声、喝彩声，响成一片，给美好的黄昏又增添了绚丽的色彩。不打球的同学三五成群地在山坡上、树林中漫步，有的还引吭高歌……最热闹的还要数周末晚上，我们照例分班或集中举行文娱晚会。演出的节目有《放下你的鞭子》《捡黄金》等全国流行的街头剧，还有自编自导的反映抗日战争真人真事的活报剧，更多的是即兴表演的唱歌、诗朗诵、讲故事，等等。在一片欢声笑语之中，大家各尽所兴。这样的文娱晚会，既活跃了学校的文化生活，又培养了学员的文艺宣传技能，为他们今后搞宣传工作打下了良好的基础。

琼公的经验证明，尽管物质条件很困难，但只要坚持正确的方向，制订执行切合实际的教学计划和管理制度，配备精干的干部和教师队伍，注意政治思想工作，就能培养出大批适应革命斗争需要的干部。中共琼崖特委基于这种认识，自1940年夏初创办公学起（在抗日战争和解放战争中，曾因环境恶劣两度停办），先后培养了1500余名干部。他们经过长期革命斗争的锻炼，不断提高，不断前进，为革命事业，尤其是在海南的解放斗争中，做出了很大的贡献。

——录自《琼岛星火》（第22期），1997年，第56~62页。

# 回忆琼崖抗日军事政治干部学校

祝菊芬

琼崖革命斗争 23 年红旗不倒，干部是决定因素。正是由于中共琼崖地方党组织的坚强领导，团结教育各级领导骨干和积极分子，结合琼崖的斗争实际，贯彻执行党中央及省委的路线、方针和政策，动员与组织海南全岛军民长期的艰苦斗争，克服一切艰难险阻，最后配合野战部队登陆作战，才取得了胜利。在琼崖地区的干部队伍中，有相当数量的人员是党在各个时期根据形势与任务的需要所建立的各种类型的干部学校培训出来的。琼崖抗日军事政治干部学校就是这些学校中的一所，当年所培养出来的干部，在抗日战争和解放战争中起了重要作用。

1939 年 2 月，日寇铁蹄开始践踏美丽富饶的琼崖，国民党军队一触即溃，慌忙逃进五指山区藏躲，后来还摧残抗战力量压榨各族人民群众。这时刚从琼崖工农红军改编成的抗日独立队挺身而出，站在斗争的第一线，为抗日救国保卫家乡而战。与此同时，不愿做亡国奴的琼崖各族人民群众，在琼崖共产党组织的发动和领导下，立即动员组织起来，积极参军支前，并开展其它各种形式的抗日斗争活动，从而迅速形成了一个轰轰烈烈的全岛全面抗战的局面。这种抗日战争形势，大大加速了琼崖人民武装力量的扩展，在短短的两个多月内，我独立队就从300 多人发展到 1300 人的独立总队，下辖三个大队和一个特务中队，游击区也从琼文迅猛地扩展到许多县份。正是由于我们各种抗日组织与工作的全面发展，遂到处出现了一个越来越突出的干部缺乏的问题。而干部的供不应求，又反过来使我们许多工作的开展，首先是抗日武装、游击区和根据地的建设受到很大的限制。对此，当时身任总队长兼政委的冯白驹同志预见到问题的重要性和紧迫性。记得有一天他来政训室同黎民、陈乃石和我谈话时曾说："当前我们唯有立即建立一个培养干部的基地，为我们的部队与地方不断地培训与输送各种有能力的干部与人才，去加强部队、游击区与根据地的建设，加强对各种抗日组织与工作的领导。"他还说："我党我军是有培养干部的传统的。早在内战时期，就曾有建立各种类型的培养干部基地的范例，如1924年我党在嘉积创办的农工学校；1926年初在海口创办的琼崖高级农民军事政治训练所，同年底至1928年在六连岭创办的马列学校和军事学校，及在陵城开设的工农红军干部学校；1929年在母瑞山开设的红军干部学校；1931年在乐四区土地岭开办的高级列宁学校，等等。这些不同类型的学校，适应了各个时期的形势与任务的需要，曾为我党我军培养了大批各种干部与人才，这对加强我党我军和根据地的建设，对发动与领导群众开展与坚持革命斗争发挥了很大的作用。"可见，冯白驹同志当时提出立即建立培养干部的基地，是从现实斗争的需要出发，是对琼崖长期革命斗争的实践经验的运用与优良传统的继承。

根据冯白驹同志这个指导思想与建议，结合当时的主客观条件，琼崖特委和独立总队部立即作出决定：在总队部建立一个随营军事政治干部训练班，由政训室负责筹备。这个训练班于1939年4~5月间正式成立并开学。队长为梁国伍，后由陈复东、王力征接替，政训员（第五期改为政委）【为】张刚，从第二期起由我接任。干训班共办五期，第一、二、三期是在琼山树德乡办的，第四、五期是在美合根据地举办的。第一、二两期每期学员约有150人，第三、四期每期学员约有200人，第五期增加到500人，五期合计培训学员约1200人。

到了1940年夏，在美合根据地创办了一所琼崖抗日公学，为集中力量办好这所学校，随营干训班便停办了。原随营军政干训班的教学骨干都调入琼崖抗日公学，着重担负高、初级两个军政班150名学员的教学与管理工作。恰在此时中央派李振亚同志来琼任总队参谋长，总队便决定由他兼顾两个班的训练工作。可是半年后，琼崖抗日公学第二期学员尚未全部毕业，即发生"美合事变"，根据地失守，学校也被迫停办了。我领导机关与部队主力实行战略转移，返回琼文老区。接着，特委于1941年2月召开第三次执委会议，就当前形势与今后斗争方针进行讨论研究。与此同时，部队暂时进行休整，以准备进一步开展抗日反顽斗争。

这时冯白驹同志仍不放松培养干部工作，一天他把我与云涌找去说，总队部决定把随营军政干训班恢复起来，由云涌任队长，由我任政治协理员兼总支书记，又从琼崖抗日公学教职工中调回原随营干训班的一些人员。学员由总队部通知各部队选送，共50余人，全部武装。经过不到两周时间，随营军政干训班便重建起来了。这时抗日反顽的斗争正在激烈开展着，从1941年3月至6月这段时间里，国民党顽固军屡次倾巢来犯，剧烈战斗不下50次，我们是在日顽夹攻中苦战着。在此期间，我军虽然打了无数胜仗，如罗蓬坡、翁田、龙马等处的战斗，不断给顽军以有力打击，但是我们的军民所受的损失也很大。在此情况下，随营军政干训班大部分时间都在参加战斗，难于按原定教学计划进行训练。为此，冯白驹同志又跟李振亚、云涌和我说："培养干部是我党我军一项长期的战略任务，形势越紧张，斗争越艰巨，就越需要更多更强有力的各类干部去补充与加强各级领导，因此，就越需要保证不断地大批培养干部，这项工作决不能中断。看来目前在琼文老区办学是有些困难了，我们是否可以转迁到万宁六连岭去办学？那里目前的环境较为安定，且又是内战时期我们的老苏区、老根据地……"对此，李振亚同志极力支持，且主动表示：如果组织认为必要，他愿意担负起这个建立培养干部基地的任务。

接着，特委与总队部很快便作出决定：把刚恢复的随营军政干训班扩大为一所"抗大"式的琼崖抗日军事政治干部学校。由李振亚参谋长兼校长与政委，云涌任副校长，我任教育处教育长兼政治处主任与党总支书记。1941年5月由李校长统一率领全校教职员工，取道沿海外线，途经琼山、文昌、琼东、乐会、万宁等县境，越过日顽重重封锁线直达六连岭，在一个只有数间茅草盖顶、人畜同居的矮小房子的北埇山村驻扎。六连岭位于琼崖东部、万宁县的东北部，属五指山系，峙起六峰，峻拔起伏，逶迤30余里，其支脉延伸到琼东、乐会、琼中等县境，山势雄伟、丘陵纵横、林木葱茏。它是琼崖早期的革命根据地之一，这里从1927年直到琼崖解放，革命斗争从未间断，是琼崖人民革命斗争的一面旗帜。1957年1月朱总司令视察海南来到六连岭时，曾即兴赋诗一首，以示赞颂。诗云："六连岭上彩云生，竖起红旗革命军。二十余年游击战，海南人民树功勋。"我们就是在这样一个岭地的东麓选好校址后，便立即动员教职员工，投入热火朝天的突击建校劳动。这期间各部队与地方选送的学员也相继到达，依校部制订的计划，大家用自己的双手割茅草、砍竹木、清地基、挖土坑、束藤条、搭屋架。

就这样仅在 10 天里我们就把所设想的校舍规划全部变成现实，盖起教室、宿舍、礼堂、厨房、办公室等大小茅房共 10 余间。到 1941 年 6 月底学校便正式开学。

军政干校的宗旨与任务同原先随营军政干训班基本一样，主要是为我军培养德才兼备的、能胜任排连级以上领导职务的军事、政治干部，同时也为地方培养部分区级以上党、政、群组织的骨干。而这些干部在政治思想上必须有一定素养，树立起正确的政治方向，有坚持走民族解放与社会解放道路的自觉性，成为执行党的政治任务的模范和骨干；在业务上必须有一定的军事素养和政治工作经验，作风上必须艰苦朴素、深入实际、密切联系群众、团结紧张、严肃活泼。

为了实现军政干校的宗旨和任务，完成军政干校的培养目标，整个教学工作注意紧密联系学员的实际。当时我们首先考虑学员主要来自两个方面：一是部队选送的班排级以上的军政干部与少数英雄模范，约占学员总数的三分之二；一是地方选送的乡区级以上的党、政、群组织的领导骨干和积极分子，约占学员总数的三分之一。这些学员大都很年青[轻]，有很高的革命热情，朝气蓬勃，其中有不少是党、团员。但他们的阶级出身、社会经历、文化水平各不相同，因而各人的思想基础与觉悟程度又有所差别；而且他们都是刚脱离旧的社会生活环境的农民和知识分子，在革命队伍中过集体生活与所受教育的时间都很短暂，必然地带着程度不同的非无产阶级思想意识与旧的生活习惯；尤其他们多数人对抗日战争长期性、残酷性、艰苦性缺乏思想准备，斗争的经验更加缺少。因此，转变学员的思想无疑成为学校教育的首要一环，必须抓紧抓好。这就要求我们必须通过政治思想工作与理论教育，帮助学员用马列主义、共产主义的思想来改造自己的世界观，克服各种各样的非无产阶级的思想意识与旧的生活习惯；教育学员加强组织性纪律性，清除无政府主义、平均主义和自由主义；教育学员重视深入实际、深入工农兵，树立共产主义的伟大理想与全心全意为人民服务的思想，克服脱离实际、脱离群众、轻视劳动的坏作风。根据这些主要的教育内容与要求，学校选用的教材是：社会发展史，中国革命运动史，毛主席《关于纠正党内的错误思想》《反对自由主义》和《论持久战》，以及有关党的抗日统一战线、时事政策等论著。学习这些内容，是全体学员必修的基础课程。

学校在教育学员转变思想，使其确立坚定正确的政治方向、奋斗目标和有一定的思想修养的同时，还重视对学员的业务训练。军事班的学员一定要学会指挥打仗的本领，为此，学校当时着力组织大家反复学习领会毛主席的军事思想和指导作战的原则，其中包括十六字诀的游击战术；还对学员实施班、排、连、营级战斗教练，以及近战、夜战、伏击、突袭、奇袭、爆破、刺杀、射击、投弹等战术技术的训练。政治班的学员着重学会怎样做军队中的政治工作，其中包括对战士的政治教育工作、发动与组织群众工作、争取与瓦解敌军工作，特别要学会做战前、战后及战斗过程中的宣传鼓动工作。在这方面，我们选用的教材是罗瑞卿同志《论抗日军队中的政治工作》一书。这本书对上述各项政治工作都有很好的论述，是我军从红军时代起积多年丰富的政治工作经验的总结。此外，政工学员也要学一些基本的军事知识，尤其游击战术，以便从政治工作上更好地保证军事任务的完成。

艰苦、朴素、团结、紧张、严肃、活泼，这是我党所领导的人民子弟兵的优良传统，也是我军战斗力的组成部分。我们又把教育学员继承与发扬我军这种优良的传统作风作为军政干校的教育内容之一。学校特别把艰苦、朴素、团结、紧张、严肃、活泼当作校风来提倡，要求学员在校学习、工作、生活和参战实习中去修养、锻炼和体现。例如学校开始创办，没有现成的校舍时，我们就有意识地动员全体学员分工协作，就山取材，土法上马，还开展劳动竞赛，用自己的双手建校。1942年夏，日军和国民党地方反动武装相互勾结，向干校发动围攻，把我们的校舍焚毁了，学校就迁到六连岭的西麓古地狗咬豹(山村名)，一面重新劳动建校，一面以林荫为课室，以平地为操场，以背包当椅子，以大腿当桌子，照样上课。为了培养学员的劳动观点，也为了自己动手改善生活，学校还组织学员学习延安南泥湾精神，开荒生产，种菜种粮。此外，学员们还轮流帮助后勤人员挑水煮饭，上山拾柴、下山运粮，以培养同志间的团结互助精神。同时，为了培养和发扬革命乐观主义精神，每逢周末或节日，学校都举行联欢晚会，由教职员工自编自演各种节目，如话剧、琼剧、舞蹈、歌咏、相声等。1941年底，有一次庄田副总队长(后任琼纵副司令员)来校视察工作，也曾参加晚会，并在会上唱了《延安颂》《抗大毕业歌》等革命歌曲，很受学员们的欢迎。至于平时，每天课前、课后和工余时间，嘹亮的歌声彼伏此起，在校园和山谷中回荡。

干校整个教学活动，我们强调教、学、做结合的方法。首先要求学校领导干部与教员在各方面必须以身作则，说到做到，对学员言传身教。而对学员来说，学了就要见诸行动，就要实习，以检验其所学成果。如1941年9月当学员学了奇袭战一堂课之后，由军事教官组织领导学员到附近独立第九中队去寻机参加实战，曾同九中队短枪班战士一起，白天化装在后沟公路袭击日军，结果取得胜利，缴获轻机枪一挺。又如同年11月间，由李振亚校长带领军事班几个排级学员，配合独立第九中队短枪班战士到兴隆敌据点进行侦察之后，曾化装成"顺民"向兴隆据点"送粮"，突袭了该据点敌军，又取得胜利，缴获轻机枪1挺、步枪7支，我方毫无损失。不久，大概由于军政干校出了名，引起敌人的仇视和注意，于是在1942年4月的一天，日军勾结当地国民党的守备团特务大队，分兵两路向六连岭军政干校驻地进犯，企图一举将我消灭。而当时驻在六连岭上及附近村庄的还有我方乐万县党政机关、万三区委等单位。在此危急关头，学校领导立即动员全校学员，指出这对我们将是一堂更好的实习课。随即由李校长带领军事班全体学员和政治班部分学员，配合独立总第三支队，按照课堂讲授的采用集中优势兵力歼敌一路的战法，把全体参战队伍迅速运动到对我有利的地带，利用地形地物，伏击从六连岭东麓来犯的一路敌军，其他所有非战斗人员则分散隐蔽。一俟敌军进入我伏击阵地，我军立即集中火力出击，结果使这路敌军受到重大的伤亡而仓惶逃走，我缴获步枪20余支。其他敌人因失去策应与配合，也不敢深入，只是慌忙地放火烧了我们的茅棚便收兵退走了。敌人围攻计划落空了，我们成功地保护了学校和地方党政机关人员的安全。为此，深受地方党政领导与广大群众的赞扬。我们的学员通过这次实践，深刻体会到集中优势兵力打敌一路、各个击破的机动战法是行之有效的。同时，每次组织学员到部队实习回来之后，都要进行检查总结，找出优缺点，从中吸取经验教训。这种学习方法，使学员对所学的东西理解得深，记忆得牢，学了就用，深受欢迎。

军政干校从1941年6月正式建校开学，到1942年底因战事频繁暂时停办，共办两期，毕业学员计有400多人；如果包括五期的随营军政干训班和一期琼崖抗日公学附设的军政班毕业学员，总共有1000多人。这一大批经过培训的学员干部，对部队、根据地和游击区的建设，对加强地方党、政、群等工作的领导，对坚持长期、残酷的战争直至最后胜利，无疑起了很大的作用。他们中间有的已成为身经百战、屡立战功的优秀的支（团）总（师）级以上的军政领导干部；有许多人成为地方党、政、群各级组织和地方武装得力的领导骨干。今天在岛内外社会主义建设各条战线上，也还有不少领导干部是当年军政干校和随营军政干训班培训出来的学员，他们正为社会主义的"四化"建设和改革开放事业继续作出贡献，他们是党与国家的宝贵财富。

我们所以能坚持并搞好战时培养干部基地的建设，最根本的一条，就是在党中央的一贯倡导和指示下，中共琼崖特委、独立总队、政治部领导和冯白驹同志历来对此十分重视和支持，并且抓得很紧、很细。如从创办意图的提出，到办学领导干部、教官、工作人员的挑选，乃至教育计划、教学大纲以及课程设置的审批，无不亲自过问。而且当干训班离总队部驻地较近时，冯白驹、王业熹等领导同志还常给学员作报告或讲话；尤其后来办军政干校，选派总队参谋长李振亚同志兼任校长和政委，这更加体现了特委和冯白驹同志对培养干部的极端重视，并且善于"选将"。据我们所知，李振亚同志是当时从延安刚派到总队的一位久经考验的红军干部，他不仅是一位身经百战的优秀军事指挥员，而且对培养干部的工作也有丰富经验。早在1934年红军长征途中，他就曾任红军干部团一营营长。这个干部团的前身，就是中央苏区培养红军干部的红军大学。到延安后，他又在抗大任三大队五中队队长兼教官。抗战实行民族统一战线时期，1938年冬，中央又派他同李涛、边章伍等同志去湖南南岳国民党办的游击干部训练班任八路军教官。当时叶剑英同志也在这个训练班担任副主任和教育长。1939年秋，中央又派他到东江平山创办军事训练班。1940年7月来琼崖任抗日独立总队参谋长后，组织上随即指派他兼任军政干校校长和政委，这无疑大大加强对学校的全面领导，使军政干校面貌很快发生了变化。这是由于他带来了办军事院校培养干部的好经验，尤其带来了抗大的一套正确的教育方针与教学方法，在琼崖运用得很好，很有成效。特别是他的那种深入实际、言传身教的作风，给全体学员和教职员工留下深刻的印象与影响。如教学讲义的编写，都由他主持讨论决定，并经他修改定稿。有些军事课讲义，他亲自编写。教官上课上操，他常亲临现场，了解情况，给予指导。必要时，他就亲自带领学员到我驻军去实习，参加实战，以检验学员的学习心得，检验学校的教学效果。在劳动建校中，他总是同学员一起参加劳动。此外，全校人员在党的领导下，一贯注意搞好同地方党、政、群的关系，取得他们对学校的支持与帮助，如为学校解决生活给养与学习用品的困难，给我们报告敌情等等。所有上述这些，都是办好战时干校的重要保证与条件。

　　琼崖抗日军政干校是在琼崖抗日战争的历史关头创办起来的，她走过自己光荣、豪迈而艰苦的路程，完成了历史使命。现在时代不同了，但她的根本经验仍有现实意义，那就是培养干部始终是我党我军和社会主义建设各条战线上一项很重要的长期的战略任务，必须抓紧抓好。

　　　　　　　　——录自《琼岛星火》（第 22 期），1997 年，第 106~116 页。

# 五指山尖五朵红霞

冯白驹

本来我们琼崖纵队里是没有少数民族战士的，后来少数民族兄弟，竟越来越多，形成了海南革命斗争的一个不可缺少的主要力量。直到海南解放时，琼崖纵队里的成员，五个人当中就有一个少数民族的战士。他们贡献很大。不过，说起他们参加琼崖纵队，却有一段神话故事哩。

其实，黎苗族人民是最信神的，他们不认为这个神话是假的。他们千真万确地说：黎苗起义失败后最艰苦的日子里，五指山尖突然出现了五朵红霞，红霞里飘着五杆火红的大旗。他们千真万确地说：他们好多人亲眼看到红霞和红旗，每天早上和傍晚都出现在五指山尖，红通通的，把半边天都映红了。他们认为这是神仙的指点，朝红霞和红旗的方向，带着虔诚的心，一直不回头走去，就可以找到打红旗的队伍，只有打红旗的队伍，才是他们的救星。果然，他们派出了使者，一步一拜地朝红霞方向走去，终于找到了我们琼崖纵队。

这个神话倒也不是事出无因的，可是，到底怎样产生的呢？

1943年的初春，我带着部队正在澄迈县美厚山区休整。一天，我正和纵队部几个负责干部研究情况，忽然，看到一个战士从山下带来三个黎族兄弟。他们下身围着一块破布，上身披着被挂得稀烂的破布条条，手里拄着根拐棍，在这初春的飒飒寒风里，哆嗦着走来。我正在想，他们到这来干什么呢？那个战士上前向我报告说："司令员同志，这三位少数民族兄弟要见您，说有要事商量。"那三个来人一听我是司令员，就丢了拐棍，用他们民族的大礼，向我深深一躬，头几乎碰到了地面。我也用他们民族的礼节向他们还了礼。他们三个还没有说话却长叹了一声，眼泪直流地说："可找到你们啦!"

过去，他们把汉人统统认为是欺压他们的坏蛋，今天，他们能亲自来找我们，却是一件不平凡的事。我赶忙把他们让到树林里(树林就是我们的宿舍)，并叫大家想办法抽出几套衣服给他们换上。他们一坐下，就向我哭诉："司令员，救救我们吧，派人到我们那去吧，要不，我们会被国贼(黎苗人民称国民党匪兵为国贼)杀光的呀!"接着，他们向我诉说起他们悲惨的遭遇和他们来找我们的原因。

1939年2月，日本鬼子侵占了海南岛。实行投降主义的国民党反动派，一枪不放地把大批人马撤进五指山区。一贯奉行着蒋介石的大汉族主义政策的王毅和王道南两个匪徒，在山区里大逞其威风。他们规定，每保每月要向他们缴七十斤猪肉、七十斤牛肉、四十只鸡、七十斤荀[笋]干、七十斤木耳、三十斤酒和一百二十斤蜂糖、一百二十斤蜂蜡、一百二十斤烟叶与二百块光洋，而且经常强迫黎苗族兄弟无代价的给他们挖战壕、修营房。就这样，国民党匪徒们的兽欲还不能满足，他们一不高兴，就割掉少数民族兄弟的脑袋来解闷。有一个住在白沙的国民党连长，把一个苗族兄弟杀掉了当他的下酒菜。黎苗族兄弟在这样惨无人道的屠杀下，天天都有无辜牺牲的。集体屠杀的事情，也不断发生。1942年，国民党匪徒欺骗在琼中县的苗胞下山登记，以领取公民证为名，乘机逮捕了一千多名。他们将这些苗族同胞，集体屠杀后，开膛挖出心肝和胆，一串串地穿起来晒干，挂在那里以恫吓黎苗人民。

当时王国兴同志是国民党指派的一个乡长。他看到国民党这样无穷无尽地屠杀自己弟兄，心像被油煎的那样难受。这时，黎苗族的大小首领也都代表着人民，要求组织起来，和国贼拼一拼，不愿等死。在大家的要求和支持下，王国兴决定领导自己的兄弟起义来反抗这帮杀人不眨眼的国贼。

1942年6月，王国兴同志在红毛乡的德隆山召集了王玉锦、王高定、王家宗等十多名保甲长开会，确定了起义的行动，并争取所有的人民参加。因此，各保甲长分头到各乡连[联]系群众，酝酿起义。两个月后，王国兴同志又召集了第二次各乡代表大会，确定起义日期为1943年7月20日，在这个大会上，公推了王国兴为总领导，并饮血发誓，决心杀敌报仇。

可是，由于白沙县一区各乡人民杀敌报仇心切，他们竟于七月十二日提前起义了。为了争取主动，策应白沙的起义，当时王国兴同志通知各县提前于十七日开始总起义。

十七日那天，起义队伍还没集齐时，突然有个国民党联络所长，带着几十名国民党匪兵来了。他们假说请王国兴到联络所去开会。可是，王国兴早看穿了敌人的阴谋，推说有病不能前去。这时，联络所长的真面目露出来了，他命令敌兵把王国兴、王正义等统统捆绑起来带走了。

另一路捉拿王玉锦的敌人，在路上不小心，被王玉锦借故跑掉了。

王国兴同志和一些起义的首领，都被关在什存一个小屋里，国民党匪兵设了两道哨岗看守这些黎苗族领袖。跑出来的王玉锦同志，并没灰心，他积极组织群众起义，营救王国兴等人。在当天夜里，一千多群众把什存紧紧包围起来。

王玉锦和王正成，率领着二十多人组成的突击队，借着微弱的星光，悄悄地向监房摸去。夜静极了，连虫子叫声都没有，二十几个突击队员，由于过度紧张，心里像揣个小兔子似的，"卜通，卜通！"跳个不停。王玉锦手持长矛走在最前头。刚摸到村边，后面有个拿粉枪的黎族兄弟，一不小心被石头绊了一跤。"轰！"的一声，装好火药的粉枪被震响了。在那样寂静的夜晚，这一声枪响，像晴天打了个霹雳一样，把山谷都震动了。四周围攻的黎苗族群众，听到枪响，以为是攻击的信号呢，马上都动作起来。像火山爆发一样，呐喊着向什存猛扑过来。

这一声枪响，也震动了敌人，国民党一个军官刚惊慌的从床上滚下来，还没开口问是什么人放枪，四外又传来了呐喊声，这一下他明白了，是黎苗人来抢救他们被关的首领来了。这个杀人不眨眼的魔王，狠毒地下命令："快传话，把抓来的黎酋统统毙掉！"

一听外面呐喊声，被关在监房里的王国兴等人，都兴奋起来，他们知道这是王玉锦带领的起义队伍，他们不顾一切地砸着监房门！突然，门"忽"的一下开了，敌监哨端着枪冲进来，凶煞煞地骂道："娘卖×的，想干什么？"王国兴刚要答话，王正义已经向敌人扑去，还没走两步，敌人开枪了。"嘭！"的一声，王正义倒了下去，血从胸口流出来！王国兴眼都气红了，他乘敌人推子弹时，一下扑了过去，扭住敌人的枪杆，敌人再想掉过枪来打王国兴时，已经来不及了，王国兴和他打上了交手仗。正在这时，王玉锦率领突击队已经赶来了。长矛齐伸，粉枪齐鸣，把外面的一道岗哨给打倒了。这时，在里面和王国兴搏斗的监哨，知道事已不妙，顾不得再对付王国兴，他用尽生平之力，把王国兴推了一跤，抽出枪，掉头就跑了。等王玉锦冲来时，那家伙已经在黑暗中溜掉了。这时，起义的人们已经冲进了什存，国民党匪兵在起义群众压力下，都夹着尾巴逃跑了。

王国兴被救出后，连休息都没休息，马上率领着起义队伍向逃跑的敌人追击。只听人声呐喊，沿途刀光闪闪，弓箭纷飞，把敌人追得连开枪都来不及，只顾逃命。有十几个跑得慢的匪兵，都被愤怒了的黎苗同胞砍死在道旁。起义的人们缴下了敌人的武器，武装了自己。

像沉睡的五指山咆哮了一样，黎苗族的兄弟们怒吼起来了。在十七日的晚上，白沙、乐东、保宁【亭】、琼中、东方、崖县、陵水等七个县的二十来万黎苗人民，都以长矛、弓箭、粉枪，从各路向敌人展开了猛烈地进攻，像决了堤的洪水一样，把敌人给淹没了。

由于全面性的暴动，使敌人胆战心惊！但是，敌人并没有甘心他们的失败，王毅匪首，像疯狗一样，集中了一万多兵力，向起义的人们大举进攻。起义的二千多名队伍和全体黎苗人民，在王国兴的率领下，虽然一次一次地击退了敌人的进攻，可是，终因弹药不足，再加上叛徒王其轩的出卖而失败了。这样，王国兴不得不率领着队伍到深山里打游击。

队伍一撤上山，留在村里的人民就更加遭殃了。国民党匪徒疯狂的叫嚣："黎子、苗子在这个世界上根本就不应当存在，他们不是人，不杀光黎子苗子誓不罢休！"他们凶恶的到一处杀一处，到一地烧一地。五指山区里，到处燃烧着熊熊的大火；到处躺着被屠杀了的无辜人民。

王国兴他们看到那熊熊的大火，像烧在他们心里一样，真想眼睛瞎了的好，看不见那火光，心里还好受一些。敌人向王国兴的队伍一次一次地围攻，而王国兴他们想尽办法，用硝土和醇酒配置火药，继续坚持斗争。可是，那怎能敌过敌人的枪弹、大炮。

起义已经处于低潮，一二十万黎苗同胞的眼睛都瞅着王国兴。大家好像在问："怎么办？难道就这样等死吗？""不，决不能！"王国兴心想："要去找个出路！"可是，找谁呢？谁能同情少数民族呢？找日本人去吗？当亡国奴比死还难受！再说，日本人天天用飞机轰炸村庄，看起来比国民党还狠毒、残酷，怎能找他们白白送死呢。找共产党去吧？共产党也是汉人，汉人对黎苗民族可能都是一样不当人看啊！但是，共产党打日本，打国民党，还听说共产党打仗打红旗，红旗一到，穷人就有吃有穿的了。也许他们能救黎苗民族吧？王国兴心里像一团乱麻一样，怎么也理不出个头绪来。

也许是王国兴想的太多了的原因，在一天夜里，他作了一个奇怪的梦。梦见五指山峰上出现了五朵红霞，红霞里飘扬着五杆红旗，迎着明媚的阳光，飘呀飘的，把半边天都映红了。王国兴正看的出神，忽然有一队打着红旗的军队，从他站的山跟前走过去，嘴里还唱着歌。看到王国兴站在山顶上，都含笑亲热地向他招手，好像在招呼他："来吧，到我们这儿来吧！"王国兴真有点看呆了。等队伍都走过去了，他才想起来还没有问这是什么人的队伍呢！他想迈步去撵，可是，两腿怎么也抬不起来。他一急，却醒了。

王国兴把这个梦和大家一说，大家都认为是神仙的指点，要救黎苗人民出火坑的人，就是这支打红旗的队伍。一定要找这支队伍。可是，这支打红旗的队伍在哪里呢？到哪去找呢？为了民族利益，为了拯救全民族，王国兴找来了王高定、王文松、王有礼三个同志，把这个找打红旗的队伍的任务交给了他们。王国兴嘱咐他说："这次出去，可能很艰苦，可是，你们要记住，这是关乎整个黎苗民族的生死问题，你们一定要找到这支队伍！"王高定他们齐说："放心吧！海可枯，石可烂，但，我们找队伍的决心永不变，我们一定要找到我们的救星！"

这三个人，翻了一架山又一架山，过了一道河又一道河；五指山的大山啊，高的仰起头都看不到顶，真是上触青天，下踩大地，云彩也只能围着半山腰飘来飘去；那一道道河水，在北风飒飒的初春里，凉得扎骨头。这些天然的障碍，对寻找部队的王高定他们来说，都是非常困难的，可是困难能算得了什么呢？他们不怕，因为他们是代表着自己民族的利益呢。王高定对我说：当他们一连走了十几天后，衣服被挂得稀烂的时候，脚被扎得淌血，而又没饭吃的时候，他们也曾想过：唉呀！找救星真难啊！但是，他们一直都坚信：一定能够找到打红旗的队伍，何况这又是神仙指点的呢！因此，他们走啊走啊，终于在那一天找到了我们。

为了挽救少数民族兄弟的命运，为了团结少数民族共同抗日，我们首先派了郑放同志，带着一个工作组和他们三个人一同回去先开辟工作。并给王国兴写了一封信，告诉他坚持斗争，一定会取得最后的胜利。

在他们临走时，我们在部队里发起了一个募捐运动，我们自己虽然没衣服穿，可是，还尽量抽出一部分给他们带去，送给没衣服穿的黎苗兄弟。

我们请示了党中央，得到党中央的指示，要很好的开辟五指山黎苗民族根据地。于是，我们开去了部队，打垮了国民党反动派，又领导着穷苦的黎苗兄弟，斗倒了反动的大黎酋，夺回了耕牛和土地。这一下，黎苗兄弟可高兴了，他们认为世界上再也没有这样好的军队和政府了，所以他们亲切地称我们部队为"父母军"，称政府为"父母政府"。

为了保卫胜利，黎苗子弟越来越多地参加了琼崖纵队。从那以后，黎苗族战士就成为琼崖纵队的一个组成部分了。五指山区，就变成了一个永远摧不毁的革命根据地了。

冯英龙记

——录自《解放军文艺》，1957年12月号(总第76期)，第93~95页。

# 共产党是黎族苗族人民的救星①

### 王国兴

海南黎族苗族自治区人民政府，经过长期筹备，已于中国共产党建党三十一周年纪念日正式成立了。黎族苗族人民已真正站起来，当了国家的主人，自己管理自己的事务。这是毛主席伟大的民族政策的具体实施。我特代表海南黎族苗族自治区二十七万黎苗族同胞，向我们伟大的领袖毛主席致以崇高的敬礼与衷心的感激。

我们黎族苗族人民受尽了历代封建皇朝和国民党反动派的统治、压迫，一九三二年以陈汉光为首的国民党反动派，在白沙县设立黎苗局，挑拨民族团结，企图强迫同化。一九四二年以王毅为首的国民党反动派，用尽一切卑劣手段，诱杀了二千多苗民，国民党反动派大汉族主义的奴役政策，迫使我们黎族苗族同胞日益走上死亡灭种的道路。为了生存与自由，我们曾举行过无数次的反迫害斗争。一九四〇年，以陈斯德领导的苗民反国民党统治的斗争，以六十枝[支]土枪击退了国民党九个连匪军的进攻。一九四二年七月十二日，我领导二万多黎族苗族人民举行全面大暴动，拿着土枪、弓箭、木棒围攻儋县、临高、崖县、昌感、乐东、白沙等七个伪县府及伪守备军二个连，击毙敌人七百多，缴获步枪三百多支，重机枪一枝[挺]及大批子弹物资。由于我们历次的斗争都是自发的农民运动，没有得到中国共产党的领导，因而结果都失败了。从悲痛的失败教训中，我们深深地体会到：黎苗同胞好似飘流在汪洋大海中迷失方向的破船，急需英明的船手，否则就要沉没海底的危险。因此，我们坚决去寻找中国共产党。经过千辛

---

① 本文是王国兴在庆祝海南黎族苗族自治区人民政府成立大会上的发言。

万苦，出生入死，终在一九四四年春在海南西路抗日根据地找到了琼崖纵队。中国共产党海南地方组织的领导人冯白驹将军，他对我们的苦难与斗争，无比关怀，他选派久经斗争锻炼，富有经验的党员干部，不顾流血牺牲，冲过敌人层层封锁线，深入黎苗地区领导人民展开斗争。从此，我们的力量与信心更加强了，斗争更显得勇敢，坚强，变成无敌的力量。一九四八年，人民解放军琼崖纵队解放了白沙、乐东、保亭三县全境，使我们永远摆脱了帝国主义，封建主义，官僚资本主义的黑暗统治，获得了翻身解放。

历史教训着我们：毛主席、共产党是我们唯一正确的领导者和幸福的缔造者，有了共产党才有黎族苗族人民的一切，没有共产党就没有黎族苗族人民的一切。

海南解放以后，为了巩固与发展我们的胜利，为了我们幸福的明天，毛主席、共产党，人民政府又领导与帮助我们从事政治、经济、文教、卫生的建设，两年以来已获得了巨大的成绩与进步。

在政治方面：经过清匪反霸退租退押，基本上打垮了封建"黎头"的统治，肃清了黎奸，安定了社会秩序，并在斗争中普遍建立了各级人民政权、民兵、农会、青年、妇女会等组织。培养了大批我们自己的干部，乐东、白沙、保亭三县，普遍召开过四次至五次各族各界人民代表会议，各区乡均召开过一至六次人民代表会议或农民代表会议。各级人民政府都有我们一定名额的代表参加。我被委任为中国人民政协全国委员会、中央民族事务委员会、中南军政委员会、中南民族事务委员会、广东省人民政府民族事务委员会副主任委员、海南军政委员会委员，陈斯德为中南军政委员会、中南民族事务委员会、海南军政委员会委员。容兴中、赵哲忠、王妚东等均为广东省和海南民族事务委员会委员，杰出的战斗英雄陈理文(黎族)被选为海南出席全国战斗英雄会议的代表。毛主席、中央人民政府十分关怀我们黎苗同胞的疾苦，去年派询问团深入乐、白、保三县宣传共同纲领民族政策，了解黎苗民族的生活与要求，并赠大批医药和布匹。

在经济方面：乐、白、保三县均成立银行，合作总社和十四个区合作社，发放大批贷款，收购土特产，供应农民社员生产资料和生活必需品，消除了过去流动商人不等价交易的现象。一年多来，人民政府共发放农村水利贷款一百零九亿九千二百三十万元，救济优抚款十三亿五千九百四十五万元，粮食三百二十二万二千斤,谷三十七万六千斤。致使两年来乐东、白沙、保亭、东方、琼中五县增添了耕牛七千四百六十头(包括今年贷款在内),农具六万二千四百三十七件,肥料二千余万担及五万一千三百四十五亩耕地的种子。入春以来,各地热烈展开防旱抗旱防灾救灾工作,共兴修大小型水利二千七百二十八处,受益面积二万亩。由于这一系列的措施,使到[得]少数民族地区的生产获得迅速的恢复与发展,人民的生活也得到很大的改善。

在文教方面:两年中选派了二百多名黎苗族干部,前往北京、中南、广州、海口等地民族学院、南方大学学习。开办小学一百五十一间,使一万名学龄儿童免费进入学校。普遍设立夜校识字班,参加学习者约一万人。为了恢复与发展少数民族地区的文教事业,人民政府除派大批外地教师到黎苗区服务外,并发教育补助经费四亿二千万元(今年尚未计在内)。此外,还培养了不少土生土长的教师。

在卫生方面:乐、白、保三县都已建立卫生机构,海南行政公署卫生处防疫大队,中国红十字会医疗防治服务大队,深入农村开展卫生运动。计:训练了公共卫生员一千三百五十五人,接生员一千二百一十九人,医治了一万四千三百四十一人,种牛痘二十一万一千九百六十二人,接生一百四十四人,防疫注射一万六千一百四十七人,建立公共厕所六百二十八个,开筑水井四百零八个。由于卫生工作深入开展,少数民族地区一向流行着的疾病已基本绝迹,人民的健康有了很大的保障。

我们黎苗族人民,由于数千年来蒙受历代封建皇朝特别是国民党反动派三十多年来的黑暗统治,在政治、经济、文化各方面都特别落后,要消灭这种历史上遗留下来的落后现象,还须要一个相当的时间。但是,我们有毛主席、共产党、人民政府的正确领导,只要我们黎苗族全体同胞紧密地团结起来,继续努力奋斗,我们的前途是无限光明的。

最后让我们高呼:

我们伟大的领袖毛主席万岁!

我们的救命恩人中国共产党万岁!

中华人民共和国民族大团结万岁!

——录自《新海南报》1952 年 7 月 10 日。

# 姨　母

## ——忆游击女英雄刘秋菊

李英敏

## 传奇式的故事

第一次听到刘秋菊同志英勇斗争的事迹，是一九四〇年在雷州半岛的小渔村里。那时我们正在等候船只，要越过日寇的海上封锁线到琼崖敌后打游击去。

夏天，天气非常闷热，为了避过国民党反动派的迫害，白天黑夜都关在黑暗低矮的石头房屋里，央着交通员陈大贵给我们讲海南岛革命斗争的故事。老陈是个老海员工人，又是个老党员，经历丰富，故事又多又生动。有一次，他突然问我们："你们听过刘秋菊的故事吗？"

说来也惭愧，参加革命几年了，和海南岛虽是一海之隔，刘秋菊这个名字却是第一次听到。

我们还来不及回答，一个归国华侨青年却抢着说："你说的是'飞将军'吗？"

"是呀！正是说她！"老陈兴奋地回答。

"老陈，你快说啊！"那位青年非常激动，"刘秋菊的名字，在南洋华侨中流传得很广呢！"

老陈就给我们讲"飞将军"的故事。

刘秋菊同志是个老党员。有一次，她和一位男同志被白军包围在一座山林里。敌人有一百多人，他们只有两个人两支枪。但是他们却非常勇敢坚定，利用山林的复杂地形和准确的枪法，打退了敌人多次猛扑，杀伤了许多敌人，从黄昏

82

坚持到半夜，最后从荆棘沼泽中突围出来。在他们突围之前，还利用敌人的弱点，使前后围攻的匪军互相打起来。敌人打了大半夜，死伤几十人，才知道刘秋菊他们"飞"走了。又一次，刘秋菊和交通站的两位同志被一个连的匪军包围在一所房子里，时间是在中午，突围已不可能，他们利用房屋坚固的条件进行防守，从中午一直打到晚上。敌人是非常疯狂的，机枪扫射、火攻，从屋顶投手榴弹。两个男同志牺牲了，刘秋菊拿起战友遗留下来的武器，坚持奋战。最后利用敌人吃夜饭进攻稍缓的时候，从屋顶爬出来，经过相连的房屋，逃出敌人的包围圈，愚蠢的敌人，直打到天亮，才发现刘秋菊又"飞"走了。

老陈继续说："秋菊同志不仅英勇机警，而且群众关系特别好，她常常是在群众的掩护下，安全脱险的。"他又讲了下面几个故事。

有一次，刘秋菊等四人正在村里工作，这个消息被敌人知道了，他们派来了一二十个团丁，把小村子包围了。他们和敌人作战许久。两个同志不幸牺牲了，另一个同志看看势头不好，正待冲出去，也被打死了。这里就剩刘秋菊一个人，她想：冲出去不是办法，得想法子躲过敌人。她马上向村子的另一头转移。走到一个群众家里，看见这家主妇正在奶孩子，她低声地对妇女说了几句话，把身上的衣服脱去了一件，把枪收好，接过孩子就喂奶。敌人听不见枪响，便冲进村子里，到处搜查，当走过她身旁时，她马上在孩子的腿上拧了一下，孩子哇哇大哭。敌人问她："见到一个穿黑衫的'共产婆'没有？"她用手指着一个方向说："我看见一个人从那边跑了。"说罢，她拍拍孩子说："不怕，不怕，这是抓'共产婆'的。不怕，不怕！"匪兵万万想不到她就是要追捕的"共产婆"，便匆匆忙忙的追出村去了。

又一次，也是在大白天，她在路上遭遇敌人。这是平原地带，躲是不行了，打也不是办法。敌人紧紧地追着她。她既不绝望，也不慌张。走到一处地方，看见这儿的妇女们正在插秧，她马上脱去外面的衣服，把它踩在烂泥里，就走在妇女们中间，非常熟练地插起秧来。敌人追来了，向妇女们问道："一个穿蓝衣服的女人走哪条路去了，"妇女们说："刚刚走向前面的大道。"匪兵走了后，刘秋菊才直起腰来，挑着一担秧苗，很自然的脱险了。

我们这些听故事的人，都是二十岁左右的青年，一部分是在蒋管区搞地下党工作的，一部分是从海外回国的华侨。大伙受到革命锻炼很少，对革命的认识也很模糊，但是都有一颗火热的心，都希望为祖国为党献出自己的青春。因此，听到刘秋菊这个女英雄的传奇式的故事，得到很大的鼓舞，对于自己面临着这场严重的考验，便镇静得多了。因此，我们登上小帆船潜渡去海南岛的那天晚上，虽然暴风不停、白浪滔天，而且在敌舰的探照灯下和巡逻艇的马达声中前进，可是，我们却觉得身上充满着力量。

# 第一次相识

到了海南岛的游击区，我有一股强烈的愿望：多想见到刘秋菊同志啊！

那时候，琼崖纵队在西部的琼山、澄迈、临高三县边界的美合山区建立了抗日根据地，我被分配在报社工作。每天，我工作完了以后，就到处走走。中共琼崖特委、琼崖总队、总队部、政治部都在这里。还有党校、琼崖抗日公学、随营军政学校、合作社、医院、商店等等。

有一天，晚饭后，就照例跟着几位同志到政治部走走。我刚学会几句琼崖话，一路上和熟悉的不熟悉的男女同志打招呼，心里非常惬意。当我们沿着到合作社那条大路走时，在斜坡上碰到一个背着孩子的中年妇女，她站着微笑地向我们打招呼，我学到的几句话都用上了。她走了以后，陈说同志带点神秘的口气问我："你知道她是谁吗？"我说："不知道。"老陈有点激动地说："她就是刘秋菊同志！"

老陈的话，把我吓了一大跳。原来刘秋菊同志就住在我们宿舍附近一间小瓦房里，我早见过了。她经常穿着一套黑色土布便衣，拖着一对木屐，抱着一个才两三个月的女孩。家务事都是自己干，还经常见她开荒种菜，养鸡养鸭，唯一不同的，就是她经常佩着一支勃朗宁手枪，在战争中，这也不是奇怪的事。我原来以为她是个家属。有一次，没有开水喝，我拿着茶缸到她家里，比手比脚说了半天，当她弄清楚我的意图以后，非常亲切地让我坐下，给我冲了一茶缸浓郁的红茶，还问了我好些话，可惜听不懂，只好向她道谢走了。又有一次，我开始尝到打摆子的滋味，那天同志们都出去听报告去了。我盖着一条毡子躺在床上打颤，嘴里忍不住直哼哼。她在隔壁听到了，赶忙给我搬来一床棉被盖下，给我熬了一碗姜汤，还找来看护员照顾我。这种母亲般的关怀体贴，使我非常感动。但我万万想不到，她就是我渴想一见的刘秋菊同志。在我想象中的女英雄，应该是骑马横枪，驰骋战场，在枪林弹雨中冲锋陷阵的人，不会是个平常人，更不会干平常事。

后来，老陈告诉我，刘秋菊同志刚生了孩子，身体不好，领导上让她休养。那时候，我们的经济非常困难，从党委书记到每个战士，每月只有五毛钱津贴费，生活上的一切都靠自己动手。秋菊同志就这样半休养，半参加劳动。

从此以后，我再不敢到她的小屋子去要茶要水麻烦她了。甚至病了也不敢哼哼，恐怕她听见。只想快点学会琼崖话，向她学习。可是她这个人是非常敏感的。有一次，她找上门来了，并且找了个翻译跟我谈起话来。

"你为什么不上我家玩去了？"

我红着脸，不知如何回答她。

"你们这些念书人是不是很封建？"她微笑地说，"论年纪，我可以当你的大姐，甚至可以当你妈妈，你怕什么呀？"

"不是这个。"我极力分辩，并且把我的心情照直说了。

她开朗地笑起来，"你以为我是什么英雄吗？"接着，她充满热情地说，"你们飘[漂]洋过海来这里工作不容易呀，又没有经受过这种生活，有什么困难该和同志们说说。我呀，旁的什么都没有，热茶热水总是有的，别不好意思。"

她临走时还说："你要长期在这里工作，得首先学会本地话。"

这些话听来很平常，但对一个未经过严重考验和锻炼的青年，却感到无限的温暖和鼓舞。从此以后，在她的面前，我再不感到拘束，虽然语言听不懂，用手比划，总谈上几句。

## 艰苦的转移

一九四〇年十二月十七日，蒋介石留在敌后专门对付抗日进步力量的"游劫队"，勾结日寇，突然袭击美合山区。我们党为了保存抗日力量，坚持长期抗战，在给反动军沉重打击以后，便忍痛退出刚创立起来的根据地。

因为事出突然，我们的机关团体学校等都匆匆地撤到附近大山里。我们这些念书人在撤退时，虽然行李简单到只有四件头（小包袱、军毡、公文袋和席子）

却拿了这件拿不了那件。天刚黎明，在枪弹乱飞中，就看到了刘秋菊扎着一身行李：棉被、包袱、席子、水壶等等。少说也有好几十斤，还要背着个孩子，却很安详。她负责照顾我们转移，瞧着我们收拾好了，才领着我们向山里撤退。虽然敌军离我们只有两里路，但有这样坚强的人在跟前，却增加无限的信心和勇气！

美合山区是个人口稀少土地贫瘠的地区，我们的群众工作还没有做好，加上敌伪的夹击封锁，给我们带来很大困难。首先是吃饭问题，开始时一天两顿还吃到三个饭团，后来只能吃到一个，最后一个也不能维持，我们党委机关一百多人，一顿只能吃到两升米熬的稀粥，一个人分到那么一小茶缸，其它只靠芭蕉心和野菜充饥。我们这些人，大都是抗战前后参加革命的，未经过这样的生活，当时算是挺苦的了。可是瞧瞧刘秋菊同志，带着只有几个月的孩子也跟我们过着同样的生活！为了照顾妖红(小女孩的名字)，她真辛苦，一天到晚做这件弄那件。因为饥饿，当妈妈的已经没有奶汁了，每天只能熬些米糊，一点一点给孩子喂下去！

秋菊同志不只是关心自己的孩子，对我们这些生活能力差的念书人也很关心。她教会我们搭草棚，有个避风雨和睡觉的地方；她教会我们尝百草，寻找可吃的野菜、野果；她教会我们缝补鞋子和衣服。当然，她对我们这些年轻人最大的帮助，还是在政治上思想上。有一次，她问我们这种生活苦不苦？我们硬着脖子说："不苦！不苦!"她摇摇头说："你们说的不是真话，照你们的情况说，应该说是很苦的了。"

听着这种直率的谈话，觉得脸上有点热烘烘的。接着她很严肃很诚恳地说："我们是革命者，有自己的理想和目的，为了这个理想和目的来吃苦，什么苦都可以忍受和克服的!"

当时有些知识分子，参加革命才几年，读了几本理论书，自以为了不起，在困难面前，惊惶[慌]失措，说什么"革命失败了"，"现在是革命低潮的时候了"等等。秋菊同志不同意这样的看法，她说："我没有文化，但我学到一件最宝贵的东西：那就是不论在什么情况下，要相信党，要依靠群众，十多年来我能撑得住站得起，就是依靠这一点。"

不久，我军主力在突出敌伪的包围以后，已经在琼山、文昌、澄迈、临高、儋县打开了新局面，我们领导机关也决定突破敌人的包围，回到琼山、文昌老区去。在突围那天晚上，每人分到一个糯米饭团和一块牛肉，经过长时间饥饿和疾病折磨，同志们身体都很衰弱，不少人还是扶病上路。这一晚，要走六十多里山路，而且细雨纷纷，路滑难行，不少人跌得象泥人。秋菊同志不但要走路，注意联络，还要保证妍红不要啼哭，这些她都做到了。我在出发的时候，正在发高烧，迷迷糊糊的一脚高一脚低的跟着队伍走。在通过一架大山时，我实在走不动了，但是，当我看到秋菊同志的身影在面前走过，听到她的充满热情关怀的说话，喝完她递给我的一杯开水，我终于战胜了疾病，和同志们一起到达目的地。

在这一段艰苦的生活中，我看到秋菊同志对同志们深切的关怀，而且不论环境多么恶劣，都是乐观而自信，使我十分感动。

# 鱼 水 关 系

我们回到琼山、文昌老区以后，反动军也就跟踪追来，在两面的夹攻中，战斗非常激烈。我军在广大人民的支援下，不但沉重地打击日寇，而且也给反动军以歼灭性的回击。国民党反动头子李春农被打死了，吴道南逃到大陆去了。我军从五个大队扩大到五个支队，抗日民主政权普遍建立起来，抗日根据地逐步巩固和扩大。

回到琼山、文昌以后，一九四一年，秋菊同志担任了中共琼崖特委委员、妇委书记，又是琼崖东北区抗日民主政府委员。那时候，发动群众工作，是一项极其重要的工作，她的工作详细情况我不大了解，但有几件事深深的感动我。

秋菊同志是个又朴素又踏实的人，她既不会上台发表长篇大论的演说，也不会写漂亮动人的文章，但她有一手深入联系群众的本领。她到一座村庄去工作，马上就变成这个村庄的人，不是帮这家舂米，就是帮那家喂猪，要不然就下田做活，田里的活计和家庭事务她样样精通。她就在干活闲聊中，把情况摸得又细致又准确；群众中许多思想问题，也在干活闲聊中解决了。

老区的群众，不论男女老少，很少不认识秋菊同志的。群众给她一个最亲昵的称号"姨母"。"姨母"来了，谁都想请她到家里坐一会，吃一点东西，说几句知心话。她每到一座村庄，要处理的事可真多：夫妻吵架要找她评理；找对象要找她出主意；有病痛的要找她问病；想参加革命的要找她拿主意；生活有困难的要找她想办法……她对待群众就象对待亲人一样，非常亲切，认真地帮助他们解决问题。往往为了几把种子，为了一帖治风湿病的膏药，为了一张治月经不调的药方，跑了老远的路，忙碌老半天。

有人对她这种工作方法是不以为然的，认为是婆婆妈妈的工作。但是群众却有另一种看法。在那激烈的战争日子，我们几乎是天天行军，有时一个晚上要换一两个宿营地。群众在敌来我去的情况下，天未黑就关门闭户，不是十分熟悉的人，是不轻易开门的。秋菊同志就有办法：她到一个地方，不管什么时候，只要轻轻地叩门，叫一声房主人的名字，里面问一声："谁呀?"她回答一句："我是姨母呀!"门马上打开。群众为我们煮饭吃，替我们安排睡觉的地方，使我们得到休息。秋菊同志就是这样的人，群众把她看作亲人，到处都是她的家。别人不敢到的地方，她敢去；别人打不开局面的地方，她抢着去。甚至敌人正在驻扎的地方，她可以安然无恙地在那里工作和生活。

有一次，我参加了琼山苏寻三乡的参军动员大会，秋菊同志也来了。这天晚上来的人特别多，附近几个乡也有人来。秋菊同志没有讲话，她在主席台上坐下来，不断向群众点头、微笑、鼓掌。会场气氛热烈极了。区上的同志估计有五十人左右报名参军，可是涌上台报名的就有二百多人。不断出现妻送夫、母送子、夫妻携手上前线的动人场面。当然，这些成绩应该归之于党；但是，秋菊同志在群众中的确有很大的号召力。我找不出适当的话来形容她和群众的关系。我觉得她回到老区以后，就象鱼归大海，任她自由自在地游泳翻腾。

有一次，我和她谈到老区人民的觉悟，我对于老区人民节衣缩食甚至拼着自身性命来支援我军作战，很是感动。她告诉我，群众的觉悟不是天生的。在琼崖地区我们党从一九二五年以来，就在革命中进行过艰巨细致的组织和教育工作。所以无论在怎么困难的情况下，群众都是拥护我们的。她给我讲了她亲身经历过的两件事：

就在一九三二年琼崖革命遭受挫折以后，这一带群众，在敌人的屠杀恐怖和欺骗宣传下，加上叛徒的无耻出卖和迫害，许多群众不敢接近我们，可真是苦极了，白天不敢下村庄，晚上去叩门，叩十户十户不开。在开始时，她也有点迷惑："是否群众真的变心了?"有一次，在凄风苦雨中，他们几个人躲在一间破旧的祠堂里的供桌下，来了一对老年夫妇，他们俩烧香跪拜，喃喃祷告，希望神明祖宗保佑共产党，让红军赶快打回来，为他们报仇雪恨！秋菊和同志们心里乐滋滋的，赶忙出来见这对老夫妇。原来老人是红军烈士家属，儿子牺牲了，媳妇被反动派捉去了，房屋被烧了，这种深仇大恨是不共戴天的。老俩[两]口弄清他们是真正的红军，知道他们好几天没吃过饭，就赶快回家给他们弄饭吃。

又有一次，她当交通员，带着十多个红军要找上级。当时环境恶劣，联系不上，又没有吃的，他们饿极了，到一家过去比较熟悉的群众家找吃的。在厨房里摸了半天，只摸到半钵红薯汤，他们喝了。第二次再来时，听到屋里主人在骂孩子："死鬼，你要吃，就到厨房里吃。锅里有饭，柜里有咸鱼，不要闹了。"他们到厨房里一摸，果然如所说的。从此以后，他们一连去了好几次，不只是为了吃，主要是想打开这家人的门。可是屋主人也怪，天天给客人预备吃的，就是不肯开门。原来主人知道这些找吃的是革命同志，又怕他们不牢靠，所以不敢开门。经过秋菊同志做耐心细致的工作解释，这扇门终于打开了。使秋菊他们进一步明白了，在人民群众中，有着最革命的阶层，有着最可靠的基本群众，他们的心是永远不会变的。

## 苦水里泡大　党培养成长

有个时期，我调到文昌地方党组织工作，后来又转到军队中去。和她再次见面时，已经是一九四三年春天了。

这是一个艰辛的日子啊！反共投降军被我们打垮以后，日本鬼子亲自出马，调集了几支精锐部队，在琼山、文昌地区进行残酷的"三光"扫荡，抗日军民蒙受重大的牺牲损失。从文昌的南阳乡到琼山的岭大乡，变成一片焦土，情况是非常严重的。而在这个时候，秋菊同志也遭到很大的不幸，她的爱人林茂松同志牺牲了。

为了粉碎敌人的"竭泽而渔"的毒计，为了坚持和发展抗日游击战争，我们的军队跳出敌人的包围圈，向敌人占领区进军。在离开老区前几天，我到了演丰乡，在那里见到了秋菊同志。

瞧着她那消瘦苍白的面孔，我想起林茂松同志。他是琼崖纵队的一个大队长，作战十分勇敢。想起他的牺牲，我心里非常难过。我找不出更适当的语言来安慰秋菊同志。

但她还是那样镇静安祥［详］，自制力是惊人的，大概是瞧到我那副难过的样子，她充满自信地说："不要安慰我，不要替我难过，我经受得住，更大的打击也受得住！"

她让我解下行李，洗了个热水澡，吃了一顿饱饭，安置我睡了一个舒服的觉。这两个月我已经没有解过行装，白天忙着对付敌人，晚上又要开会和行军，一天的饭食，都在晚上吃完。这种关怀照顾，实在感到无限的温暖。

演丰乡的环境也很恶劣，我们大部分时间都在红树林里度过，是个很难得的机会。我们谈了很多，这时候，我称得上是个本地人了。没有语言的隔阂，也谈得很畅快。

"姨母，你简直是铁打的。"有一天，我不无感触的对她说。

"瞧你说的！"她很矜持地说，"我呀，是在苦水里泡大的，是党培养教育我成人的。"

不待我的请求，她告诉我她的全部身世。

公元一八九九年，刘秋菊同志诞生在琼崖岛琼山县塔市乡福云村的一个贫苦家庭里，她从小就父母双亡，只靠一个年纪比她大几岁的姐姐抚养。既无田地，也没有其他营生。姐妹俩相依为命。潮退了，到海边捞点鱼虾；收获季节，到田里捡些稻穗薯芽；有时到盐田里扫点盐；到红树林拾点枯枝，就这样半饥半饱地过日子。她十二、三岁时，姐姐出嫁了。她就替地主放牛，帮有钱人家干点活糊口。苦难的生活锻炼了她的坚强性格和独立生活的能力。

十六岁的时候，姐姐作主把她嫁到岐山村一个姓郑的人家。结婚并没有摆脱苦难的生活，姓郑的家也很贫苦，丈夫婆婆待她很不好。结婚不到两年，丈夫跑到南洋去了，婆婆和小叔子和她分了家，让她独自生活。她就替人家挑盐挑鱼到市镇去，换点气力钱。这里距离县城、海口市只有几十里，打零工的机会多，生活虽然苦，还可以维持。当时，象她这样从事劳动的妇女是不少的，许多妇女都喜欢跟她搭伴出入。有一大黄昏，她和几个妇女从市镇回来，在荒僻的山坡上，一个搽黑脸的匪徒拦路抢劫，同伴吓得赶忙把银钱拿出来。她瞧着这个匪徒只有一把尖刀，便拿起扁担向匪徒劈去。这个匪徒挨了两扁担，吓得丢下财物逃命。她抢起扁担就追，同伴们也鼓起勇气跟着追，把匪徒赶了好几里地。

那时她的精神上是很痛苦的。丈夫一去便杳无音讯（后来知道他死在南洋），婆婆整天指鸡骂狗，冷言冷语使人受不了。

一九二五年的冬天，琼崖岛掀起了革命高潮，许多共产党员和革命知识分子到了农村，组织发动群众，进行反封建的斗争，秋菊同志参加了平民夜校，参加了农民协会和妇女解放协会，听到了许多新的从来没有听过的道理，知道了妇女要和男人一样平等，劳动者应该是生活的主人。特别是她亲眼看见不可一世的土豪劣绅戴高帽子游村，许多封建规矩被废除，愁眉苦脸的农民都扬眉吐气。她自己呢，过去人们叫她"福云嫂"，现在大家叫她"刘秋菊"了，发髻剪了，婆婆不敢骂她了，村里人不敢奚落她了，挑担到县城和海口市再不怕挨打挨骂了，可以昂头阔步在马路上走了。

不久，蒋介石叛变了，一九二七年四月二十一日，琼崖岛开始大屠杀。她看到自己敬爱的夜校老师和农会干部被惨杀，土豪劣绅又回到村里，许多农民被吊打罚款，弄得倾家荡产；许多妇女被迫留起头发。婆婆和小叔子不但辱骂她，而且扬言要卖掉她。这次她不害怕他们了，气愤愤地跑到山里去，找到一位农会办事处的干部，她知道这个干部是共产党员。见面后二话不说，劈头一句话就问："我要参加共产党，你们要不要？"在大屠杀恐怖中，一个农村妇女这样坚决地要求参加共产党，他听了又高兴又激动。他只问了她一句话："你不怕杀头吗？"她非常干脆地回答："怕杀头还来找你们吗！"就这样，秋菊同志开始了她的革命生涯。

她在红军里做过炊事员、护理员，闲下来就替战士们缝补衣服，那时她第一次感到象人一样生活，心情舒快极了。经过党的培养教育，她懂得许多革命道理，觉悟更提高了。就在这年十月，她参加了中国共产党。

一九二八年，她调到琼山地方党组织当交通员，她路途熟，行动机警，组织性强，不久就成为一个出色的交通员。这年五月，她在出发途中被白匪军逮捕了，敌人问她："哪里有共产党的组织？你说了，可以让你自由。"她不说。又问她："谁是共产党员？"她也不说。敌人以为她是个女人，总熬不过重刑吧，就用竹签戳她的手指。十指连心，她咬牙忍受着，当敌人把签拔出来时，血和肉都被拉出来了，她痛得昏死了过去。敌人又在她的头上浇冷水，她醒过来了，还是一句话不说。敌人用电刑、水刑、老虎凳等残酷的刑法来折磨她，从她的口中，还是得不到一个地址，一个人名。敌人面对这个钢铁般的女战士，真是毫无办法。

敌人以为硬的不行，来个软的，就劝她嫁给一个反动军官，只要她答应了，就可以放她回家。她坚决地拒绝了。

监狱里关着许多共产党人和革命人士，他们在狱中坚持斗争给她不少的鼓舞。经过这次考验和锻炼，她的革命意志更坚强了。一九三〇年她出狱后，千方百计地找到了党组织。她又下村子里去发动群众，群众爱戴她，听她的话，她通过姐妹、亲戚的串联，把一些村子的工作很快的恢复起来。这时琼山县成立工农民主政府，她被选为委员。

她在琼山一带，对地方情况熟悉，对群众熟悉，县委就派她在红军中工作。红军作战，她常常是向导，表现得很勇敢。一九三二年国民党派了一个警卫旅来琼崖岛镇压革命，革命经历过一个很艰苦的阶段。秋菊同志紧紧地跟着区委走，经历了无数次的恶战苦斗。在党的培养与教育下，她成为一个坚决、勇敢、机智的革命战士。

抗日战争爆发以后，秋菊同志就在领导机关工作，她以中共琼崖特委代表之一的身份，参加国共合作机构党政处工作。后来国民党反动派制造摩擦，我们的代表就撤退了。一九四一年，她担任琼崖东北区抗日民主政府委员。一九四二年又任中共琼崖特委委员，妇委书记，一直到一九四九年。

# 永 垂 不 朽

一九四六年的秋天，秋菊同志和我一起回司令部去。她的身体很弱，翻过定安县那几架大山时，不断地停下歇息，但精神仍很昂奋。在路上她告诉我："你可知道回去干什么？我们要进军五指山了，党中央毛主席非常关怀我们，要我们建立巩固的根据地，迎接全国大反攻，这回咱们得好好干，就是把骨头埋在五指山也是值得的。"

一九四七年的夏天，我军又进军五指山，并且把最大的力量投进去。秋菊同志参加了这次进军，也是她一生中最后一次进军。

这次进军，不但是山高岭陡，水土恶劣，而且黎旅〔族〕、苗旅〔族〕地区长期在国民党反动派残酷剥削摧残下，到处是一片荒凉，活着的人们都陷在饥寒交迫中，人们都靠着野菜充饥，十五六岁的大姑娘，也是赤身露体。我们的战士因得不到给养，常常是饿着肚子作战。秋菊同志揩着眼泪对战士们说："凭着这一点，我们不消灭蒋介石反动派，就不配叫做革命者！"

经过一年多的反霸斗争、土地改革和发展生产，黎族、苗族人民有吃有穿，而且把命运掌握在自己手里。我们也有了真正的革命根据地，有了人民的全力支援，军队得到休整补充，队伍一天天扩大。

但是，秋菊同志经过长期艰苦的斗争，健康受到很大损害。一九四九年春天，她病倒了。她的病，当时没法诊断出来，不是胃溃疡就是胃癌。不能吃东西，瘦得只剩一把骨头，但是她的生命力是顽强的，她一直支持了大半年。那时她是琼崖民主妇联筹委会主任，还参加一些会议和工作。

我永远忘不了她最后的日子。一九四九年十月，琼崖岛还没有解放，在十月一日中国人民伟大的节日里，我们在白沙县毛栈岗的广场上，升起了五星红旗，举行了几千人的庆祝大会。秋菊同志听到这个喜讯，一早起来就梳洗、穿着整齐，硬要看护员扶她到病房外的小山坡上，瞧着这一面用无数烈士的鲜血凝结起来的红旗升起！瞧着当了主人的兄弟民族在狂欢歌舞！

升旗仪式结束后，我来看她，她坐在一张小竹椅上，非常激动地对我说："瞧！这面旗多美啊！我们终于盼到这一天！"

她接着意味深长地说："我们是托毛主席的福气，我们要很好学习，要做的事情还多着呢！"

那天她特别高兴，话也多，问这问那，各种消息都想知道。她抓着我的手悄悄地说："解放大军快要打到广东，快要渡海了吧？我真想看到这一天啊！"

可惜她没有等到这一天，十月八日，她阖上那双火辣辣的眼睛，结束了她光辉的生命！

安息吧，姨母！在你的墓地旁边，已经建起一条平坦宽阔的公路，每天多少辆解放牌汽车飞驰而过，多少英雄好汉从你身旁奔上保卫和建设祖国的岗位。他们可能不知道你长眠的地方，可是他们知道今天的五指山，今天的海南岛，今天的祖国是怎样缔造起来的！他们更知道如何珍爱她，保卫她，建设她！

——录自广东省妇女联合会、广东妇女运动历史资料编纂委员会：《一代英姿》（第二辑），广州：广东人民出版社1989年版，第74~88页。

# 吃"南杀"

文 度

一九四六年十二月中旬，琼崖特委在澄迈县召开了各大区临委书记联席会议。特委决定：一方面粉碎敌人新的"清剿"；一方面组织力量，发展五指山中心根据地。会后不久，琼崖党政领导机关便率领司令部警卫部队进入白沙县的鹦哥岭地区。

一九四七年四月，琼崖特委从各支队抽调部分骨干同司令部警卫部队合编成前进支队。下辖爱民、保民、新民三个中队。符振中任支队长，我任政委，王山平任参谋长，黄歧山任政治处主任。支队主要担负驱逐盘踞在五指山区的国民党部队和王正强、二嫂的地主反动武装的任务。

四月中旬，支队向王正强、王正群地主反动武装盘踞的水满据点发起攻击。王正强、王正群兄弟俩拥有反动武装五六十人，步枪六十余支。据点周围山林茂密，地形复杂，加上浓雾重重，部队联系困难。战斗发起后，敌人抵挡不住，趁着黑夜逃跑了。我们没收了二王的耕牛约八百头及一大批粮食，除少数留作部队给养外，大部分给了当地黎胞。

水满战斗后，我们向保亭县境内挺进，准备攻打二嫂、王光华反动武装盘踞的巢穴。二嫂原是保亭县"剿共"总指挥王昭夷的第二个老婆。王昭夷死后，二嫂便和王光华勾搭在一起，当了保亭县的土皇帝。

前进支队插到通什、南圣一带。二嫂自知不是我们的对手，便化整为零，凭着人熟地熟，混到黎胞当中，化匪为民。在这种情况下，我们意识到，要彻底驱除匪徒，除了进行军事进剿外，还必须争取团结当地群众。

我们通过一些零星战斗摧毁了二嫂在南圣一带的巢穴，又翻过九曲岭，向保亭县国民政府的所在地——保亭营发起进攻。驻守保亭营的敌人有一个自卫中

94

队。当我们进攻时,敌人闻风而逃。我们迅速攻占了保亭营。在取得军事上的胜利之后,我们立即把战斗队变成工作队,配合地方工作团,进驻村寨,发动群众,清匪反霸,建党建政。

由于历代汉族反动统治者对黎胞进行残酷的压榨剥削,黎胞普遍对汉人存有戒心。加上敌人又四处散布谣言,把琼崖纵队说成是一支吃人肝、喝人血的野蛮"客军",所以,当我们开进黎村时,尽管帮助黎胞挑水、扫地,做了不少好事,但黎胞还是躲避我们。后来经过了解,我们知道,当地黎胞有一个习俗,把是否能吃"南杀"作为衡量是否与他们同心的标准。

"南杀"是用青蛙、癞蛤蟆、蚂蚱、畜皮、剩菜密封在坛子里沤腌而成的一种浆汁,一打开坛子,臭气熏天。凡没吃过这种东西的人,只要一闻到那股臭味,就会肠翻胃搅,恶心呕吐。而这种"南杀"不但是过着树皮当衣、野果充饥、野人般生活的黎胞们所喜爱的佳肴,而且是黎胞们用来款待汉人,检验汉人是否与他们同心的食物。能吃"南杀"的,就是黎家的知心人;吃不下"南杀"的,就不是黎家的知心人,就会失去黎胞的信任。为了取得黎胞的信任,利于组织发动黎族群众,必须学会吃"南杀"。

我们首先给部队的干部战士讲黎族同胞为什么要吃"南杀",讲黎族人民受压榨受剥削的悲惨历史,启发同志们的阶级觉悟,加深干部战士对黎胞的感情;然后发动干部,特别是政工干部,带头学会吃"南杀"。我是支队的政委,第一个带头吃。我吃下一口,立即吐了出来,这东西实在难以下咽,但为了打开工作局面,我鼓起勇气吃了第二口、第三口……终于吃了下去。在干部的带动下,大家都学会了吃"南杀"。当我们进入黎寨和黎胞们同住茅棚、同吃"南杀"时,军民之间的关系很快就融洽起来了。

我们终于获得了黎胞们的信任。军民共同开山种地,发展生产,亲热的就象是一家人。黎胞们发现了匪徒们的踪迹,主动通风报信,并为我们带路进剿。二嫂等匪徒在保亭县实在呆不下去了,只得带着喽啰走卒向陵水一带流窜。于是,保亭全境的反动势力和顽匪基本被驱除肃清,五指山中心根据地得到进一步的发展巩固。

——录自海南军区党史办:《琼岛怒潮》,北京:解放军出版社1988年版,第493~495页。

# 延安派来的老红军

陈青山

一九四〇年秋，一个振奋人心的消息传遍了美合根据地，人们奔走相告：延安来人了！党中央、毛主席派干部来了！

海南和延安远隔千山万水，党中央、毛主席时刻关心着海南的革命斗争。正当海南抗日斗争极需军事干部的关键时刻，党中央及时选派了参加过两万五千里长征的庄田、李振亚、覃威等领导干部，以及一批电台、机要、军械技术人员，他们于一九四〇年七月和九月，先后来到了美合抗日根据地。

一九四一年春的一天上午，国民党保七团营长李紫明带着两个连及一个游击大队，气势汹汹地向驻扎在咸来乡的独立总队一支队扑来。这群亡命之徒刚刚走到罗蓬坡，一阵密集的枪声便响了起来。敌人哭爹喊娘四处乱窜，敌连长李汉松躲在山凹处，用小旗子指挥两挺机枪拼命扫射，企图负隅顽抗。这时，独立总队李振亚参谋长带着特务大队从敌人侧后冲过去。李振亚从一位战士手中接过一支步枪，"叭"的一枪便把李汉松撂倒了。接着，他又连放两枪，把敌人的两个机枪手都送去见了阎王。在嘹亮的冲锋号声中，埋伏在四周山岗、沟渠中的勇士们猛虎般地向敌人扑去。敌人被打得死的死，逃的逃，没死没逃的跪下直求饶。李紫明逃得快，算是捡了一条狗命。这一仗击毙和俘虏敌连长以下五十多人，缴获轻机枪两挺、长短枪四十余支。这就是有名的罗蓬坡战斗。战斗的指挥者，就是党中央派来的庄田、李振亚，以及一支队队长吴克之等同志。

庄田、李振亚、覃威等一到海南，就显示出他们出色的军事指挥才干和政治工作才能。

当时，国民党保安七团团长李春农带领几千人马包围了美合。李春农亲自带几百人马偷偷潜到我们总队部背后。覃威及时发现了敌人，抓过机枪就向敌人射击。尔后，他又带领一大队顶住了敌人的进攻，总部得以安全转移。

覃威是一位很能打仗的悍将。当年，他带的二支队一大队是驰骋在抗日前线的一支劲旅。这支部队曾多次重创进犯的国民党顽固军。一九四二年春夏之间，他率领一大队在文昌县多次出击，先后夜袭了日伪军控制的头苑、昌洒、锦山、文城、清澜等市镇，以主力控制日军据点、分兵攻打伪军营房的手段，缴获了大批布匹、药品等物资。当日军向琼(山)文(昌)根据地"蚕食"、"扫荡"时，他率队在离文昌县只有几公里远的竹峒桥旁伏击敌人，击毁敌军车两辆，缴获轻重机枪各一挺、步枪手枪共四十多支，歼敌四十多名，给日军以当头一棒，打乱了敌人的部署。覃威所带的一大队非常勇猛顽强，日伪顽听说覃威大队来了，无不吓得心惊胆战。

"共产党员跟我来！冲呀——"这是我们在战场上经常可以听到的一句振奋人心的呼喊声。这种共产党员、军政指挥员模范带头的英雄壮举，是我军政治工作的光荣传统，也是我军克敌制胜的重要法宝。可是，云龙改编之后，国民党方面派来了一些副职，不准我们搞政委制度。为了坚持统一战线，我们作了让步，取消了政委制度，把政治机关改为政训室，党的工作也由公开转为秘密，各支部均由司书(文书)或文化教员兼做支部书记的工作。后来，国民党掀起了反共高潮，他们派来的副职相继撤离了，但我们的政治工作制度还没有恢复。庄田、李振亚等来琼之后，多次向冯白驹同志建议，把部队的政治工作制度尽快恢复健全起来，把党的组织在连队公开。李振亚同志曾多次强调说："坚强有力的政治工作是我们战胜敌人、壮大自己的强大武器。现在我们把政委制度和政治机关都取消了，岂不是把重武器都丢了？不行，还得象红军和八路军那样，尽快恢复起来才好。"他还对政治部的同志们讲："毛主席都说过，支部要建在连上。部队是党的部队，为什么支部和党员不能在连队公开呀？"特委和总队政治部经过认真研究，作出了决议：一是恢复政委制度，由冯白驹同志兼任总队政委，各支队也设政委，后来，各大队都设了政委；二是加强政治机关建设，把总部政训室改为政治部，健全政治部的各个科(组织科、宣传科、民运科、敌工科)，各支队设立政治处；三是建立和健全党的组织，连队设支部，大队设总分支，支队设总支。此外，支队政治处还设党务股，总队政治部设党务科，专管党员的组织、教育和发展工作。为了加强党的工作、培养党的干部，还专门举办了三期党支部书记训练班。我主办了两期，最后一期是由林明、张刚和何疑主办的。在此前后，党的组织在连队公开了，党员也公开了。

李振亚同志虽是军事干部，但每逢政治部开会，他都必定参加，和大家一起研究部队的政治思想工作问题，而且，每次会议他都要结合实际讲一讲红军的政治工作、长征的政治工作和八路军的政治工作，使大家从中受到启发和教育。就是对政治部门的一些具体工作，他也很关心。

记得当时我们宣传部门办有《战斗生活》和《每周时事》等刊物，后来还编了个《军政杂志》。这些工作我曾管过一段时间。那时我还年轻，二十岁左右，虽然来琼之前曾在马来亚搞过几年学生运动和党的地下工作，主编过马来亚总工会机关报——《前锋报》和一些学生刊物，但毕竟对军队工作还不熟悉，要办好这些刊物还缺乏经验。李振亚同志看到我的难处，便满腔热情地帮助我，甚至手把手地教我。他还亲自写文章，亲自审稿，亲自定稿。在他的帮助下，我很快便学会办杂志了。

庄田、李振亚对基层的政治工作也很关心。他们走到哪里，就把政治思想工作做到哪里。他们反复强调：要下功夫抓好连队的思想政治工作。他们还亲自备课，组织大家学习《抗日战争的战略问题》《论持久战》，用毛主席的人民战争理论武装大家的头脑。他们还经常和战士们促膝谈心，提高战士们的政治觉悟。

延安有个举世闻名的抗日军政大学，海南岛也有个延安式的抗大——六连岭抗日军政学校。创办这个学校的就是李振亚同志。

一九四〇年夏，特委和总部曾在美合办过琼崖公学，培养抗日骨干，后因美合事变而解散了。美合事变后，总部东迁琼文地区时，我们又办了个随营军政干训班，由李振亚同志主持，培训了一批军政骨干。

一九四一年夏，在粉碎国民党顽固派反共高潮的过程中，独立总队不断发展壮大。为了培训大批军政干部以适应抗日战争的需要，特委和总部决定派富有实践经验的李振亚赴六连岭抗日根据地，创办琼崖抗日军事政治干部学校。李振亚兼校长，云涌为副校长，祝菊芬为政治处主任。

六连岭方圆近百公里，山岭连绵，地势险要，林深草密，四季长青。李振亚他们初来时，吃的，用的，住的，什么都没有。李振亚带领三十多名骨干，发扬延安抗大自力更生、艰苦奋斗的革命精神，早迎红日晚披星，日夜奋战在深山里。在当地群众的热情帮助下，经过一个多月的艰苦奋战，终于盖起了一间间饭堂、宿舍、教室，做出了一些简陋的教学用具。

军政学校于一九四一年八月正式开学。第一期学员三百多人，分军事班和政治班。学校以延安抗大为榜样，以"坚定正确的政治方向，艰苦朴素的工作作风，灵活机动的战略战术"和"团结、紧张、严肃、活泼"为教学宗旨，坚持理论联系实际的教学方针。身为校长兼政委的李振亚起早贪黑，不知疲倦地工作。在一段时间里，军事课、政治课基本上都由李振亚包了。他亲自编写教材，亲自讲课，还热情地帮助其他教员备课、讲课。他还组织学员到实战当中去学。当时，三支队活动在六连岭地区，一有战斗任务，他就把学员带下山，配合三支队作战。回来后，结合学过的军事理论，认真总结经验教训。学员们在学中战、战中学，提高很快。

这所军政干校一共办了两期，培训了六百名学员，为胜利地开展海南游击战争，提高部队干部的军政素质和加强抗日根据地的建设，作出了很大贡献。

庄田是独立总队副总队长，是冯白驹同志的得力助手。每逢斗争的关键时刻，他总能以高度的思想水平和敏锐的洞察力，明辨是非，提出或支持正确的建议、主张。美合事变之后，特委中个别同志因害怕敌人力量强大，主张分散隐蔽斗争。庄田同志坚决支持冯白驹等同志的正确意见，坚决反对悲观失望和放弃斗争的错误观点。他认为，党领导的部队是经过十年土地革命战争考验的红军改编过来的抗战部队，党中央期望我们领导琼崖抗日军民战胜侵略者，如果因为出现反共逆流而悲观失望、放弃斗争，那就辜负了党中央对我们的期望。他的正确意见获得了大多数同志的支持。特委终于做出集中力量打退国民党反共高潮的正确决定。

机关、部队的许多同志都把庄田说成是"青年干事"。这是因为他性情豪爽，活泼好动，很喜欢和青年人在一起的缘故。一有时间，他就给青年人讲红军长征和八路军打日本的故事。他还喜欢唱歌，什么《延安颂》、《游击队员之歌》，等等，走到哪里就把革命歌曲唱到哪里。他自己唱，也教年轻人唱。"啊，延安！你这庄严雄伟的古城……"每当听到他那热情豪迈的歌声，我们的心就仿佛飞到了宝塔山下、延水河畔，就会想起党中央对我们的关怀。庄田同志用歌声把他和我们紧密地联系在一起，把我们和延安紧密地联系在一起。

李振亚、覃威都不是海南人，不懂海南话。他们为了和干部战士沟通思想，联络感情，拜传令兵、公务员为师，学会了半生不熟的海南话。他们用“半咸淡”的海南话跟同志们开玩笑，讲故事，常让人笑得肚子发痛。他们和干部战士亲热得象亲兄弟一般，大家有什么心事都乐意向他们倾诉，有什么疙瘩解不开，也主动向他们请教。

他们和干部战士打成一片，时时处处都以普通一兵来严格要求自己。他们和战士们同吃同住同战斗。那时物质条件十分差，每顿饭每个人能分到一两个饭团就不错了。他们和战士一样，大家分一个，他们就要一个；大家有两个，他们才要一双。谁想多给他们一个半个，他们绝不答应。有段时间，李振亚同志病倒了，公务员看着他又黑又瘦的脸，心里很难受，趁副官处宰猪，去要了猪肝、猪心，煮好给他送去。他却叫人原封不动地送回，还严厉地批评了公务员。

他们对自己“漠不关心”，对干部战士却想得十分周到。每逢获得战利品，他们都要交代有关部门：要特别照顾伤病员和连队的战士。身边的勤杂人员病了，无论工作多么忙，时间多么紧，他们都要亲自去看望，寻医找药。庄田、李振亚都有马，可是他们自己很少骑，每逢行军打仗，不是给战士驮东西，就是让给伤病员骑。有一次行军，传令兵王跞六因脚上长疮，走路很吃力，李参谋长见了，立即牵过马来让他骑。“马是配给首长的，我哪有资格骑?”小王怎么也不肯。“什么资格不资格，我和你一样，都是普通一兵。谁需要就谁骑!”说着，李参谋长就来扶小王上马。小王骑在马上，看着徒步走在前面的参谋长，鼻子一酸，眼泪“唰”地一下流出来了。

他们同群众的关系也十分好。每到一个地方，总是带头给群众挑水、扫地，帮助群众解决生活上的困难。因此，群众很敬重他们。覃威同志活动在南阳乡一带，南阳人民把他当成亲儿女。他不幸牺牲之后，南阳人民悲痛万分，为这位英雄立了纪念碑，永远怀念他。李振亚同志牺牲后，根据地成千上万的群众为他嚎啕大哭，痛不欲生。

庄田、李振亚、覃威等肩负着党中央的重托来到了海南，为海南革命事业作出了自己的贡献。李振亚、覃威为海南人民的解放英勇地献出了自己的生命，我们将永远怀念他们。

——录自海南军区党史办：《琼岛怒潮》，北京：解放军出版社 1988 年版，第 270~277 页。

# 请　示

庄　田

一九四六年春夏之间，中共中央香港分局派符气岱同志到海南，向琼崖特委传达党中央的指示，要我以琼崖纵队全权代表的身份，到广州参加军调小组，同国民党方面谈判琼崖纵队北撤的问题。

当时，我正率领部队在琼岛西部进行休整。接到通知后，我的心情久久不能平静。琼崖的革命斗争是在远离党中央的孤岛上进行的，党中央经常告诫我们要从琼崖的实际情况出发，坚定灵活地贯彻执行上级的指示。特委讨论如何贯彻执行党中央关于琼纵北撤的指示时，冯白驹和我等认为，党中央这个战略决策是针对全局讲的，但琼崖国民党反动派拒不承认琼崖党组织和武装部队的合法地位，派四十六军加紧围攻五指山中心根据地，面对这种严重的局势，如果将武装部队集中起来北撤，就有被一举歼灭的危险。经过讨论，特委决定：一方面做好准备，随时执行北撤的指示；一方面积极向党中央反映情况，建议继续在海南坚持武装斗争。于是，特委派罗文洪作为助手，和我一起化装成商人，乘船到香港，找香港分局的负责人方方汇报情况。

我们先到文昌县同特委副书记李明同志（即林李明）接头，他要我们到海口找地下联络站——"阜成丰"旅店的老板谢佩珊，再由他安排船只送我们经广州到香港。我不同意这样安排，因为海口是琼崖国民党的巢穴，不少国民党的特务、暗探都认识我，途经海口太冒风险。于是，我决定在离湛江较近的文昌东阁港偷渡。

这天晚上，我和罗文洪由交通员符气岱领路，通过敌人的封锁线，到达文昌县委驻地后港村，在这里同县委的负责人一起商量偷渡的办法。这时，忽然有人传报，说有一个名叫钟光集的商人从海口乘出租汽车来，要求与我会见。这个身份不明的商人怎么知道我在这里？莫非我们的行动暴露了？我怀疑这里面有问题，便拒绝与他会见，并请文昌县委书记符思之立即给我们准备小船，马上偷渡。

我们急急赶到东阁乡的一个海边渔村，正准备上船，地下联络站的同志又报告一个紧急情况：最近几天，国民党海南当局派出大批军警、特务对海口进行大搜查，封锁了所有的海陆交通线，过往人员，只准进不准出。我吩咐艄公，立即扬帆启渡。

我们的船进入了辽阔的大海。我有些疲倦，很想合上眼美美地睡一觉。可是想起登船之前所发生的事和过海后更艰险的旅途，睡意顿时消失了。罗文洪和符气岱也因心里有事睡不着。于是，我们干脆都坐了起来。我对罗文洪和符气岱说："国民党特务可能发觉我们的行动了。他们在海口和东阁搜捕不到我们，一定会跟踪而来。明早，敌人可能会对湛江实行戒严并封锁从湛江至广州的水陆交通线，我们要设法在天亮以前甩掉敌人，迅速通过湛江，绕道乘汽车到广西玉林，然后返回梧州，再乘船到广州赴香港。"他俩见我说的这个办法可行，都表示同意。

第二天凌晨四点多钟，我们在赤坎一个渔村登陆，立即到湛江市郊区的公路边等候去广西玉林的过路车辆。不久，从市区方向开来一辆人货兼载的汽车，我们把它截住，征得司机同意后，爬上了汽车。果然不出所料，我们到达玉林不久便听说，湛江实行大戒严，捕获了一个琼纵的副司令。我们没敢在玉林住宿，立即购买船票到梧州去。

梧州，国民党的特务也很多，我们只住了一夜，就购买船票到广州。到达广州后，又转乘火车直奔香港。

我们找到了广东区党委在香港的地下联络站。在那里，我们会见了珠江纵队副司令谢立全同志。我的突然出现，使他大吃一惊。他高兴地与我握手拥抱，对我说："老庄，你还活着呀！"接着，把一张国民党报纸递给我，"你好好看看吧，敌人的报纸刊登了你被捕的消息。我们不明真相，真急坏了！"

我接过报纸，草草地看了几眼上面刊登的消息："共匪琼纵副司令庄田等途经湛江时被我侦缉机关捕获。"我把报纸揉成一团，狠狠地扔在地上，哈哈笑起来：“想得真美，真是白日做梦！”

住下来以后，联络站的同志告诉我们：“你们离开湛江半个小时以后，国民党特务分成两路追捕你们。一路由湛江至广州，另一路由湛江至澳门，还专门派出两条机帆船，在湛江至香港的海面搜捕。”联络站的同志特别交代我们，“在香港，国民党特务的活动也很猖狂，你们要注意隐蔽。过几天，方方和其他负责同志要来找你们谈情况”。

不久，国民党特务机关发现捕获的不是我，便派特务到香港来了，其中还有在海南要求会见我的那个名叫钟光集的“商人”。他并不是什么“商人”，而是一个国民党中统特务。

正当我们等待接见时，广东区党委决定将一部分东江纵队的干部撤往越南，要求琼崖纵队也一起撤到越南，并决定派联络员张创向琼崖特委传达。我得知这个情况，当即表示不同意，并准备汇报。不久，方方同志派人接我到他的住处。

我和罗文洪来到方方同志的住处，方方同志早已在那里等候了。一照面，他就亲切地说：“老庄，这段时间你等急了吧。”

我紧紧地握住他伸过来的手，直率地说：“一心想向党中央和华南分局汇报情况，想着前线打仗，关在房子里可真不是个滋味啊！”

方方同志爽朗地笑了一声，说：“啊哈，你又在想打仗了！这也是打仗嘛，打的是更重要的仗。”

寒暄了一会儿，方方同志说：“党中央根据双十协定精神，制定了向北发展、向南防御的战略方针，决定将南方五省的一些部队调往北方。这个决策是具有战略意义的。中央通知你们同国民党谈判北撤问题，是原先作的决定，现在情况有了变化。国民党广东当局认为琼纵部队已经溃不成军，因而不承认海南党组织和琼崖纵队的合法地位。最近，王若飞同志和国民党中央代表张治中回广东同张发奎交涉，张发奎公然拒绝谈判，扬言要在三个月内把琼崖纵队歼灭在海南岛上。由于北撤的决定是党中央作的，所以，要改变这个决定必须经过中央同意。香港分局正在向中央建议，让你们马上到南京，向周恩来同志汇报海南的情况，请中央作决定。”

我们听了方方同志的话，心里非常高兴。我对他说：“红旗不倒靠党撑。海南革命斗争每到关键时刻，都得到党中央明确具体的指示。现在我们多么需要党中央的指示啊!"

方方同志十分理解我们的心情,说:"琼崖的同志们都在盼望你们的消息,一俟中央电复,你们就起程吧!"他还具体地向我们谈了出发的路线及途中应注意的事项。

几天以后,我们离开香港,登上了开往上海的客轮……

经过几天海上的颠簸,我们俩顺利地到达上海,当天又乘车到达南京,来到梅园新村三十号——党中央代表团的住处,找到了周恩来同志。

周恩来同志知道我们来了,高兴地出来迎接。他亲切地说:"庄振风同志,我们又见面了!"

周恩来同志叫的是我十多年前的名字,听起来十分亲切。我见到了周恩来同志,心里有说不出来的高兴,激动得热泪盈眶。我紧紧地握住他的手说:"周副主席,我们向您汇报请示工作来了。"

周恩来同志说:"你们一路辛苦了。先吃饭住下来,我们慢慢谈。"

吃过中午饭后,周恩来同志把我们带进了他的办公室,招呼我们坐下。这时,董必武和廖承志同志也走了进来。

为了使首长便于了解海南的革命斗争情况,我和罗文洪画了一张海南斗争形势图。我们首先简要地汇报了海南军民八年抗战的艰难历程,接着,重点汇报抗战胜利后海南的局势。当我们谈到根据党中央、毛泽东同志的指示,英勇还击了敌人的进攻的情况时,周恩来同志赞扬说:"你们做得对!只有彻底粉碎国民党的进攻,才能恢复和平。"

周恩来同志看了我一眼,问道:"琼崖特委对中央关于南方部分部队北撤的决定有什么考虑?"

我回答:"我们觉得中央从全局出发,调整我军战略部署是正确的。我们海南的革命斗争一直是在远离中央、孤悬海外的环境下进行的,尽管环境十分艰苦,但由于海南的党组织坚定灵活地执行党中央的指示,紧紧依靠三百万海南人民,革命红旗始终不倒。现在,琼崖纵队已发展到一万多人,建立了以五指山为中心的革命根据地,解放了三分之二的土地,而国民党四十六军正在疯狂地'围剿'。在这种情况下,如果把部队集中起来北撤,就有被一举歼灭的危险。特委经过反复讨论,要求继续坚持海南武装斗争,直到最后胜利。请中央考虑我们的请求。"

周恩来同志仔细地听取了我们的汇报和建议,当即交待我们向党中央和毛泽东同志写书面报告。我和罗文洪经过认真的商讨,写了一个详细的报告,呈交给周恩来同志。报告经他亲自审阅修改后,很快就被送到延安去了。

不久,周恩来同志拿着党中央的电报告诉我们:"党中央、毛主席批准你们的建议啦。"说完,把电报交给我看。党中央指示我们:坚持斗争,扩大军队,扩大解放区,以占领整个琼崖为目标,将来面向南路发展。同时命令我立即返回海南传达,参加领导海南的革命斗争。看了党中央的指示,我们高兴得几乎跳了起来。

我和罗文洪即将离开南京时,周恩来同志再次叫我们到他的办公室去。他说:"国民党反动派已经撕毁了停战协议,开始向我们解放区发动全面进攻,中国人民第三次国内革命战争已经开始了。毛主席讲了,要决心打它三年,一定打出一个全国的新局面。全党对此要有充分的信心。"

在谈到海南斗争时,周恩来同志语重心长地指出:"海南人民的革命斗争已进入了新的历史时期,但敌人在力量上还占着很大的优势。你在远离中央、孤悬敌后的情况下进行斗争,条件是十分艰苦的。党中央相信你们一定能够在十分困难的情况下,坚持战斗,战胜敌人,取得最后胜利。希望琼崖特委继续坚持独立自主、自力更生的原则,依靠全岛各族人民,克服困难,发展大好形势,为全国人民的解放事业做出自己的贡献!"

邓颖超同志又专门向我们布置了青年团、妇女和统战工作,钱英同志也向我们谈了党的组织和干部的教育、培养工作。

周恩来同志还告诉我们,党中央和琼崖特委的电报通讯已经接通了,党中央对琼崖斗争的指示已经发给特委了。但只讲了要点,详细内容要我们回去传达。

我和罗文洪离开梅园新村的那天,周恩来同志亲切地和我们握手道别,说:"再见吧,党中央等待着你们的胜利消息!"

我们激动地表示:"请周副主席放心,我们一定不辜负党中央的期望!"

一九四六年深秋,我们回到香港,向香港分局的负责同事作了汇报。香港分局负责同志决定,罗文洪同志先回海南,迅速传达党中央和周副主席对海南革命斗争的指示,考虑到我的目标大,容易引起敌人注意,要我稍候一时,等待海南派船来接。

　　后来，由于形势的发展变化，我被派往粤桂滇边搞武装斗争，踏上了新的征途。

　　——录自海南军区党史办：《琼岛怒潮》，北京：解放军出版社 1988 年版，第 465~471 页。

# 自卫反击总结①

（一九四六年十月二十七日）

中央：

　　琼崖的自卫斗争是在孤岛且远离主力，因此斗争是最残酷与艰苦的。琼崖的内战、我们的自卫战争，不是在去年十月四十六军过琼，或在今年一月开始，而是在抗战时期的一九四〇年美合事变、团结破裂而继续存在到现在的。在抗战时期，我们是一面打击日寇，一面应付国反②进攻。日寇降伏，抗战胜利，国反为了独占抗战成果，实行独裁，企图消灭我们，便加派四十六军过琼。此残酷而艰苦的大规模内战就在今年一月爆发了。在日寇降伏、四十六军过琼的一个月时间中，我们的力量处优势，国反的力量处劣势。这时正是我们集中力量，开展消灭国反在琼劣势力量，争取胜利，打下往后坚持自卫战争的更大胜利条件。可惜当时我们却没有这样做，把力量放在围困敌人，结果非但成绩稀微，反使国反在琼仅存力量得以存在，酿成四十六军过琼后，自卫斗争更处于大大不利形势，这是一个损失，也是一个严重教训。

　　四十六军初过琼，由于我们过于热望和平，对四十六军存有幻想；同时也由于四十六军初过琼接收任务还未完成，故意对我们放出和平攻势，因此那时和他勾勾搭搭，放轻了军事斗争，让他们从容布置，中他骗局。在他接收任务胜利告成后，就开始向我们攻击。在敌优我劣的悬殊力量对比下，我们不但中骗局，错过初期某些打击机会，且使我们也陷于绝对不利情况下坚持着斗争着。琼崖的革命斗争从大革命到现在，除了在抗战初期一个短时间中是团结统一的顺流境遇

---

　　①　这是冯白驹、黄康、李明给中共中央的报告。

　　②　系国民党反动派的简称，下同。

外，其余便是长期的斗争过程。这样一来，不但斗争是尖锐、残酷与艰苦，且我们也是在这样长期斗争中锻炼着生长着，所以我们就能够在残酷艰苦斗争中坚持斗争。过去内战时期是这样，七年抗战时期①是这样，十个月来的自卫斗争也是这样。我们坚信，只有坚持斗争，胜利必属我们。十个月来的自卫反击战就充分考验到这一点。

十个月来的自卫斗争，国反企图消灭我们的阴谋遭受到粉碎，我们的主力不但不受到消灭，反而存在。我们的组织与工作虽然不少受到敌人的破坏而崩溃；但新发展的却还能抵消这一损失，且受崩溃的也能收复或正在收复。我们的活动地区，不但不缩小反而扩大。尤其是我们在自卫反击战中，经过百多次的大小战斗，消灭了敌四十六军的二个团和七个地方武装，约三千（百？）人，获轻重机二十挺，冲锋机九枝[支]，长短枪四百余枝[支]，小型迫击炮两门，摧毁了数十个堡垒，充实与改善了自己。这是我们坚持自卫反击战的成果。但胜利的反面，也可看见我们在日寇降伏时所控制将近百个市镇及两个县的全部被敌占领，广大解放区变成敌我交错的统治（区），我们的工作与组织不断遭受摧残与破坏，组织成员有些叛变，干部有些牺牲，特别是部队在困难条件下非战斗减员的惊人损失，这是我们的损失与不利。

敌人依靠它的优势力量，毫无忌惮的向我们攻打，抱着势在必打志在必灭的决心。开始是进占围攻白沙的必要据点，然后在一月中旬，就四路主力进攻白沙县城，企图消灭我们头脑部及主力。但结果除了占领该县空城外是一无所得。敌人这一阴谋是失败了，于是便迅速回到澄迈，进行以澄迈为中心的全琼全面大扫荡。澄迈敌人集中一师兵力进行三个填空格的反复进攻扫荡，采取各个击破，分地压服的步骤。同时东、西、南及琼文的解放区，敌人也分别出击，疯狂的向我进攻扫荡，以取策应，在这时期敌人是以大的军事进攻扫荡，寻找打击与驱逐我们主力，进行对人民的残暴屠杀，以吓服人民，并以大兵驻扎，控制我们的粮食和活动，日以迭夜的游击搜逻砍山；同时又以一支兵力不断出动，东西袭击，企图寻找我们主力与打击我们工作人员，镇压群众。

敌人经过这样做法后，事情是这样：军事上是以集中对付集中，以分散对付

---

① 指 1939 年 2 月日本侵占海南岛至 1945 年 8 月的抗日战争。

分散，以机动对付机动的不断出击、截击、进攻、扫荡、搜山、拆村〔房〕、建筑堡垒，组织地方武装配合行动；在政治上是积极宣传我们已被消灭，大放谣言诱惑人心，并进行挑拨与分化我们内部，利用某些个别叛徒，积极发动自新运动，劝降、诱降、迫降，不断袭击我们的组织和队伍及解放区人民；在组织上是积极恢复行政系统，组织保甲，实行清乡移民，填报户口，组织五家十家联保，企图通过这种作法来压服人民，兑现他的政治、军事阴谋；在经济上则是蹂躏我们地方生产，破坏与烧毁我们地区的粮食，破坏我们的税收，封锁与围困我们；在非解放区，则强迫人民搬迁与藏匿粮食，增加我们的困难，迫使我们自卫，以便消灭我们。我们就在敌人这样全面与残酷的不断进攻下，艰苦地坚持斗争。

直到四十六军调离琼崖后，我们才松了一口气。在这十个月来的残酷艰苦的自卫斗争中，我们不仅有外面的压力与进攻，而且也有我们内部的坐等思想现象，这就是在我们内部有些人对和平没信心与等待和平到来的病态，有因广东"三项协议"与"北撤"问题传达、冲动，而产生对革命无望与坐待"北撤"的偏向，加上我们经济物资困难，水土病的威胁，各种不利于斗争的事情，也从内部不断发生，这更加增加我们坚持斗争的艰苦性。我们在这极严重而艰苦的情况下又怎样坚持与斗争呢？我们总的方针是分散斗争，伸出外线，到新的地区积极打击敌人，且布置伏击和全面动员工作。我们坚持转移，由于我们事先离开白沙，使敌人围击白沙扑了一个空。由于我们布置一支队伍出击琼、文，牵制敌人，使重压西路的敌人兵力有所减弱。加上一连串琼、文、定①外线地区打了胜仗，歼灭不少敌顽的地方武装与攻破数个堡垒，使敌人受到惊吓。由于我们运用以少数坚持内线山地区打击敌人，主力向外展开创造胜利战斗。因此，粉碎了敌人集中力量在琼进行将近三个月填空格的扫荡与进攻。

由于我们分散斗争，积极打击敌人，各支队在各个自卫斗争坚持中，普遍出击敌人，打胜仗，使敌人顾此失彼，处处受到威胁与头痛，打垮了敌人各个击破的阴谋诡计，且为了伸出外线展开新的地区斗争，发展建立新的工作，便于我与敌人周旋与解决粮食困难，使敌人围困与封锁的计划受到失败。我们实行了避实就虚、灵活的集中与分散反击和截击，主动地积极地进行战斗，反观战、反怕

---

① 指琼山、文昌、定安县。

战、反避战、且配〔加〕上政治上的提高警惕，不断和敌人周旋，展开麻雀战斗，使敌人以集中对集中，以分散对分散、以机动对机动的战术阴谋也无法施展。由于我们党政军民一致动员，领导民众配合军事斗争，普遍的展开破击战，对敌人的征兵、拉丁，则进行抗役、缓役、灭役；对敌人的编组保甲、填报户口等，进行抗编、抗报、缓编、缓报、乱编、乱报；对敌人的移民、搜山、砍山，则坚决反对或离开，再则敷衍搪塞消极应付。

对敌人的暴行与剥削，我们除了暴露和号召人民反对外，并以民主人士、地方士绅为发动中心来进行这一斗争。由于我们提出和不断给各地指示，从困难中冲破困难。只有积极从战斗中解决，这才是正确的；向困难投降和因困难而借口松懈与执行决议指示，则是不正确的。因此我党政军民都能掌握这一指示，从积极方面来不断冲破困难、解决困难，艰苦地坚持着这一斗争；更由于我们提出团结全党全军，克服不协调、不一致，从组织上改变加强一元化领导，以及在政治上展开思想斗争，克服与纠正一切不良病态。同时提出结合注意与关心人民利益，不断批判与纠正我们在工作中触犯人民利益的行动，减轻人民对我们的负担，改善人民对我们的关系。我们就在这样决策的执行过程中来应付敌人进攻，坚持斗争，粉碎敌人反共、反人民、反民主的毒辣阴谋，争取胜利。

我们这十个月斗争过程中，也得些宝贵的经验教训，主要的是：（一）我们对和平太热望，对国反过于相信，因此中了国反骗局，有些松懈斗争，放过许多有利机会，客观上帮助国反削弱自己；（二）敌人力量虽强大，敌人进攻虽疯狂，斗争虽艰苦，但我们都能坚持斗争，粉碎敌人争取胜利。这说明琼崖自卫斗争，非但能够坚持，而且也说明我们能够坚持琼崖斗争。这一次的自卫斗争又再考验我们，所以我们坚信，继续坚持琼崖斗争，是无问题的。由于我们同上级联系不好，失去及时领导，对斗争复杂曲折了解非常肤浅，对斗争领导与决策有些轻浮与疏忽，因此，在政治领导上往往会发生偏向，影响领导与工作。故我们估计琼崖和平可一个月内实现，琼崖问题快要解决，以及北撤问题的冲动等，所以在工作布置与执行中，则表现许多不够与错误。我在这点上，是教训了不少，体验了不少。我们，只有分散斗争，伸出外线，展开胜利反击与开展新的地区工作，才能不予敌人围攻消灭，才能不予敌人找到我们主力决战，才能不予敌人封锁围困，才能使敌人顾此失彼，才能使我们很自由地与敌人周旋，才能使敌人无奈我何，才能使我们取得胜利。周密的慎重的主动的布置战斗，并采取伏击战斗形势来进行，那才能保证杀敌效果。在自卫斗争过程中，所有各支队的胜利战斗，都证明了这一点。且经验也告诉我们，如果我们找到优势地形，配备足够力量，则胜利的成果必大；反之胜利成果必小。党、政、军、民工作协调一致，全党全军团结一致，是克服困难，展开工作，坚持斗争的决定因素。在自卫斗争中，各地党政军民能够实行这一工作者，则工作成果大，斗争易于坚持；反之对这工作弄得不好者，则工作既无法展开，斗争亦无法坚持。这又是在这次自卫斗争中，各地党政军民协调团结一致与否，而特别影响工作与斗争的对照中，得到的一点教训。

游击的斗争环境，要适应于这斗争环境的组织形式与领导形式，才能在斗争中发挥组织与领导效能，支持斗争；否则对斗争则决然不利。在这斗争中，我们实行一元化领导，缩小上级领导机构，把所有的大批工作人员，派到下层中参加与支持工作。这样上层轻松，下层加强，且领导统一，工作效率加速。在部队则各支编组主力，求精不求多，行动既轻便，战斗也加强。编余武装则拨归各县党政领导，每县组成一至二个精小队伍，分开活动，帮助行政工作。这样，小的工作，既有队伍帮助，大的战斗也有队伍负责，工作既有利，战斗也有利。这些经验也是我们在这次自卫斗争中深深的体验到的。在这次自卫斗争中，我们能够在险恶艰苦中坚持与度过，决不是偶然的。这除了依靠琼崖党有着廿年斗争经验，与现时的成绩力量，而且有着与人民血肉结合的基础。我们相信，如在这次斗争中，没有这样与人民结合的基础，我们的这次斗争决不会有今天的成果。在这次自卫战争中，人民对我们的帮助，无论在任何方面，都是伟大的。在各种斗争的规例是这样，和人民结合好的，他的工作就好，斗争就顺利开展；反之则工作与斗争均处于不利境遇，甚至无法〔进行〕，以后琼崖将是很好的对照例证。

冯、黄、李

——转录自中共海南区党委党史办公室：《冯白驹研究史料》，广州：广东人民出版社1988年版，第60~66页。

# 坚定地完成解放全琼任务

冯白驹

中国人民解放战争将在不远的未来在全国范围内获得最后胜利，这一点，非但是革命阵营和全体人民已有共同认识与信心，就在我们的敌人方面也是毫无怀疑与默许的了。琼崖人民解放战争同样的也要在而且必须在这一胜利中迅速地获取他的最后胜利，这也是众所共认与坚信的了。

琼崖人民解放战争，是经过了韩练成时期、蔡劲军时期与现在的韩汉英时期的艰苦斗争，不断的打败敌人，不断的取得胜利，不断的缩小敌人统治区，不断的扩大解放区，不断的给敌军以削弱，不断的发展与壮大我军，从战略的防御逐步转入进攻，从战争的被动逐步转入主动，而创造出新的胜利的局面。

琼崖人民解放战争的现势，是琼崖人民解放军完全握着战争的主动权与强大的出击，非但能在运动战中打垮敌人一团的兵力，而且学会了攻坚战攻克与拔除了敌人坚固的堡垒据点，把战争从内线作战转向外线展开，从围攻与歼灭敌人、孤立与深入敌据点的力量，而发展到割碎与围歼敌人，而使敌人各个就歼；是敌人在战争中完全处于被动地位，退守防御，非但屡吃败仗，兵无斗志，而且随着我军胜利攻势的发展，敌兵的逃跑与放下武器是在日益增多。尤其是敌兵由一班一排至一连集体举行起义、反对内战参加我军，促使敌人土崩瓦解，无法挽救它灭亡的命运；是琼崖各阶层的广大人民在我军的胜利与敌人的失败下急剧起了变化，从对国民党的幻想转变到把希望寄托于我党我军，从害怕国民党的摧残转变到毅然离开国民党的统治，在我党我军领导下参加解放战争，这是人心的向背我胜敌败的新标志；是在不断的军事斗争中，我军愈战愈强，敌军愈打愈弱，从敌军的绝对优势我军的绝对劣势而转变到敌军的相对优势、我军的相对劣势，而现在急剧地转变到敌军的相对劣势我军的相对优势的过程，这是敌我军事力量对比的改变，这是战争谁胜谁败的决定因素。这些特点，是琼崖人民解放战争现势发展的具体内容，是琼崖人民解放战争在不远的未来获得最后胜利的基本条件。

一九四九年，是我人民解放军大军渡江向南进军的一年，这对琼崖人民解放战争获得最后胜利将起着巨大影响和作用。在琼崖人民解放战争现势发展的基础上，更加速了胜利进程，这还有什么怀疑吗？就是以韩汉英为首的琼崖的国民党反动派，也不得不打着自己的嘴巴，宣告他们自欺欺人的反革命宣传的破产。

琼崖国民党匪帮的统治，它的寿终正寝为期不远了，琼崖人民数十年来渴望解放的日子也正在降临了。毫无疑问，一九四九年是革命与反革命决斗的一年，是极其重要的一年。在这一年中，以蒋匪介石为首的国民党反动派，在美国帝国主义的指使下，已经再不能利用单纯的军事斗争的方法加以阻止中国人民解放战争急剧地走向全国范围内的胜利的时候，便自然而然地玩弄什么政治斗争，高唱什么"光荣的和平"，企图以此来保存反动的残余势力，破坏革命势力。琼崖的国民党匪帮，在它的败势日益明显的今天，出而玩弄什么政治花样，企图以此来挽救它垂死的命运，这也是意料中事。这个阴谋是非常恶毒的。全琼人民，各民主党派，各人民团体，必须充分地估计到和严重地警惕着。否则，就会使琼崖人民革命战争受到损害。琼崖每一个民主党派，每一个人民团体，每一个民主人士都应考虑这个问题，都应选择自己要走的路，都应表明自己的态度。我们希望全琼各社会阶层对国民党反动派还存幻想的人们，应该从速觉醒，团结在共产党领导下，参加琼崖人民解放战争；一切在国民党反动派阵营做事的人们，应该回头是岸，脱离国民党反人民阵营，为人民做点事；我们更希望一切受国民党反动派指使假装民主、高唱"和平"，而实际上是替国民党保存力量，或以"左"的面孔企图混进琼崖人民革命阵营进行反革命活动的人们，更应该认识这是错误的念头和反人民的行动。须知我们共产党与共产党人为着人民革命事业，是要坚决彻底干净全部地消灭一切反动势力，不动摇地坚持打倒帝国主义，打倒封建主义，打倒官僚资本主义，将革命进行到底的。这种不利于革命的错误念头和反革命活动是绝对不允许的。我们认为，琼崖人民革命阵营必须扩大，必须容纳一切愿意参加目前解放战争事业的人们，需要很多的朋友和很多的同盟军，我们对于这些朋友与同盟军一个也不应忘记与冷淡；但我们也认为，琼崖人民革命阵营必须巩固，但绝不容坏人侵入，不允许错误的主张获得胜利。因此，不是忠实于人民革命事业的朋友与同盟军，我们非但不欢迎，而且必当作人民公敌来坚决反对。

琼崖人民解放战争正在急剧地向前发展，很快要走向全琼的胜利，这个情势迫使全琼各社会阶层决定自己的态度。琼崖阶级力量正在发生着新的变化，蒋匪区的大批人民正在脱离国民党的影响与控制而站到革命阵营方面来，琼崖的国民党匪帮也正在天天陷入无援与孤立的绝境，琼崖人民解放战争愈益发展与愈益接近于最后胜利，一切革命的人民和一切人民的朋友，都将愈加巩固地团结一致，在琼崖区党委的领导下，坚决彻底干净全部地消灭一切反动势力，彻底发展革命势力，一直达到最后结束琼崖国民党匪帮的统治，解放全琼，实现和平，建立人民的民主政府，建设新民主主义的琼崖。与此相反，琼崖国民党匪帮和他们的朋友，非但不能巩固地团结一致，反而自己内部相互之间争吵、恶骂、埋怨、抛丢，形成分崩离析，虽然他们在破坏革命力量上是互相合作，但我们断定他们的政治阴谋，必遭到同军事失败的一样命运。在已经有了二十余年斗争经验的琼崖人民和琼崖共产党，一定会像粉碎敌人的军事进攻一样，粉碎敌人的政治阴谋，把琼崖人民革命战争进行到底。

一九四九年将是琼崖人民解放军向外进军，取得比一九四八年更加伟大的胜利；是琼崖人民解放军更加强大和走向正规化；是琼崖解放区更加扩大巩固与进一步的建设；是琼崖各级民主政府容纳各民主党派、各人民团体的代表人物和民主人士，充实与改进各级民主政府机构与工作，以便扩大阵营打败敌人。这就是琼崖人民，琼崖共产党，琼崖民主政府，琼崖各民主党派，各人民团体，以及一切民主人士，在一九四九年所应努力求其贯彻的主要任务。我们将克服一切困难，团结一致去实现这些任务。胜利正在前面，努力前进！

——原载 1949 年 1 月 5 日《新民主报》。转录自中共海南区党委党史办公室：《冯白驹研究史料》，广州：广东人民出版社 1988 年版，第 162~165 页。

# 难忘的接见

李独清

一九四八年十一月，解放战争的形势发展很快，全中国的解放已为期不远了。由于形势发展的需要，中共中央香港分局拟派一位在港的琼崖同志去党中央学习和汇报工作。本来决定由李明（即林李明）同志去，因他另有重要任务，于是，便把这个光荣的任务交给了我。

我来到党中央的所在地——河北省平山县西柏坡李家庄，被安排在中央统战部第二室，一面学习，一面工作。在学习期间，我写了《琼崖军民是怎样粉碎国民党反动派"清剿"的》《琼崖的民众运动》和《政权建设》等几个情况报告，向党中央做了书面汇报。

一九四九年年初，有一天，中央统战部副部长兼第二室主任高文华告诉我，周恩来副主席要接见我，听取海南革命斗争情况的汇报。我高兴得跳了起来。高副部长笑着对我说："你下午的任务就是好好休息，以便晚上有精力聆听周副主席的指示。"我的胸中翻滚着波涛，激动的心情久久无法平静下来。我想：平津战役正进入最紧张的阶段，周副主席的每一分、每一秒时间都是十分宝贵的，我应该使自己的汇报尽可能的简明扼要清楚，不能浪费他的宝贵时间。于是，我便认真地思考起汇报的内容。

吃过晚饭后，高副部长带领我和另外两位同志从李家庄出发步行到西柏坡。晚上八时左右，我们来到周副主席的办公室。

周副主席一见到我们，立即站起来和我们一一握手。和我同时被接见的三位同志，周副主席早已认识，唯有我是第一次被接见。当周副主席得知我是琼崖来的干部后，便热情地再次跟我握手。我感到一股暖流注入心田，眼里噙着泪花，激动得说不出一句话来。

周副主席说："你们几位先坐一坐，我在吃过夜餐后才有空和你们谈。你们可以先看看一些电报和文件。"

我坐下来后，便环视起周副主席的办公室。室内的摆设十分简朴，墙上挂着一张很大的军用地图，在一张简易的办公桌上放着一盏带罩的煤油灯，旁边堆放着许多文件。在另一张桌子上，堆放着全国各个战场和解放区拍来的电报。另外还有几张旧木椅子。此刻，周副主席坐在一张旧椅子上，正聚精会神地工作。不时地有各部门的负责同志来向他报告情况和请示工作。

周副主席在紧张的工作中还不忘关照我们，问我们喝不喝咖啡，说谁如果困了就去卧椅上躺一下。

大约在午夜十二点时分，周副主席站了起来，伸了伸腰，对我们说："吃夜餐后我们再谈吧。"

饭菜端了上来，周副主席招呼我们一块入桌吃饭。桌上摆有馍馍、烙饼、炒饭和三菜一汤。高副部长小声告诉我："今天的饭菜是周副主席特意招待我们的。"

开始，我有点拘束，只拿馍馍来吃。周副主席亲切地说："你刚来北方，生活不习惯，吃炒饭吧。"说完，亲自拿碗给我盛饭。我推辞不过，只好赶快站起来接碗，连声道谢。周副主席一边吃饭一边跟我们谈话，我拘谨的心情不知不觉地消失了，变得自然起来。

凌晨一点钟，我开始向周副主席汇报工作。

我先介绍了海南的情况。周副主席听后说道："现在全国军事形势发生了根本的变化，全国胜利已为期不远了。彻底推翻蒋介石反动政府的进程，比预期估计的还要快。估计在一两年内可以解放海南岛。但也不要过于乐观，我们既要看到有利的一面，又要看到不利的一面。我们大军过江之后，蒋介石有可能退守台湾、海南二岛，负隅顽抗，这样就会给你们造成预想不到的困难。你们当前的主要任务，就是坚持斗争，巩固根据地，发动群众，打好基础，站稳脚跟，同时做好分化瓦解敌人的工作，等待时机，积极配合大军解放海南岛。"

当我汇报到海南岛与大陆有海峡相隔，远离党中央坚持斗争、困难很多时，周副主席说："你们在地理位置上是孤岛，但你们在军事、政治斗争上决不是孤立的。你们的斗争与全国是密切联系的。毛主席和党中央经常关怀着你们，全国各个战场的胜利都在支援着你们。"

周副主席用亲切的眼光望着我，继续说："海南的斗争坚持了二十多年，红旗不倒，这是很大的成绩。党中央相信你们一定能够克服困难，坚持到最后胜利！"

谈到这里，周副主席亲切地询问起冯白驹同志的情况。我汇报了自己所了解的情况。

周副主席听后沉思了一会儿，说："我好象在三十年代初期见过冯白驹同志。他给我的印象是体格魁梧，精力充沛，谈吐坦率，思想坚定，是我党不多见的好干部。从他领导坚持长期武装斗争上来看，他是可以独当一面的，中央是信得过的。但是，由于长期处在游击战争环境中，他读书的机会较少。今后，希望他多读一些马列主义的经典著作和毛主席的著作，把实践经验上升到理论上来，那就更好了。"

接着，周副主席问我："你们是如何坚持党的一元化领导和民主集中制的？你是县委书记，就谈谈你们县的情况。"

我汇报后，周副主席说："要夺取革命的胜利，加强党的领导，加强集中统一，这是完全必要的。重大的问题要经党委讨论，作出决定后分工去做，集体领导和个人负责要结合起来。"

周副主席还指示我们，要防止骄傲自满，继续保持艰苦奋斗的作风。他说："北平很可能和平解决。北平一解放，大军一过江，向江南进军必然势如破竹。全国解放以后，人家或许把我们看成'新贵人'，资产阶级也会给我们捧场，过去不认你的亲戚朋友也会来拉关系，不提高警惕，就会犯错误。"他还给我们讲了明末农民起义领袖李闯王的故事，告诫我们要保持无产阶级革命者的本色。

最后，周副主席叮嘱我们要努力学习马列著作和毛主席著作。

时间已经过去几个小时了，天放亮时，我们才想起已占用了周副主席不少宝贵时间。接见结束，周副主席送我们出门时，我们见到了邓大姐。她也热情地跟我们一一握手道别。

一年后，琼崖区党委领导全岛军民积极配合大军渡海作战，终于解放了海南岛。事实证明：周副主席的预见和指示是多么的英明啊！

——转录自海南军区党史办：《琼岛怒潮》，北京：解放军出版社 1988 年版，第 578～581 页。

# 北上参加政协会议

## 马白山

一九四九年七月，党中央来电，指定我为琼崖纵队代表，王国兴为琼崖解放区代表，前往北平参加全国政协会议。接到电报后，我心中的喜悦和激动是笔墨所无法描写的。

八月初，在动身前夕，冯白驹同志会见了我。他对我说："党中央一贯重视和关怀海南的革命斗争，在各个紧要关头都作了重要的指示，现在又电示海南派代表参加全国政协会议，这是海南人民的光荣，是琼纵全体指战员的光荣。你要如实地反映海南人民的愿望，并把中央领导同志的指示和会议精神，原原本本地带回来。"他又说："广州和湛江地区都还未解放，海南各港口均有国民党军队把守，你这次北上要通过许多险道和关卡，要警惕谨慎，切勿麻痹大意。"

第二天，晨曦初照，我踏上了万里程途。经过几天的艰苦跋涉，到达了临高县新盈港西边海湾的泊潮村，临高县委准备了一艘帆船，打算让我从这里偷渡到徐闻。同我一起渡海的除了湛江地委派来的一名交通员外，还有冯继志、蔡民生和两名机械技师。冯继志是奉命到粤桂边纵队领取党中央给海南的新电码的，蔡民生及两名机械师是派往南路工作的。

这天下午，我们扮成商人模样下船启航。次日上午，我们顺利到达了雷州半岛的白沙村海湾，在交通员的带领和地下党同志的接应下，步行到达徐闻县委。又经过几天的日行夜宿，我们到达湛江地委所在地东海岛。地委副书记方兰接待了我们。她同几位同志认真研究了护送我赴港的问题，为我准备了身份证、通行证和船票。证件中，我的化名是李贵贤，商人身份。

八月二十五日晨，我和护送我的张同志分开走上赴港的轮船。我的左手有枪伤疤痕，为了遮人耳目，我便将左手插在没有打开的布伞里，右手提着个小皮箱，倒也象个商人。

湛江地下党的一位同志专程来送我上船。他的公开身份是国民党湛江市警察局的副科长。启航前三分钟，我在这位张副科长的陪同下进入了二号仓房。

一会儿，一个船警来到仓房门口说："请拿证件检查。"我故意傲慢而迟缓地掏证件。证件还没掏出，启航的笛声就响了。张副科长起身向我告别，那家伙一见，急忙对我躬腰说道："哦，是张科长的朋友。对不起！"说完，便匆匆转身下船去了。

船抵香港码头后，老张带我到华南分局联络处报到。同我直接联系的是华南分局的饶彰凤同志。

饶彰凤告诉我，三天后，我们乘外轮到已经解放了的青岛。要我在港自备服装和行李。因为轮船如果不能顺利地通过台湾海峡，就要绕道日本。

次日傍晚，分局领导设宴招待华南各位代表，在宴会上，我见到了先期抵港的王国兴和他的秘书冯子平。

约在九月初，我们十几位代表到了青岛。我们先在济南参观游览了两天，然后乘火车直上北平。

我们到了北平，刚刚安顿下来，工作人员就来通知：今晚，朱总司令在中南海宴请解放军代表。这是多么令人喜悦的消息啊！

天空抹着灿烂的晚霞，我们来到了中南海宴会大厅。大厅内灯光辉煌，画栋雕梁，光彩夺目。突然，全厅响起热烈的掌声，朱老总同毛泽东、刘少奇、周恩来等中央领导同志走进来了。这真是一次盛会，我们沉浸在无比的幸福之中。

席间，华南游击队代表团团长张云逸同志来告诉我："一会儿，朱总司令请你到他家去做客。"我心中又是一阵激动。

晚上八九点钟，我来到朱总司令的住所。朱总司令从屋里迎出来，亲切地同我握手。我端详着他那经过战火硝烟熏烤的面容，一股崇敬爱戴的心情顿时涌上心头。

朱总司令和气地请我坐下。寒暄几句之后，朱总司令说："海南的斗争很艰苦，很英勇顽强，能够坚持那么长时间是不容易的。在这方面，冯白驹同志是有大功劳的。"

我简单地向朱总司令介绍了冯白驹同志的情况。接着,我对朱总司令提的问题,一一作了汇报。

朱总司令对今后如何加强琼纵的建设作了许多指示。他说,我们很快就要在全国胜利了,胜利以后,解放军仍将是一个战斗队,要组织干部战士学政治,学军事,学文化。他亲切地说:"将来中央办军事学校,请你来学习。"解放后,我果然作为第一期军事学院的学员在南京学习了两年。

时间过去了半个小时,我不敢再多占朱总司令的宝贵时间,便恋恋不舍地向他告辞。朱总司令亲自送我上车,并站在路旁,频频向我摆手。

九月十五日,政协会议在中南海怀仁堂正式开幕了。来自全国各民族的七百多名代表欢聚一堂,听取毛泽东、刘少奇、周恩来等中央领导同志的重要报告和各代表的发言。会议充分发扬民主,讨论议定了共同纲领、国旗、国徽、国歌,并选举毛泽东为中央人民政府主席,刘少奇等为副主席,周恩来为中央人民政府政务院总理。

会议对海南岛很重视,安排王国兴同志在大会上发言。大会还公布了琼崖区党委、琼崖临时人民政府、中国人民解放军琼崖纵队、琼崖黎族苗族自治州政府联合署名发给会议的贺电。

十月一日,毛主席在北京天安门城楼上庄严地向全世界宣告中华人民共和国诞生。我和王国兴、李独清同志代表海南军民,同会议全体代表都登上了天安门城楼,观看了开国大典的盛况。我们全体代表还在毛主席的带领下,为人民英雄纪念碑奠基。

此时此刻,我想:海南的党政军民一定会为此受到巨大的激励和鼓舞,解放的曙光一定会照亮天涯海角。

——转录自海南军区党史办:《琼岛怒潮》,北京:解放军出版社 1988 年版,第 561~564 页。

# 下 编

❖

# 研 究 探 讨

# 新民主主义革命时期黎族红色文化的
# 精神内涵及育人功能

黎　航

黎族红色文化是中国少数民族红色文化的重要组成部分，具有鲜明的民族特色和独特的育人功能。加强对新民主主义革命革命时期黎族红色文化的精神内涵及育人功能的研究，对于新时代传承红色基因，培育和践行社会主义核心价值观，具有十分重要的意义。

## 一、黎族红色文化的形成与发展

在中国共产党领导的琼崖革命斗争中，黎族人民积极投身于革命洪流，在中国少数民族革命斗争史上留下了浓墨重彩的一笔，形成了颇具特色的黎族红色文化。

### (一)黎族红色文化的形成

1924 年 1 月，中国国民党第一次全国代表大会召开，实现了第一次国共合作。中国共产党以国民党为统一战线的组织形式，积极号召各族工农群众参加国民革命，全国各地掀起了大革命的风暴。在海南岛上，黎族人民在中国共产党的领导下，积极参加革命斗争。

位于海南岛东南部的陵水县自古以来便是少数民族的聚集地，黎、苗和汉杂居于此。全县黎族聚居和散居的地域，约占全县总面积的60%。民国时期的陵水由于地理位置较为复杂，交通条件较差，加上兵匪为患，土豪劣绅的压迫，该地区经济文化落后，沉重的苛捐杂税使得整个陵水县民不聊生。长期艰苦的生活环境和反动统治阶级的不断压迫，使得农民反抗情绪日益高涨，这也为日后陵水人民揭竿起义埋下了伏笔。

早在 1926 年年初，就有一批以个人身份参加国民党的共产党员从外地随军返琼，黎族的黄振士便是其中一员。黄振士祖籍海南省陵水县西区坡村，其祖父黄宗贵是黎族当地村落的峒长。黄振士在广东深造时由于其思想先进，作风良好，于 1924 年经由杨善集介绍加入中国共产党。黄振士是黎族人民中最早参加中国共产党的革命知识分子，他回到陵水后即担任陵水县共产党小组的组长，并利用各种有利时机发展中国共产党地方组织。

1927 年琼崖"四二二"反革命政变后，在全琼各地被缉捕的共产党员和革命群众有 2000 余人。一些共产党员开始向农村进行转移，陵水、琼东、临高等县的党组织都带领党员撤至农村，深入黎族汉族杂居的地区开展革命活动。以黄振士为首的中共陵水县党组织深入黎族群众中，得到了广大黎族群众的支持与拥护。以七弓峒峒主王昭夷为代表的黎族峒长们将其手中的武装力量纷纷贡献出来，积极地参加反抗国民党反动派的斗争。同年 5 月，一支以黎族人民为主体的农民武装队伍在坡村成立，正式命名为陵水县农民自卫军，由王昭夷任总指挥。同年 7 月，中共陵水县委在坡村成立，中共琼崖地委决议由黄振士担任县委书记。陵水县委通过分析敌我武装力量的对比情况，决定立即开展武装起义，以夺取陵水县县城为目标，创建工农民主政权。7 月 18 日凌晨，在打探到县城内驻守的国民党军队主力调往万宁县，城内仅有 300 人防守的情况后，由黄振士、王昭夷率领的由农军改编而来的讨逆革命军一举攻陷陵水县城。

陵水暴动是琼崖武装暴动的先声。7 月 21 日，中共陵水县委召开群众大会，宣布成立陵水县人民政府，欧赤任人民政府主席，黄振士等为委员，同时还成立了县工会、农会和妇女协会等革命群众组织。此外，县人民政府、中共琼崖肃反委员会陵水县分会和琼崖讨逆革命军第八大队部随即发出布告，宣布没收国民党反动官僚及地主、资本家的住宅及其财物。工农民主政权的建立深受黎族百姓的拥护，给国民党反动派带来沉重打击，但是土豪劣绅则视为损害其利益的眼中钉，必拔之而后快。人民政府成立之后，陵水县城内的反动势力一直跃跃欲试、伺机而上。在陵水县人民政府诞生后的第五天，国民党陵水县长邱海云纠集土匪、民团共1000多人展开对陵水县城的反扑。敌人兵分三路包围农军，敌人在人数上和武器装备上均优于农军，在苦战至拂晓时分，县委当机立断，为保留革命的火种决定先退出陵水县城，向坡村转移。不久，陵水县委在坡村召开议会，决定开辟新区，逐渐展开游击战。

1927年11月初，为传达中央"八七"会议精神，中共琼崖特委在乐会召开扩大会议，会议总结了9月全琼武装总暴动的经验教训，决定在琼崖逐步扩大武装暴动的范围，要求在各地建立苏维埃政权和农村革命根据地。黄振士在参加特委扩大会议之后回到了坡村，传达了会议精神，县委决定将再次攻打陵水县城。11月25日，黄振士、王昭夷率领1000余名农军对陵水县城展开围攻。由于敌军打探到农军此次进攻人数数量庞大，便弃城逃亡，农军兵不血刃占领陵水县城。12月16日，陵水县苏维埃政府正式宣布成立。1928年1月25日，陵水县苏维埃政府领导全县人民开展土地革命，没收土豪劣绅的土地分给贫农，公布了《土地革命条例》，受到了黎族人民的热烈拥护。

1928年3月，国民党蔡廷锴部队抵琼，向全琼各苏区展开围攻，中共琼崖特委命令驻扎在陵水的红军主力北上六连岭，仅留少数红军守卫陵水县城。3月29日，由于敌军重兵压境，陵水县委决定放弃陵水县城，兵分两路分别撤离到陵水西区的东光村和陵水北区的马村坚持斗争。6月15日，马村据点被敌军攻占。黎族、汉族战士们连夜突围撤离至彭谷园，次日凌晨，国民党军队突袭彭谷园，包括时任中共陵水县委书记许邦鸿在内的300多名黎族、汉族战士壮烈牺牲，50多人被捕并于次日英勇就义。彭谷园之战的失败标志着存在达半年之久的陵水县苏维埃政权正式终结。

陵水县苏维埃的建立，在我国少数民族反帝反封建斗争史上谱写了浓墨重彩的篇章。它开创了琼崖革命武装夺取政权的先例，给予了琼崖人民极大的激励与鼓舞，是黎族红色文化形成的重要标志。中国共产党领导人民深入开展土地革命，没收地主豪绅的土地分给农民，使得穷苦的黎汉百姓享受到了翻身做主的权利，推动了琼崖土地革命斗争的发展，为在少数民族地区开展武装斗争，建立苏维埃政府，积累了宝贵的实践经验。

### (二)黎族红色文化的发展

如果说在土地革命战争时期黎族红色文化以建立革命政权为显著特色,那么在抗日战争和解放战争时期,黎族人民紧跟共产党,爱党、信党、护党,则成为黎族红色文化的又一突出特色。

在琼崖抗战爆发后,琼崖国民党当局被迫退至五指山腹地的黎族地区。由于国民党顽固派推行积极反共、消极抗日的路线,对少数民族群众实行民族歧视和民族压迫政策,黎族人民承担的苛捐杂税十分沉重,民族矛盾和阶级矛盾十分尖锐。1943 年 6 月,国民党琼崖守备司令王毅制造"中平惨案",苗胞的鲜血染红了昌化江。据冯白驹回忆说,苗族同胞被集体屠杀后,被开膛挖出心肝和胆,一串串地串起来晒干,挂在那里,以恫吓黎苗人民。[1] 这一惨案震动了整个白沙县,也使黎族同胞预感到了同样的命运。正是在这样的背景下,黎族人民的大总管王国兴和王玉锦多次派人来一区的元门、白沙等乡暗中串联,谋策起义。王国兴召开会议,以起义总指挥的身份定了三条纪律:齐心合力,反顽到底;同生共死,永不叛变;谁投降国贼,出卖兄弟,就杀死谁。经商议确定 8 月 17 日(农历七月十五日)鸡叫时采取统一行动,最后各首领饮鸡血酒盟誓。接下来的起义准备工作在秘密紧张中进行。

8 月初,驻在白沙县一区向民村的国民党白沙县长曾祥训召集一区的乡、保长和各村的头人开会,曾祥训强令各乡保在 8 月 15 日前要交齐各种钱粮,还要抽壮丁。三丁抽二、二丁抽一,独丁要交壮丁费,不当壮丁以五十光洋或 300 斤米顶替。这将贫困交加的黎族同胞逼到绝路,成为黎苗族人民起义的直接导火线。8 月 18 日凌晨,王老朋、王元喜等首领接到王国兴的通知,带领毛栈、毛贵的起义群众 300 余人,攻打从一区逃到毛兴村的国民党感恩县县长及随从。26日凌晨,王国兴通知毛栈、毛贵的起义军和一区前来支援的起义军会合,再加上他和王玉锦率领的红毛乡起义军共 3000 余名,围攻罗任国民党守备二团团部。白沙一区二区声势浩大的起义,震动了整个五指山区,各地纷纷揭竿响应。[2] 这

---

① 冯白驹:《五指山尖五朵红霞》,《解放军文艺》1957 年 12 月号。
② 白沙县政协文史编辑组:《白沙文史》(第 1 辑),1986 年,第 54~55 页。

次组织严密的武装大暴动从一区的白沙、牙叉、元门、细水等乡开始，在半个月的时间遍及整个白沙，席卷全县黎村，震动整个五指山区，参加起义的人数逾三万人。起义队伍在王国兴、王玉锦等首领带领下，经过半个月的浴血奋战，将盘踞在白沙县境内的国民党琼崖当局守备二团、三县联络所，以及儋县、临高、昌江、感恩、乐东、崖县、白沙七个国民党县政府及其武装人员统统驱逐出境，打死打伤敌人800余人，缴获步枪300余支，轻机枪一挺，军用物资一大批，起义获得初步胜利。

面对黎族的起义，国民党顽固派并不甘心，一个多月后，重新集结了1000多人，分兵三路进行疯狂反扑，并对起义群众进行了残酷的镇压和屠杀。起义群众在敌人的疯狂反扑下，遭受重大挫折，白沙大地到处出现了腥风血雨，迫使王国兴、王玉锦等黎族首领率领数百名起义群众退至鹦哥岭和什寒山等地坚持斗争，白色恐怖笼罩着整个白沙县。国民党惨无人道的大屠杀，一直延续了几个月，全县约有1万人被杀害，每一个黎村苗寨都洒满了黎族、苗族同胞的鲜血。

白沙起义失败以后，黎族首领王国兴、王玉锦等想到了与国民党做坚决斗争的红军与共产党，认为要拯救黎族苗族就必须去找共产党，只有找共产党来帮助才可能打退国民党的进攻。1943年10月，王国兴派吉有理、王文聪、王高定三人去寻找共产党。他们经过一个多月的千辛万苦，终于在儋县和临高县交界处，找到了中共儋临联县委和县抗日民主政府。中共琼崖特委书记冯白驹了解到白沙起义的具体情况后，决定派一个武装工作组前往鹦哥岭，支持王国兴领导的起义队伍。工作组进入白沙后，积极开展抗日宣传和组织工作，首先在红毛乡帮助黎族群众组织斗争指挥部，后又组织了常备军，广泛开展武装斗争，接着设法同牙叉、元门等乡起义首领取得联系，扩大武装队伍，开展护村锄奸活动。琼崖党组织在白沙地区初步打开了局面，站稳了脚跟。

1944年年初，中共琼崖特委为加强对白沙工作的领导，为大部队进入五指山地区建立巩固的根据地做准备，决定组织黎民工作委员会。同时，划出与白沙一区接壤的南丰、陶江、南辰、和盛、大成等乡，建立儋县五区，任命王茂松为区长，以配合第四支队向白沙的阜青、龙头乡发展。琼崖特委还指示昌感县委成立昌(江)白(沙)边区政府，配合第二支队向白沙二区发展。1944年春，中共琼崖特委派第四支队第一、第二大队进入白沙县的阜青和龙头两乡，发动和组织黎苗群众打击并驱逐了国民党在该地的驻军，建立了阜龙乡抗日民主政府。3月，又成立了以吴文龙任县长、王国兴任副县长的白沙县临时抗日民主政府。

1944年秋，中共琼崖特委根据中共中央指示将独立总队改为广东省琼崖抗日游击队独立纵队后，决定建立白沙根据地，并以白沙根据地为中心发展全琼的抗日斗争。同年12月，琼崖特委决定成立白（沙）保（亭）乐（东）人民解放团，王国兴任团长，同时挑选30多名黎族优秀青年组建了一支武装工作队，潜入白沙一、二区开展群众工作，打击奸细，为主力部队进入白沙腹地创造条件。

1945年1月，中共琼崖特委、独立纵队和东北区抗日民主政府从六芹山迁至白沙县阜龙乡文头山，着力开展五指山根据地的创建工作。琼崖独立纵队从第一、第二和第四支队各抽调一个大队进入阜龙，为进军白沙腹地做准备。尔后，中共琼崖特委决定组建挺进支队，由纵队参谋长李振亚兼任支队长、符荣鼎任政委，在人民解放团的配合下，向白沙腹地进军。1945年7月，国民党驻白沙的一切党政机关和军队全部被赶出白沙县。8月初，白沙县抗日民主政府成立，詹力之任县长，王国兴、王茂松任副县长。白沙县抗日民主政府的成立，标志着白沙抗日根据地的建成，这为解放战争时期五指山中心根据地的建立奠定了基础。

1946年琼崖内战爆发后，在琼崖国民党军大举对琼崖纵队"清剿"的新形势下，建立稳固的五指山革命根据地成为中共琼崖特委面临的一项十分紧迫的战略任务。为了贯彻执行中共中央对于琼崖革命斗争新形势新布局的指示，中共琼崖特委于1946年12月在澄迈县召开临委书记联席会议，会议学习了中共中央电报指示精神，总结了一年来琼崖地区斗争的经验与教训。会议提出了率先建立五指山革命根据地的意见，认为五指山区怀抱白沙、保亭、乐东三县，是琼岛的中心地区，与各游击区联络方便，地域广袤，群山耸立，密布着原始森林，易守难攻，便于与敌人周旋。同时，白、保、乐三县人口有30多万，除白沙县外，保亭、乐东两县粮食较丰富，又与产粮区儋县、临高接壤，更重要的是，白沙起义沉重打击了国民党的反动统治，建立了白沙革命根据地，敌人在五指山区的统治力量单薄，黎、苗族人民对共产党极其信赖和拥护，有稳固的群众基础。会议决定在发展全琼的原则下，建立白沙、保亭、乐东革命根据地，以支持长期斗争。

在开辟五指山根据地的艰苦过程中，黎族人民纷纷为革命献身，与琼纵战士一同在战场上奋勇杀敌，在人力、物力上都无条件支援琼崖纵队。1947年1月，中共琼崖特委领导机关进驻白沙县红毛峒，以第四支队一个中队牵制牙叉之敌，警卫营旋即进攻加叉、新市、元门、细水之敌，摧毁反动政权，随后组织当地群众，领导并开展白沙根据地的创建工作，恢复和巩固党的基层政权。同年5月，在白沙县红毛乡便文村召开了中共琼崖第五次代表大会，会上提出要将"争取黎民"作为琼崖特委工作的重点，从而进一步加强人民军队建设。9月，感恩县乌眉中队战士和一批由黎、汉优秀青年队伍组成的昌江县爱民队合编成的队伍成立，取名南征队。此支人民武装在短短半年间就歼灭敌军2个连的兵力，配合琼崖纵队主力开辟五指山中心革命根据地，为解放区的巩固和扩大作出了重大贡献。10月，在琼崖纵队第四支队支队长潘江汉的带领下，解放白沙全境，使之成为一个完整的县级解放区。为了更好地领导和创建五指山革命根据地，中共琼崖特委和琼崖纵队决定率领部队挺进保亭、乐东境内。在保亭境内，中共琼崖特委派出大批干部深入各族峒寨，积极开展思想政治工作，团结黎、苗族同胞们为打倒国民党反动势力，寻求自身解放而战斗。在乐东境内，琼崖纵队肃清了当地封建势力余毒，将一直以来压迫黎族百姓的地主劣绅一举消灭，并伏击国民党驻扎在乐东境内的保安队，将白沙、保亭、乐东交界的十七个乡连成一片，五指山中心根据地正式形成。

五指山中心根据地建成之后，琼崖党组织开始领导各族人民全面建设解放区。在白沙解放区，白沙县民主政府开始组织群众在全县范围开展清敌反奸运动，在黎、苗族群众的大力支持之下肃清封建势力和国民党顽固派余毒。在保亭、乐东解放区，大力开展清敌建政工作，加快各级民主政权的建设，使得人民清晰地认识到民主政府是属于人民自身的政权。五指山中心根据地的进一步巩固和加强，使得琼崖纵队有了一个进可攻、退可守的战略大后方。它成为琼崖党政军首脑机关所在地，是全琼革命斗争的指挥中枢，也是全琼革命根据地的中心。它使得琼崖纵队逐渐掌握了战争的主动权，加速了琼崖解放战争胜利的历史进程。冯白驹曾经高度评价五指山根据地的地位和作用。他说："没有这个根据地建立，我们就不会有一九四八与一九四九年中冬夏两季攻势的伟大胜利，没有这个根据地的建立，我们就会很困难或不可能应付国民党将在解放前夜那样压倒优势力量的进攻；也可以这样说，没有这个根据地的建立，对于配合大军渡海登陆作战解放海南的任务，非但会受到影响，恐怕甚至不能起多大作用。"①

1949年12月下旬，中共琼崖区党委收到中央军委关于接应野战军部队渡海登陆的命令，黎族人民在得知此消息后，斗志高昂，决定响应琼崖区党委的号召，全力以赴迎接野战军渡海作战。为了迎接大军渡海，尽管当时的黎族群众普遍困苦，可是仍然想方设法为渡海部队筹备资金和粮草，主动组建支前队伍，将运输伤员、运输等活主动揽到自己的身上，为前线服务。渡海大军一踏上琼崖解放区，广大黎族群众立即吹响号角奔赴前方，在村前列队，敲锣打鼓迎接部队将士的到来。渡海作战开始之后，黎族群众自发组建的支前队伍跟着部队四处作战，成为战后方最有力的支援。渡海部队到达的任意一个黎族聚居地，当地的黎族群众都怀着对将士崇高敬意和无限热爱来招待，体现出黎族群众忠实拥护中国共产党的坚定信念。正如冯白驹所说："海南人民革命战争能够在最后配合全国获得了胜利，是与黎族苗族人民的支持分不开的。"②

总之，在抗日战争和解放战争时期，黎族人民通过国共两党的比较，认识到中国共产党是黎族人民的救星，主动站在中国共产党的旗帜下，从此坚定地走上了爱党、信党、护党之路。在艰苦的革命斗争过程中，黎族人民紧密团结在中国共产党周围，尽其所有支持党和人民部队，为中华民族和人民解放事业付出了巨大牺牲。其不朽的革命事迹在中国少数民族斗争史上留下了浓墨重彩的一笔，使黎族红色文化发出了别样光彩。

## 二、黎族红色文化的精神内涵

在琼崖革命进程中形成的黎族红色文化具有十分丰富且特色鲜明的精神内涵。如黎族人民在革命斗争中所表现出来的一心向党的政治意识、民族团结的大局意识、血浓于水的奉献精神、敢于牺牲的大无畏精神。深刻认识这些精神内涵，是新一代传承黎族红色基因的重要前提。

---

① 冯白驹：《中国共产党的光辉照耀在海南岛上》，《新海南报》1952年7月20日。
② 中共海南区党委党史办公室：《冯白驹研究史料》，广州：广东人民出版社1988年版，第321页。

## （一）一心向党的政治意识

中国共产党是工人阶级的先锋队，同时也是中华民族的先锋队，是代表着全国各族人民根本利益的马克思主义政党。中国共产党在新民主主义革命斗争中，以其正确的政策和模范的行动，深深地吸引着各族人民群众，成为中华民族和各族人民的主心骨。黎族人民在白沙起义失败后主动寻找中国共产党，在五指山革命根据地建立和发展的过程中立场鲜明地站在中国共产党的旗帜下，展现出十分突出的一心向党的政治意识。

在如火如荼的琼崖革命斗争过程中，中国共产党和黎族人民建立起了密不可分的血肉联系。黎族人民深刻认识到只有坚定不移地跟着中国共产党干革命，才能有生活出路。在土地革命战争时期，时任国民政府广东省政府主席的陈济棠派遣国民党第一集团军警卫旅旅长陈汉光赴琼崖展开对琼崖红军和苏区的第二次"围剿"。陈汉光按照"恩威并重，剿抚相兼"的军事策略，企图用一种看似和平的招抚手段来瓦解黎族人民的革命斗志，从政治上和情感上孤立黎族人民和红军的革命情谊。陈汉光先是私底下对各黎族村落的峒长、首领们大打感情牌，主动出面调解各村落之间的矛盾，并将各村落为其送去的礼品纷纷退回分发到黎族老百姓手中。在昌江视察期间，他发动黎族群众修筑了一条长达80公里的公路，表面上是为了改善黎族地区交通情况，实际上则是为了自身后期军事需求，以及在黎族人民心中树立崇高的正派形象。但是，黎族人民并没有因这虚伪的招抚政策而动摇，面对众多诱惑，他们始终支持中国共产党。在陈汉光部队大举围剿中共琼崖武装力量的时候，广大黎族人民大力支持和配合中共党组织利用地形优势与敌人进行周旋。黎族革命群众丝毫不接受敌人的任何诱骗，冒着生命危险倾尽所能地为共产党队伍传送消息、运送粮草，始终坚定不移地跟着共产党干革命，直至为革命事业奉献出自己的生命。

全面抗战爆发后，共产党领导琼崖人民打击日本侵略者的事迹传遍整个琼崖大地。白沙县的王国兴作为海南黎族首领，在白沙起义遭到失败、黎族起义队伍处于生死存亡的紧急关头决定寻找共产党，坚信只有跟着共产党走，黎族人民才能得到真正的解放。他在年轻时便听过父亲讲述红军的故事，记得父亲"世上只有红军是不会欺负黎人"的遗言，他说："红军一定是很好的，不然为什么老百姓们都跟着红军走呢?"①王国兴力排众议,不顾历史遗留下来的民族偏见,亲自选定吉有理、王高定、王文聪三人为代表前去寻找共产党。吉有理等人经历千难万险,最终在儋县和临高县交界处找到了中共儋临联县委和县抗日民主政府。中共琼崖特委高度赞扬了白沙起义的历史作用,表示将全力支持黎族人民的斗争,随即派出工作小组进入白沙县领导这支起义队伍,保住了革命的成果。在中国共产党的影响下,王国兴的思想觉悟迅速提高,对党及其领导的人民军队的信任也与日俱增。从此,王国兴领导的白沙黎族人民起义队伍就直接在中国共产党的领导下展开革命斗争,揭开了黎族人民斗争史崭新的一页。

王国兴后来指出:"我们黎族苗族人民受尽了历代封建皇朝和国民党反动派的统治、压迫,一九三二年以陈汉光为首的国民党反动派,在白沙县设立黎苗局,挑拨民族团结,企图强迫同化。一九四二年以王毅为首的国民党反动派,用尽一切卑鄙手段,诱杀二千多苗民,国民党发动派大汉族主义的奴役政策,迫使我们黎族苗族同胞日益走上了死亡灭种的道路。为了生存与自由,我们曾举行过无数次的反迫害斗争……由于我们历次的斗争都是自发的农民运动,没有得到中国共产党的领导,因而结果都失败了。从悲痛的失败教训中,我们深深地体会到:黎苗同胞好似漂流在汪洋大海中迷失方向的破船,急需英明的舵手,否则就要沉没海底的危险。因此,我们坚决去寻找中国共产党。经过千辛万苦,出生入死,终在一九四四年春在海南西路抗日根据地找到了琼崖纵队……历史教训着我们:毛主席、共产党是我们唯一正确的领导者和幸福的缔造者,有了共产党才有黎族苗族人民的一切,没有共产党就没有黎族苗族人民的一切。"②

总之,白沙起义后王国兴带领黎族群众主动寻找共产党,使黎族人民紧密团结在中国共产党的周围,开启了黎族人民在中国共产党领导下干革命,永远跟党走的新时代。黎族人民在革命斗争中体现出的"一心向党"的政治意识,是一笔宝贵的精神财富。

### (二)民族团结的大局意识

民族团结是中国共产党领导人民取得新民主主义革命胜利的重要保证。在琼

---

① 程昭星、邢诒孔:《黎族人民斗争史》,北京:民族出版社1998年版,第396页。
② 王国兴:《共产党是黎族苗族人民的救星》,《新海南报》1952年7月10日。

崖革命斗争中，中共琼崖党组织认真贯彻党的民族政策，积极发动黎族人民参加革命斗争。黎族人民在革命斗争中深刻地认识到，只有在中国共产党的领导下各族人民团结起来，才能打败一切反动派，找到正确的道路。黎族人民在革命斗争中与汉族、苗族等各族群众和睦相处、共同抗敌，展现出鲜明的民族团结的大局意识。

陵水县自古以来便是黎族人民聚居和黎汉人民杂居的地域，自然资源十分丰富，但是在大革命时期处于封建统治阶级压迫下的陵水县，广大黎族百姓如同生活在炼狱之中。黎族共产党员黄振士，在大革命失败后大力加强对黎族群众的发动组织工作，揭露蒋介石反动派屠杀共产党和革命群众的罪行，阐明中国共产党反帝反封、实行土地革命的主张，号召广大黎族群众团结起来拿起武器武装自己，推翻封建制度。此后，以七弓峒峒主王昭夷为代表的黎族峒长们纷纷加入共产党领导的革命武装斗争行列，纷纷走上武装抗暴的道路。在面对大批黎族村落被敌人烧毁、人民生活极度困苦的状况，组织大家打土豪，并没收地主财产、分发给支援革命的黎族贫苦百姓，帮助黎族百姓重建家园。而黎族百姓们也自发地支援革命，主动将自己的子女送入部队，支援前线。在中国共产党的领导下和黎族人民的全力支持下，1927年12月建立了陵水县苏维埃政府。这是琼崖地区第一个县级苏维埃政权，这也是第一个以少数民族为主体的苏维埃政权。它的建立丰富了党的民族革命斗争实践，奠定了琼崖革命武装斗争的基础。

全面抗战爆发后，中共琼崖特委向琼崖人民发布"团结抗日、保卫琼崖"的意见书，号召全琼各阶级、各族人民结成抗日民族统一战线，一致对外共同抗日。在党的抗日民族统一战线方针的影响下，黎族人民纷纷拿起武器对日本侵略者展开了各式各样的回击。龙浩村的黎族头人唐天祥自发地将村里几十名黎族青壮年们武装起来，抗击日军，打响了崖县黎族人民抗日斗争的第一枪。五指山黎族地区许多在外读书的青年们也纷纷回到自己的家乡，运用所学习到的革命道理，进行爱国主义抗日宣传。值得一提的是，十月田地区黎族头人王亚合率领十月田黎族人民英勇抗击日军的侵略，并主动派遣村落中的王亚胆、张亚保二人到此地与中共地下交通站的同志秘密联系，暗中为地下交通线做事。在民族大义的面前，王亚合能够以民族团结的大局为重，积极投身抗日救亡运动，为琼崖抗战贡献了自己的力量。在中华民族陷入严重危机的紧急关头，黎族人民与汉、苗等各族人民在中国共产党的号召下，积极投身于中华民族救亡图存的抗日洪流，增强了对中华民族的认同感，逐渐树立了中华民族共同体意识，使中华民族解放的伟大事业奠定在更加广泛的各民族人民的大团结基础之上。

### (三)血浓于水的奉献精神

奉献精神作为中华民族的传统美德，是广大中华儿女为了国家利益和民族利益毅然舍弃个人利益的一种重要精神特质。在琼崖革命斗争中，黎族人民与中国共产党和革命军队建立了血浓于水的党民、军民关系。正是由于得到了包括汉族、黎族等各族人民的全力支持，琼崖革命才有了无比坚强的战略后方。黎族人民在革命斗争中的无私奉献精神，是琼崖革命取得胜利的重要原因之一。

在全面抗战时期，在仲田岭根据地这片土地上，中共琼崖特委和琼崖纵队就得到了黎族人民对抗战事业倾尽所能的支持和援助。当时日军十分重视仲田岭这一战略要冲，对仲田岭根据地进行严密封锁，使根据地的军民面临十分严重的困难。由于敌人重兵把守，粮食供应不上，抗日将士只能寻找野菜充饥。此时，仲田岭的黎族群众毅然给予共产党和抗日将士倾力支持。在最艰苦的岁月里，他们始终坚定地与抗日武装队伍肩并肩，冒着生命危险不分昼夜地为部队筹备、运送粮食，宁愿自己光着膀子饿着肚子，也要确保部队将士们有衣可穿，有粮果腹。田头村的黎族群众说："为了打鬼子，只要我们在，就保证部队不挨饿，只要我们有半升米，部队就有半升粮！"①黎族妇女陈亚片在日军层层包围之下为受伤的琼崖抗日武装队员深入大山中采集草药并悉心照料，冒着被斩杀全家的风险，主动收养因战事繁重而无力抚养孩子成长的共产党员亲生骨肉。当时村里所有人都劝她不能冒这个险，但她毅然决然地说：父母军同志打日本鬼子，是为了我们和我们的后代。我收养父母军的后代，就算是要我付出生命我也心甘情愿。黎族人民在革命战争中表现出极其饱满的革命热情和对中国共产党的无限信赖。在粮食严重匮乏的时候，众多黎族群众即使忍饥挨饿也要把自己家仅存的余粮拿出来支援抗日将士，家中无粮便四处采摘野菜野果送往部队驻地，黎族群众说：父母军带领着我们打国贼，只要我们黎族人有一口气在，就不会让父母军饿着肚子。在

---

① 《黎族简史》编写组：《黎族简史》，广州：广东人民出版社1982年版，第130页。

解放战争时期，琼崖纵队发动的三大攻势皆取得傲人战果。这不仅仅是琼崖纵队中汉族与黎、苗族将士共同浴血奋战的结果，也是广大黎、苗族群众给予大力支持的结果。在秋季攻势中，白沙县1100多名黎、苗族青年参军作战，全县贡献粮食5000余担、光洋2万多元；在乐东县，仅千善乡黎族群众在半年时间里就为前线献粮10万余斤、黑豆1万斤、生猪100多头；在保亭解放区，929人踊跃参军上前线，其中仅七峰乡就有218人报名参军，该乡还捐毛巾1660条、衣服1948套；在琼中县，1948年全县有653名黎、苗青年参军，还组织了2000多人的担架队和运输队支援前线。① 在物资极度匮乏的战争时期，黎族人民竭尽全力支援革命战争，积极响应中共琼崖党组织的号召，将自己仅有的物资全都奉献给了革命事业。

黎族人民在琼崖革命斗争中所展现出的奉献精神，是黎族群众与党和人民军队之间血浓于水的情感体现。这使中国共产党和人民军队获得了无穷无尽的力量，在黎族群众聚居的五指山地区建立了异常稳固的革命根据地，使党领导的琼崖革命斗争有了十分重要的战略基地，为实现全岛解放奠定了重要基础。

## （四）敢于牺牲的大无畏精神

革命的大无畏精神是保证革命事业在逆境中不断前进的保障。在琼崖革命斗争中，黎族人民在中国共产党的领导下谱写了一系列可歌可泣的英雄华章。许多黎族群众和战士在革命斗争中抛头颅、洒热血，表现出敢于牺牲的大无畏精神。

日军占领海南岛后，在仲田岭上，涌现出一批为甘愿为琼崖革命事业奉献出自己生命的黎族群众。黎族头领王昭夷的堂妹王凤莲，是在富裕家庭中长大的，原本衣食无忧。然而，1940年冬，14岁的王凤莲目睹日本侵略者入侵保亭"烧光""抢光""杀光"的惨无人道的罪行后，毅然参加了琼崖纵队，投身于民族解放事业。由于王凤莲能歌善舞，口才好，就被组织分配在琼崖独立总队第三支队政治处宣传队工作。虽然部队的生活非常艰苦，但都毫不动摇王凤莲坚强的革命意志，在革命的烽火中，王凤莲练就了琼崖战士的英雄本色。

---

① 程昭星、邢诒孔：《黎族人民斗争史》，北京：民族出版社1998年版，第480~481页。

1941 年，琼崖独立总队第三支队为了摆脱日军的"围剿"和国民党顽固派军队的围追堵截，奉命撤离白沙，实行战略转移，取道乐东、崖县、保亭、陵水至万宁县六连岭坚持斗争。在转移中，曾两次派员联系交通线路均遭失败。在危急关头，部队考虑到王凤莲是个黎族姑娘，又懂当地语言，联系方便，便决定选派她和李贞先行宣传探路，寻找突围路线。当年夏天，王凤莲和李贞从崖县的红花进入保亭的南林罗葵地区，不幸的是，她俩一进入罗葵地区，就被亲日的国民党游击队盯上了。来到什水村时，王凤莲和李贞就被几十名国民党游击队员包围。李贞的步枪只有 5 发子弹，王凤莲的手枪也只有 3 发子弹，子弹打完了，她们以拳头、石头、木棍和敌人展开殊死的搏斗，因寡不敌众被捕。敌人将她们绑在什水村后的大树上，审问部队的行军路线及其人数装备，她们都闭口无言。敌人瞧王凤莲年纪小，先是采取哄诱方法，企图从她口里探出情报。王凤莲严守秘密，敌人见此计不成，就狠施酷刑。敌人先对李贞下毒手，用尖刀乱捅了 10 多刀才把人捅死。敌人认为这样就会使王凤莲屈服招供了，哪知王凤莲看到战友被惨杀，更加愤怒，破口大骂敌人。敌人得不到口供，恼羞成怒，就将王凤莲拉到报什路上用尖刀慢慢地捅。在生死关头，王凤莲坚贞不屈，英勇就义，她就义时年仅 15 岁。[①] 这就是琼崖的黎族女战士王凤莲，因为坚定的信仰，献出了自己年轻的生命，在敌人残酷的折磨面前，毅然忍受着酷刑的折磨，这就是一个革命战士的忠魂。

在黎族地区反击日军"蚕食""扫荡"的过程中，不少黎族将士献出了自己宝贵的生命。在日军大肆扫荡和围剿白沙县七坊、光雅两乡时，琼崖抗日游击队独立总队第三支队张开泰部队组织黎族将士们奋勇杀敌，与日军和国民党顽固派展开英勇斗争，但终因寡不敌众，许多像周唐镇、黄仲和这样的黎族优秀儿女在战斗中光荣牺牲或被敌人捕捉杀害。十月田、好清等村的黎族民众，在为抗日将士运送粮草的途中被日军所抓住，敌军的刺刀对着被抓获群众的胸膛，架在群众们的脖子上企图迫使他们说出中共琼崖区委和独立总队的下落。但是黎族群众丝毫没有向敌人的威逼利诱低头，在生死抉择的民族大义面前，他们宁肯牺牲自己的

---

① 卓延安：《琼崖纵队女英雄王凤莲》，《琼岛星火》（第 23 期），1997 年，第 269~270 页。

生命，也始终不愿向敌人吐露半点关于中共党组织和独立总队的消息。1944 年 6月，黎寨红水沟村被 500 余名日军偷袭，有 13 名黎胞被日军残忍杀害，被敌人抓获的 19 名黎胞在日军的严刑逼供、反复折磨下慷慨就义，没有一个人向日军屈服。此外，另有 8 位黎族老人被日军俘虏到佛罗据点，日军企图用惨无人道的酷刑从他们嘴中打听到当地中共武装力量的情况。但是，在经过几个月的严刑逼供后，敌人仍旧一无所获。①

曾经被中央军委授予"战斗英雄"称号的黎族战士陈理文，是黎族人民的优秀代表。1941 年年仅 13 岁的陈理文参加琼崖抗日独立总队，5 年后，18 岁的陈理文加入中国共产党。从战士到班长，再到排长、副连长，视死如归的陈理文在琼纵部队中声名远扬。在南辰战斗、攻打屯昌据点、攻打重兴据点等战斗中，陈理文总是冲在队伍的最前列，总是将最危险的任务揽在自己的肩头。10 年中，陈理文打了大大小小 100 多次仗，身上伤痕累累，几块弹片一直存留在他的身体里。他曾多次身受重伤，多次伤未痊愈又重返战场，他的豪言壮语时刻回荡在战场上最危险的地方："打仗需要千军万马，突击队里不能没有我陈理文！""我一定要当突击队员，不给我当突击队员比让子弹打中还难受！""打仗参加突击队是最过瘾的，应该留给我陈理文一份！"这个血性的黎族汉子从来不懂"害怕"是什么感觉。②

陈理文就是这样一个黎族战士，豪爽、勇敢、不怕死、肯牺牲、讲奉献，他参加战斗 100 多次，在 4 次较大的运动战、8 次激烈的攻坚战中，每次都积极请战，担负主攻突击任务，带领突击队勇猛冲杀，用智慧和勇气书写了一个英雄的神话。陈理文把个人交给了党，用理想和信念燃烧着自己的生命，谱写了不朽的人生传奇。

敢于牺牲的大无畏精神是黎族人民在革命斗争中表现出来的英雄本色。广大黎族人民在中国共产党的领导下以其不怕牺牲、视死如归的精神为民族的解放、人民的幸福作出了不可磨灭的贡献。他们敢于面对生死的考验，从不惧怕敌人的

---

① 周文珍：《红水沟黎族农民革命斗争实录》，《海南文史资料》（第九辑），1994 年。
② 李福顺、楚军红：《冯白驹和他的战友们》，北京：中共党史出版社 2016 年版，第227~228 页。

任何威逼利诱,使琼崖革命的红旗始终在海南岛上高高随风飘扬。他们的这种大无畏塑精神是值得我们去大力弘扬的。

## 三、黎族红色文化的育人功能及其实现路径

黎族人民在琼崖革命斗争过程中积极支持和参与建立革命政权和革命根据地,主动选择中国共产党领导,踏上了爱党、信党、护党之路,形成了颇具特色的黎族红色文化。黎族红色文化具有引领各族群众向党看齐、引导各族人民和睦相处,增强党员干部的群众观念、帮助广大青少年树立正确的价值观等重要的育人功能。必须采取相应措施,确保这些功能的有效实现。

### (一)黎族红色文化的育人功能

#### 1. 引领各族群众向党看齐,增进对中国特色社会主义的认同

中国共产党的领导是中国特色社会主义最本质的特征。中国共产党是中国特色社会主义事业的领导核心。坚持中国特色社会主义道路自信、理论自信、制度自信和文化自信,核心是对中国共产党的认同和自信。坚持党的全面领导,对实现社会主义现代化强国伟大目标,至关重要。

"一心向党"是黎族红色文化的重要精神内涵之一。在当代,挖掘黎族红色文化"一心向党"的资源,传承黎族红色文化"一心向党"的基因,对于引领各族群众向党看齐,增强对中国特色社会主义的认同,具有特别重要的意义。

抗日战争时期,在白沙起义被镇压之后,深受国民党顽固派残酷剥削和压迫的黎族人民作出了主动寻找中国共产党的抉择。在中共琼崖特委驻地六芹山,冯白驹接见了黎族代表王文聪,并对黎族、苗族人民揭竿起义反抗国民党顽固派暴行的行为表示强烈支持,对被国民党顽固派所残害的黎苗百姓表示同情,当即决定派遣一支武装队伍前往白沙,支持黎族起义队伍。"父母军终于来了,五指山出太阳了!"这是王国兴见到红军战士时说出的第一句话。从此以后,王国兴领导的黎族人民革命武装便直接在中国共产党的领导下开展革命活动,成为中共琼崖革命武装的中坚力量,黎族人民的革命历史翻开崭新的篇章。

1949 年 9 月 21 日，王国兴作为黎族代表出席中国人民政治协商会议第一次全体会议。在临来北平前，王国兴看望了五指山根据地的黎族干部训练班，他语重心长地说："我要到很远的地方去，如果我回不来了，你们一定要记住：我们黎人只有一条光明的路，就是跟共产党干革命到底。"①在冒着生命危险到北平后，在政协会议上，他被邀请作为国内少数民族代表在大会上发言。他说："少数民族向来被统治者认为做苦工、出钱、出粮、做奴隶是够'资格'的，但参与讨论国家大事是没有份的。""今天不同了，共产党不但分给我们田地，同时也分给我们参与讨论国家大事的权利了。我们只有永远跟着共产党走，跟着毛主席走，我们的一切权利，才会得到保障，我们的前途，才会光明灿烂。"②在这次会议上，王国兴当选政协第一届全国委员会委员，并被任命为中央民族事务委员会委员。毛泽东中肯地评价他：中国少数民族自发起义，主动寻找共产党，建立革命根据地，王国兴是有代表性的一人。③ 王国兴自从选择了跟随共产党，就始终对党无限忠诚，即使后来在"文化大革命"期间遭到严重迫害，弥留之际仍然表示要坚定地相信共产党，永远跟党走。作为一个少数民族干部，其对党的一片丹心，可昭日月。

黎族人民的革命斗争，之所以能够取得胜利，是由于有中国共产党的领导。黎族人民在实践中深刻认识到，只有跟着共产党才有出路，自从选择了中国共产党的领导，黎族人民就没有动摇过。中国共产党是中国革命、建设和改革事业的领导核心，这是中国革命、建设和改革不断取得胜利的根本政治保证。在新时代，弘扬黎族红色文化，有助于引领各族群众向党看齐，增强对中国特色社会主义的认同感，为把我国建成一个富强民主文明和谐美丽的社会主义现代化国家奠定基本政治前提。

---

① 钟业昌：《解放海南——战时文献与战后回忆解码》（第 7 卷），北京：人民出版社 2017 年版，第 221 页。

② 钟业昌：《解放海南——战时文献与战后回忆解码》（第 8 卷），北京：人民出版社 2017 年版，第 20 页。

③ 李福顺、楚军红：《冯白驹和他的战友们》，北京：中共党史出版社 2014 年版，第 236 页。

### 2. 引领各族人民和睦相处，同心共筑中国梦

实现中华民族伟大复兴是近代以来中华民族最伟大的梦想，而各族人民团结一致，和睦相处是则中华民族伟大复兴中国梦得以实现的基础。我国 56 个民族共同构成了密不可分的中华民族命运共同体。

在琼崖革命斗争中，地处海南岛上的黎族人民同其他少数民族一样积极投身到中华民族的解放事业中。冯白驹在海南解放后指出："本来我们琼崖纵队里是没有少数民族战士的，后来少数民族兄弟，竟越来越多，形成了海南革命斗争的一个不可缺少的主要力量。直到海南解放时，琼崖纵队里的成员，五个人当中就有一个少数民族的战士。他们贡献很大。"[①]冯白驹在这里讲的少数民族战士，主要指的是黎族战士。黎族人民在中国共产党的带领下，怀着对中华民族的高度认同，与各少数民族同胞一起加入琼崖抗日战争，共御外敌，彰显了中华民族无比强大的凝聚力。

民族团结是各族人民的生命线，中国共产党历来非常重视民族团结。琼崖革命的胜利，是中国共产党领导包括黎族群众在内的各族人民共同奋斗、流血牺牲的结果。在中国特色社会主义新时代，以中国式现代化全面推进中华民族伟大复兴，是中华各族儿女的共同期许和追求。传承"民族团结"的黎族红色文化基因，有助于我们塑造中华民族共同的精神家园，筑牢中华民族共同体意识，从而引领各民族人民和睦相处，同心共筑中华民族伟大复兴的中国梦。

### 3. 增强党员干部的群众观念，密切党群关系

始终与人民群众保持密切联系是无产阶级政党与其他政党之间的根本区别。良好的党群关系是党的执政地位得以巩固的根本保证，是党所领导的革命、建设、改革事业蓬勃发展的重要依托。群众路线贯彻执行得好，党群关系得到巩固，国家才会兴旺，民族才会富强。党群关系与党和国家、民族的命运息息相关。党员干部作为广大人民群众中的先进分子，其行为就代表着党的形象。只有始终加强党员干部的群众观念，才能使党立于不败之地。

---

① 冯白驹：《五指山尖五朵红霞》，《解放军文艺》1957 年 12 月号。

在琼崖革命过程中，正是由于党员干部与黎族群众之间结成鱼水关系，琼崖革命才有了深厚的群众基础。冯白驹作为党在琼崖地区的主要领导人，始终以身作则，深入群众，树立了党员干部密切联系群众的典范。1932年，国民党反动派对琼崖红军进行大规模的军事"围剿"，琼崖党组织与中央和上级失去联系，琼崖革命进入历史上空前艰苦的时期。琼崖党政机关干部和红军指战员共100多人被迫转战母瑞山，冯白驹在反"围剿"斗争失败，琼崖各根据地和红军均遭到摧残，部分同志心情沉重、信心不强的时候，以非凡的革命乐观主义精神和顽强意志带领同志们勇敢面对困难。由于国民党军队严密封锁，母瑞山地区粮食严重短缺。冯白驹等初进山时，每人每天还能分到一个拳头大小的饭团，后来随着封锁的加固与时间的无限期的加长，只能喝一点锅巴煮的清汤，粮食供应成了致命问题。他们绝大多数的日子只能靠挖野菜、拾野果充饥，有时也趁敌军未搜山之机，摸鱼虾、捞青苔和浮萍、掏鸟窝、采野菜、折竹笋等充饥。山中有一种叫做假茼蒿的野叶，叶嫩柄脆，外形有些类似菠菜。他们就以这种野菜为基本口粮，该野菜也被称为"革命菜"。在如此艰苦的岁月里，母瑞山上坚持战斗的革命同志始终团结互助、谦虚友爱。每次在分粥的时候，冯白驹总是逐个检查，等到每个人分到了一碗，他自己才吃。如果不够，他就自己带头另煮些野菜，而将粥让给伤病人员。冯白驹的这种带头吃苦、关心部下的精神，令大家十分感动，并亲切地叫他"冯同志"。①

解放战争时期，在当地人民群众的大力支持下，中共琼崖特委在五指山地区建立了根据地。五指山中心根据地建立后，中共琼崖特委为了减轻根据地黎族群众的负担，密切党和人民军队与群众的关系，开展了规模空前的生产自给运动。由此，中共琼崖特委出台《关于机关生产工作决议》，强调了生产工作的重大意义，并指出：根据地经济极端困难，要坚持斗争要争取自卫战争的胜利，就必须团结民众，依靠民众。"我们自己动手努力开展生产工作，不但可以解决我们经济困难之全部或部分，而且既可以减轻民众对自卫战争的负担，在和民众合作下，也可以使民众得到一些利益。民众由此而对我们更加深刻的认识和拥护。因

---

① 琼崖武装斗争史办公室：《琼崖纵队史》，广州：广东人民出版社1986年版，第70页。

此自己动手，努力开展生产工作，是团结民众、依靠民众的积极的办法，也是我们为人民服务之思想观点的具体表现。"①该决议强调：党政军民各级干部和一切工作人员，要克服困难，自己动手，为生产工作而努力，争当生产工作模范、生产工作英雄，为生产工作而立功。此举使极大地减轻了人民负担，密切了党政军与民众的关系。正是由于琼崖各级党组织牢记党为人民服务的根本宗旨，始终将人民群众的点滴利益放在心上，群众看到共产党真心为他们做好事，维护他们的利益，也就更加相信和拥护党的领导。

冯白驹在回顾琼崖革命历程时曾指出："海南人民在革命斗争过程中，不管我们的损失是如何的重大，白色恐怖是如何的厉害，反动统治是如何的黑暗，斗争是如何的残酷与艰苦，但我们都克服了困难，渡过了难关，坚持了下来并且能够发展的主要原因，就是我们始终依靠群众联系群众，得到了海南岛人民的拥护和支持。"②人民群众是中国共产党最大的靠山。在琼崖革命斗争中，中国共产党正是由于党员干部发挥了良好的模范带头作用，党与群众结成了亲密的鱼水关系，因而得到了包括广大黎族群众在内的人民群众的大力支持，革命斗争才最终取得了胜利。

黎族红色文化所蕴含的党与人民军队和人民群众之间血浓于水的深厚情感和无私奉献精神，是新时代加强党员干部队伍建设的鲜活历史教材。这有助于增强党员干部的群众观念，进一步密切党群关系。

### 4. 帮助广大青少年树立正确的价值观

青年兴则国家兴，青年强则国家强。青少年是国家和民族的未来，要培养实现中华民族伟大复兴的中国特色社会主义事业的建设者和接班人，必须引导青少年扣好人生第一颗扣子，树立正确的价值观。黎族红色文化资源是对广大青少年开展价值观教育的生动材料。

黎族红色文化资源主要分布在海南省的三亚、陵水、保亭、乐东、东方、昌

---

① 中共海南省委党史研究室、海南省档案馆：《琼崖解放战争史料选编》(上)(内部发行)，1989年，第290页。
② 冯白驹：《中国共产党的光辉照耀在海南岛上》，《新海南报》1951年7月20日。

江、琼中、白沙、五指山等市县；主要有陵水县苏维埃政府旧址、白沙起义纪念馆、五指山革命根据地纪念园、仲田岭革命烈士纪念碑、六连岭烈士陵园等遗址和纪念园。这些黎族红色文化资源对广大青少年有着重要的价值引导和道德示范作用。

陵水县苏维埃政府是琼崖大地上建立起的第一个县级苏维埃政权，是中国共产党带领各族人民在艰苦卓绝的革命斗争中用鲜血和生命换来的，它开启了琼崖革命武装夺取政权的先声，给予琼崖各族人民极大的激励与鼓舞。白沙起义是琼崖黎族地区规模最大、参与少数民族人数最多的一次武装暴动，对黎族社会发展产生了深远的影响，从中体现出黎族人民不畏强暴的革命传统和顽强拼搏的革命精神。五指山革命根据地则是整个琼崖革命根据地的指挥中心，在五指山革命根据地创建的过程中黎族人民展现出一心向党的革命情怀，并留下了一个又一个可歌可泣的动人事迹。仲田岭革命烈士纪念碑是为了纪念在仲田岭革命根据地抛洒血汗的黎汉革命烈士们而设立的，经过抗日战争和解放战争的洗礼，仲田岭革命根据地已成为海南岛最南端的战斗堡垒，仲田岭的黎族汉族人民用血与泪铸就了一段革命传奇。六连岭革命根据地则是黎汉军民坚持了 23 年艰苦卓绝的斗争守下来的，是黎汉人民长期坚持革命斗争的一面旗帜。广大青少年通过参观这些革命遗址和人民英雄纪念园，了解革命先烈们创造的光辉历史，不仅可以激发他们的爱国主义情怀，更能从中领略到先辈们在斗争中艰苦奋斗、不屈不挠的革命精神。

黎族红色文化资源有着丰富而独特的精神内涵，是新时代对广大青少年进行红色文化教育的重要载体。挖掘和利用这些资源，有利于帮助广大青少年深刻感知中国共产党领导各族人民为中华民族的解放和人民的幸福而英勇奋斗的历史，在红色的沃土上汲取精神营养，树立正确的世界观、人生观和价值观。

## (二)黎族红色文化育人功能的实现路径

### 1. 加强对黎族红色文化资源的保护和开发利用

海南拥有着极为丰富的红色文化资源，而黎族红色文化凭借其悠久的历史文化底蕴和丰富的革命历史遗存成为海南最具有代表性的少数民族红色文化。用黎族红色文化资源开展红色文化教育可以说是一种颇具教育优势的手段。遗憾的是，黎族红色文化资源的社会价值和历史价值尚未得到充分挖掘，对于红色文化资源保护和开发的力度尚显不足，必须加强对黎族红色文化资源的保护、开发和利用。

第一，加大对黎族地区革命遗址的保护力度。在琼崖革命的历史进程中，在中国共产党的领导下积极投身于革命运动，留下了许多的革命遗址，这些革命遗址见证了琼崖黎族人民革命斗争的峥嵘风云，传承了琼崖革命武装斗争 23 年红旗不倒的佳话，谱写了数之不尽的英雄华章。

我们在实地走访调研黎族革命遗址时发现，虽然近年来陵水、三亚、白沙、乐东等黎族聚居地的文物主管部门和地方党史研究室都在积极地推动黎族革命遗址的保护修缮工作，但是力度还不够，部分遗址保存状况较差。为了使珍贵的党史资源和文化遗存能够得到有效保护，进一步巩固和保护人民群众的红色思想文化阵地，进一步弘扬琼崖革命精神，应特别注意加强以下几个方面的工作：一是继续加强对于黎族地区红色文化资源的研究，特别是在提炼黎族红色文化精神内涵上下功夫，突出黎族红色文化特色，增强吸引力，打造少数民族红色旅游的知名品牌。二是进一步加大对于黎族地区革命遗址维护经费的投入。当前黎族地区乃至全省境内的革命遗址只有少部分拥有专项基金支持，绝大多数遗址缺乏维护管理资金，除了省级部门设立革命遗址专项基金外，各市县相关部门也应当设立革命遗址保护基金会，适当增加革命遗址的日常维护费用。三是对加强当前损坏程度最大的、濒临消失的革命遗址的抢修力度。一些黎族聚居地地处深山，道路崎岖，林木茂盛，由于无人管护，相当一部分黎族革命遗址经长期自然损毁和人为破坏，难寻踪迹，相关部门应该首先对这些损毁严重的、重要的革命遗址实施保护性抢救措施，优先安排资金进行抢修和恢复，确保这些宝贵的历史遗留能够持续流传下去。四是加强对黎族地区革命遗址保护的地方法规保障，有关部门可以召集省内外专家学者共同商议并制定相应的革命遗址保护条例，把对黎族地区革命遗址的保护性措施纳入保护条例，给予革命遗址以相应的制度保障。

第二，将黎族红色文化融入校园文化。校园文化是一种以教化育人为主，以校园环境为载体，彰显出校园精神文明的特色文化。其主要包含物质文化和精神文化两个方面，二者相互作用、相互影响，在潜移默化中影响着学生的心理情感和行为作风。而将蕴含丰富革命精神和厚重历史文化内涵的黎族红色文化融入学校校园文化建设，有利于使广大师生潜移默化地感受红色文化熏陶，增强育人效果。

海南省各类学校特别是高校，可在每年特定时期在校园内部举办以黎族红色文化为主题的校园文化节，将黎族红色文化资源融入校园文化活动。比如，展示黎族人民在革命斗争时期所创作的歌曲和舞蹈，让全体师生及一些校外青年以喜闻乐见的形式切身感受黎族红色文化的魅力。也可在校园内设立展现黎族人民革命斗争的文化墙，设置一些琼崖革命时期具有代表意义的黎族优秀共产党员的雕像，以生动的形象和多样的艺术手法展现在校园景观中，让学生们走在校园内都可以时时刻刻受到这些红色历史文化的熏陶。还可以邀请一些参加过琼崖革命斗争的黎族将士在校内举办座谈会、报告会，以他们自身的经历和事迹来感染当代大学生。同时，邀请相关专家学者开展学术讲座，加深大学生对黎族红色文化的理解，在学校红色文化传播中突出黎族红色文化这一海南特色，增强学校校园文化建设的吸引力。

第三，将黎族红色文化融入高校思政课教学。思政课课堂教学是高校开展学生思想政治教育的主阵地。思想政治理论课作为落实立德树人根本任务的关键课程，旨在引导学生们树立"四个自信"，提高学生的思想政治素质，使其能够正确认识到自身肩负的时代责任和历史使命，永远跟着中国共产党的步伐向前进。黎族红色文化的精神内涵同思想政治理论课的教育内容具有高度的一致性和契合性。将黎族红色文化纳入思政课教学，能够更有效地影响和塑造当代大学生的世界观、人生观和价值观，从而引领社会主义先进文化的前进方向。

办好思想政治理论课关键在教师。为增强思政课的吸引力，思政课教师应注意将思想政治理论与本地红色文化相结合。在海南，要注意把握黎族红色文化的当代价值，充分挖掘黎族红色文化资源，结合本土红色文化特质将黎族革命斗争史料编入辅助教学案例，用辩证唯物主义和历史唯物主义创新课堂教学，激发学生们对于本土红色文化的学习热情，特别是通过学习黎族革命斗争历史和先进人物事迹，让学生们更加深刻地体会到中国共产党领导琼崖黎族人民为获得民族解放而浴血奋战的艰辛和不易，从而感悟到黎族红色文化的精髓，坚定广大学生的理想信念。

在黎族红色文化融入思想政治理论课教学的过程中，必须践行以下两个教学原则：一是必须坚持理论教学和实践教学相结合的原则。必须摒弃传统教学中填鸭式的理论教学方式，杜绝应试教育。将课外实践这一教育方式融入课堂教学，思想政治理论课教师可以带领学生们走出校园，在校外的革命遗址、红色革命根据地纪念园等地开设第二课堂，与地方管理部门建立友好合作关系，建立红色文化教育基地。通过这些实践活动来增强大学生对于红色文化的认同感。二是必须坚持以学生为主体、教师为主导的原则。在教学中必须充分尊重学生的主体地位，这是由思想政治教育的主体性原则所决定的。根据大学生们身心发展的需要，开设与其发展相适应的红色文化课程，选取相应的红色文化资源开展教育实践活动，充分调动学生们主动参与到学习当中的积极性，从而提高思想政治理论课课堂教学的实效性。思想政治理论课教师要加强对于黎族红色文化的学习，深入挖掘黎族红色文化的内涵，赋予黎族红色文化新的时代价值，引导广大学生将黎族红色文化的精髓内化于心、外化于行。

第四，将黎族红色文化融入干部培训和党员教育活动。发挥党员和干部在全面建设社会主义现代化国家新征程上的模范作用，必须加强党员和干部的培训教育工作。在党员和干部培训中要始终把党性修养和作风养成放到十分关键的位置，要注意将黎族红色文化融入干部培训和党员文化教育活动。通过在白沙起义纪念园、陵水县苏维埃政府遗址、五指山革命根据地纪念园等红色园区开展现场教学，通过祭扫革命烈士陵园，参观革命博物馆，重温黎族人民革命斗争的光荣历史，有助于党员干部深刻体会黎族红色文化的精神内涵，增进民族团结意识，提高党员干部的党性修养，从而更好地践行党的全心全意为人民服务的根本宗旨。

## 2. 加强黎族红色文化教育基地建设

红色文化教育基地是中国共产党开展思想政治教育实践活动的有效平台。它以丰富的红色资源作为依托，旨在通过大众化的参观教育活动引导广大人民群众领悟红色文化的精神内涵，增强其对中国共产党领导的正确认识，坚定其对中国特色社会主义的信念。发挥好黎族红色文化的育人功能，必须重视加强爱国主义教育示范基地、红色旅游景点等红色文化教育基地建设。

（1）加强爱国主义教育示范基地建设。爱国主义教育示范基地作为黎族红色文化教育基地建设的一部分，旨在推动地方红色文化资源的开发利用，通过博物馆、纪念馆、革命旧址等载体传承红色文化基因，提升黎族红色文化的影响力，促进其育人功能的有效发挥。

海南拥有临高角解放海南纪念塑像及陈列馆、李硕勋烈士纪念亭等诸多爱国主义教育基地，其中以黎族英烈革命事迹为代表的有白沙起义纪念碑、陵水县苏维埃政府旧址、六连岭烈士陵园、母瑞山革命根据地纪念园等。海南各级爱国主义教育基地的建立，为红色文化育人开辟了一批重要的教育主阵地，也为更好地深入开展群众性爱国主义教育活动，凝聚人民力量，激发群众爱国热情提供了有力保障。

加强反映黎族红色文化的爱国主义教育示范基地建设应该从以下三个方面入手：第一，加强爱国主义英雄人物场馆建设。以具有代表性的黎族英烈事迹来整合红色文化资源，例如专门在区域内设立以王国兴带领白沙人民揭竿起义事迹为主的王国兴纪念场馆，将相对分散的红色文化资源集中起来展示给大众，使得具有代表性的英雄人物和革命事迹以生动的形式展现出来，增强其对观众的感染力，以达到更佳的育人效果。第二，开展爱国主义教育实践合作。爱国主义教育示范基地应广泛与党政机关、事业单位等部门开展广泛的合作和交流，为各部门各单位提供一个良好的爱国主义教育实践平台，提供优质的爱国主义教育实践活动，达到共建爱国主义教育示范场所的目的，使得爱国主义教育示范基地能成为一部生动的教育教材。第三，开展具有特色的爱国主义教育主题活动，以地域和民族特色的红色文化为主题，举办相应的大型文体活动，让人民群众参与其中、融入其中，以人民群众喜闻乐见的形式去开展爱国主义教育，使得爱国主义教育更加贴近人民生活，营造出更好的育人氛围。

（2）加强黎族地区红色旅游景点建设。2017年3月，全国红色旅游工作协调小组在北京召开宣传贯彻《2016—2020年全国红色旅游发展规划纲要》的电视电话会议，会议要求各地相关部门要认真学习、准确把握《红色旅游发展规划纲要》的内容要点，贯彻好、落实好红色旅游发展工作。2017年11月23日，中共海南省委、省政府发布《关于加快发展海南红色旅游的实施意见》，提出要将海南打造成为红色与绿色、蓝色、古色有机融合的观光型、研学型、培训型红色文化教育基地和红色旅游目的地。这对海南黎族红色文化资源的开发与利用起到了极大的促进作用。

由于海南黎族红色文化资源大多分布在偏僻的山村地区，周边的基础设施建设相对薄弱，发展黎族红色旅游业具有一定的难度。近年来，在省市相关部门的合力支持下，琼中黎苗风情红色旅游区、万宁六连岭革命根据地纪念园等黎族重点红色旅游景区逐渐成为海南红色旅游景点建设的排头兵。为提高黎族地区红色旅游景点建设水平，必须注意以下三个方面：第一，要提高黎族地区当地群众知识文化水平。提升当地群众的文化素养，让他们学历史、懂历史，真正能认识到自己民族的峥嵘岁月，这样才能更好地充当与外地游客之间的桥梁，吸引越来越多的人来了解本民族的红色历史。第二，将生态旅游和红色旅游相结合。黎族地区红色旅游景点多处于环境优美的林地之中，在开展红色旅游时要彰显出少数民族地区得天独厚的自然风光资源，让游客们在优美的自然环境中领略到红色经典的独特魅力。第三，要加强红色旅游景区的宣传推广。省市旅游委等相关部门要积极推广具有黎族特色的红色旅游路线及产品，通过举办各种形式的主题活动，增强黎族红色旅游的魅力，激发黎族地区红色旅游的内在动力和需求。

## 3. 加强黎族红色文化网络宣传

在互联网时代，红色文化要想展现出其强盛的生命力，就必须始终确保党在网络舆论平台的绝对话语权。打造一个强而有力的红色文化传播媒介，营造出一片良好的红色文化网络宣传教育环境，对传承黎族红色文化基因，弘扬黎族红色文化，十分重要。

第一，搭建具有黎族特点的红色网络宣传平台。当前网络通信技术的高速发展，为思想政治教育工作者提供了更加广阔的网络教学平台，拓宽了红色文化教育的教育渠道和空间。因此，在弘扬红色文化加强思想政治教育过程中，要充分利用网络平台的便捷性和广泛性，不断加强红色文化在网络平台上的宣传力度，构建具有民族特色的红色文化网络宣传平台，将作为思想政治教育载体的红色文化进行网络宣传，并通过利用网络平台的优势进一步扩宽红色文化的传播和宣传渠道。

在搭建具有民族特色的红色网络宣传平台时，首先，要始终坚持以马克思列宁主义、毛泽东思想、邓小平理论、"三个代表"重要思想、科学发展观、习近平新时代中国特色社会主义思想为指导，始终坚持以社会主义核心价值观为导向，坚决抵制与社会主义核心价值观内容背道而驰的不良网络信息文化，将相关红色文化信息做到及时更新、与时俱进。其次，要将黎族特色的文化底蕴融入进去，让更多的人了解黎族的红色精神内涵，要将黎族红色文化资源中最具代表性的遗址、文物等以照片或者视频的形式在网站上展示出来，要不断丰富和增添红色网站的内容，使红色文化教育更加具有指向性。再次，在搭建民族特色红色网络宣传平台的同时，要做到网站的学术性和实用性协同发展，可在网站的相应板块展示出黎族地区的红色旅游路线及相关攻略，将一些诸如槟榔谷等颇具黎族特色的著名景区图文并茂地展现给读者，从而激发人们了解黎族红色文化的欲望，帮助人们在接触黎族红色文化教育的同时感受最独特的少数民族风土人情。众所周知，红色旅游是一项长期建设和发展的民心工程，是现阶段将红色文化教育与旅游产业观念有机结合而成的产物，凭借其特有的学习性、故事性和参与性，有着其他旅游方式不可比拟的宣传教育功能。将红色旅游融入红色网络宣传平台的建设中并开展相关红色文化宣传教育，是当前红色文化育人的新手段。在红色旅游中开展宣传教育与课堂灌输式教育有着很大的不同之处，它不是向受教育者进行简单的灌输式说教，而是通过丰富的传播手段将历史遗存和发展现状以直观的视觉体验感染旅客，使人们能够在一种轻松愉快的环境下自然而然地学习和感受到红色文化的魅力。这对于促进社会主义核心价值观宣传教育，实现红色文化的育人功能，具有特殊的价值和作用。

第二，优化红色文化网络宣传环境。网络文化作为新时期发展起来的一种新兴文化形态，具有广泛性、交互性、时代性等特征，这也导致其追随者和拥簇者较多，影响巨大。放眼当下，网络已经渗入人们日常生活当中的方方面面，在给人们带来生活便利的同时也产生了诸多不良影响，如何正确地运用这把"双刃剑"，也是黎族红色文化育人中需要认真对待和思考的问题。利用网络文化这一手段开展红色文化教育是一个双向互动的过程，将红色文化的精髓融入网络文化之中，将网络这一重要载体运用到思想政治教育当中，可以为红色文化育人搭建重要平台。在全球互联网信息技术高速发展的今天，网络文化凭借其特有的便捷性和时效性已经逐渐超越报纸、电视等传统媒体，成为应用最为广泛的新兴媒体渠道。所以，在当下我们就更应该加强对于网络环境的监督和管理，牢牢把控对于网络舆论的领导权和话语权，不断优化黎族红色文化网络宣传环境，为红色文化精神的传递提供一个清新爽朗的空间。首先，政府部门要发挥优化红色文化网络宣传环境的主体作用。各级党团组织、政府、企事业单位、社会团体等宣传部门要积极履行各自的文化宣传职能，配合公安部、国家互联网信息办公室等监管部门塑造一个清净爽朗的网络空间，从而打造红色文化宣传的牢固阵地。其次，要号召广大网民用正能量的思想武装头脑，用实际行动要自觉抵制与社会主义先进文化前进方向相背离的不良文化。面对传播资产阶级腐朽思想、否定红色文化精神内涵的新闻垃圾要敢于发声和亮剑，牢筑自身思想防线。

第三，创新网络宣传教育形式。海南黎族红色文化教育的网络宣传存在不少短板，缺乏较为完备的宣传教育形式。当前创新网络宣传教育的形式要从以下三个方面着手：一是要加强海南红色文化门户网站建设。当前海南黎族红色文化网络宣传平台的突出问题之一是缺乏对红色文化进行整合和集中展示的门户网站。红色文化综合性网站的内容覆盖还不全面，资源整合还不够。建议由政府出资，文化部门管理，建立一个专业性的红色文化门户网站。新的门户网站要建立专业性设计、管理机构，在频道设置上尽可能覆盖红色文化建设涉及的方方面面，绘制海南红色文化资源分布图，设立市县频道，对各地红色文化资源和红色文化建设动态进行更为详细的介绍。新的网站还要启动红色文化资源挖掘、存储、整合工程，将海南红色文化资源以科学分类进行收录、整理，建成数据库，提供网民检索。二是要加强黎族特色专题红色文化网站建设。当前，许多红色文化资源十分丰富的地区还没有建成特色主题红色网站，一些具有重要意义的红色历史纪念馆也没有建设专题性的网络纪念馆。白沙黎族自治县应该加强黎族红色文化网站建设，对白沙起义和当地黎族红色文化进行系统、全面的介绍，为全社会了解海南黎族红色文化、学习黎族红色文化提供重要窗口。三是要发挥新型网络应用技术和网络生活方式的作用，推动红色文化宣传媒介革新。要依托交互式互联网技术，建立红色文化博客、微博、手机网络等网络应用和宣传平台，增强网站的互动性，建构红色文化交流平台。要依托网络视频点播技术，建立红色文化影视资料和影视作品的专题点播网站，为人民群众观看红色影视资料和影视作品提供便利服务。总之，红色文化网络宣传媒介建设，要紧跟网络发展趋势，适应网民的网络生活习惯，把握网络宣传规律，确保红色文化的网络宣传不落俗套，防止红色文化在新型网络生活中被边缘化。

# 海南高校大学生红色文化教育状况调查与研究

何宏米

红色文化是中国共产党在领导中国人民进行革命、建设、改革等各历史时期形成的先进文化，是我国高校开展大学生思想政治教育工作的宝贵资源。高校大学生思想政治素质事关中国特色社会主义事业合格接班人和建设者的培养，事关中华民族伟大复兴中国梦的实现。加强和改进海南高校大学生红色文化教育，将红色文化教育与高校大学生的成长成才有机结合起来，不仅有利于帮助大学生树立正确的世界观、人生观和价值观，也有利于大学生了解海南、热爱海南、服务海南、奉献海南，在红色文化教育过程中培育和践行社会主义核心价值观。

## 一、海南高校大学生红色文化教育调查

海南拥有"23年红旗不倒"的光辉革命业绩。全省共有 500 余处红色遗址，拥有丰富的红色文化资源。为了更好地了解新时期海南高校大学生红色文化教育的现状，更有效、更有针对性地发挥红色文化在海南高校思想政治教育中的独特作用，笔者于 2014 年 9—10 月对海南高校大二年级以上大学生红色文化教育状况进行了调查。

### (一)调查设计

问卷中涉及"被调查者的基本信息、被调查者红色文化的理解、红色文化教

育的内涵、对红色文化教育的认识、红色文化教育的价值、红色文化教育的载体和途径，海南高校大学生红色文化教育存在的问题及解决的对策"等问题，调查分为问卷调查和访谈调查，采用了封闭题和开放题两种形式，获取了较为全面的信息。

此次调查采取问卷调查和访谈调查两种形式。问卷调查采用了分层抽样法，调研针对专科、本科及研究生二年级以上的学生，从 2014 年 9 月开始，10 月月底结束。在海南全省选取海南大学、海南师范大学、琼州学院、三亚学院、海南政法职业学院、琼海软件职业技术学院、海南经济贸易职业技术学院及海南职业技术学院 8 所高校，涵盖研究生、本科生及专科生。样本选择在地域上分布比较合理，调查样本具有一定的覆盖率和代表性。其中：

在性别结构方面，男 332 人，占 41.3%；女 472 人，占 58.7%。

在政治面貌方面，中共党员 106 人，占 13.2%；共青团员 640 人，占79.6%；民主党派 3 人，占 0.4%；群众身份 55 人，占 6.8%。

在所读专业方面，文史类 430 人占 53.5%；理工类 374 人，占 46.5%。

在学历层次方面，研究生 155 人，占 19.3%；本科生 288 人，占 35.8%；专科生 361 人，占 44.9%。

此次调查在大学生中共发放 850 份问卷，回收 820 份，有效问卷 804 份，有效回收率达 94.6%。首先对回收的问卷进行校核整理，筛选出有效问卷。其次在SPSS Statistics 17.0 统计软件中编辑问卷题目，定义变量属性，并在数据视图中录入数据。数据录入后，对问卷信度①进行分析。本文通过 SPSS Statistics 17.0统计软件对数据进行信度检验。信度检验结果如表 1 所示，信度系数为 0.874。在一般的研究中，这个值具有较高的可信度。②

---

① 问卷信度，即是问卷的可靠性，指的是对问卷测量结果准确性的分析判断，一般是指对问卷在多次重复使用下得到的数据结果的可靠性的检验。在 SPSS Statistics 17.0 统计软件中，使用克朗巴哈系数(克朗巴哈系数指的是量表所有可能的项目划分方法得到的折半信度系数的平均值，是最常用的计量信度测量方法)计量。

② 通常 Cronbach $\alpha$ 系数的值在 0 和 1 之间。如果 X 系数不超过 0.6，一般认为内部一致信度不足；达到 0.7~0.8 时表示量表具有相当的信度，达 0.8~0.9 时说明量表信度非常好。

表1　　　　　　　　　　　　　　可靠性统计量

| Cronbach's Alpha | 项数 |
|------------------|------|
| 0.874 | 93 |

## (二)调查分析

### 1. 大学生对红色文化认知程度较高，认同感较强

2004 年，《中共中央国务院关于进一步加强和改进大学生思想政治教育的意见》实施以来，红色文化教育活动在校园中方兴未艾。由于高校思想理论课教学改革及各个高校校园文化建设工作的开展，红色文化在大学生心中留下了较深刻的印记。其中，海南大学马克思主义学院创立的"课堂实践"教学为主、"校园实践"教学、"网络实践"教学和"社会实践"教学为辅的"一主三辅"思想政治理论课实践教学模式，在省内外产生了广泛影响。2015 年 3 月，海南大学思想政治理论课"一主三辅"实践教学模式入选教育部 2014 年高校思想政治理论课教学方法改革择优推广计划，面向全国推广。一些高校定期组织学生到红色革命纪念地参观，感知红色文化，受到了学生的欢迎。

据调查，海南高校大学生能够把握并理解红色文化的内涵。问卷中涉及"您认为红色文化的正确表述是哪些(多选)"的问题，通过对问卷分析发现，56%的学生表示"红色文化是中国共产党带领人民创造的新文化"，76.1%的学生认为"红色文化是中国革命和建设光荣历史的见证"，50.6%的学生认为"红色文化是进行社会主义核心价值观教育的重要资源"。这说明红色文化相关概念表述在大学生中具有一定的传播度和覆盖面(见表2)。

表2①　　　　　　您认为红色文化的正确表述是哪些？(多选)

| 态度 | 频率 | 个案百分比(%) |
|------|------|---------------|
| 红色文化是中国共产党带领人民创造的新文化 | 449 | 56.0 |

---

① 后文部分表格中存在误差，本文误差率取值为±0.1%。

续表

| 态度 | 频率 | 个案百分比(%) |
|---|---|---|
| 红色文化是中国革命和建设光荣历史的见证 | 610 | 76.1 |
| 红色文化是中国特色社会主义先进文化的重要体现 | 559 | 69.7 |
| 红色文化是推进中华民族复兴的强大精神动力 | 515 | 64.2 |
| 红色文化是进行社会主义核心价值观教育的重要资源 | 406 | 50.6 |
| 总计 | 2539 | |

通过进一步分析发现,"共产党员"身份的大学生认为"红色文化是中国共产党带领人民创造的新文化""红色文化是中国革命和建设光荣历史的见证""红色文化是中国特色社会主义先进文化的重要体现""红色文化是推进中华民族复兴的强大精神动力""红色文化是进行社会主义核心价值观教育的重要资源"的比例分别是74.5%、82.1%、80.2%、78.3%和73.6%。"共青团员"身份的大学生认为"红色文化是中国共产党带领人民创造的新文化""红色文化是中国革命和建设光荣历史的见证""红色文化是中国特色社会主义先进文化的重要体现""红色文化是推进中华民族复兴的强大精神动力""红色文化是进行社会主义核心价值观教育的重要资源"的比例分别是63.9%、75.2%、27.2%、63.0%和46.9%。红色文化在大学生中具有一定的传播度。

在调查"您对中共党史的了解源于哪些(多选)"时,我们可以看到相关课程占75.4%,学校宣传占70.9%,电视和网络等占75.5%。这说明在新时期,我们在大学生中对中国共产党历史的宣传途径越来越多样,渠道更加丰富(见表3)。

表3　　　　　**您对中共党史的了解源于哪些?(多选)**

| 渠道 | 频率 | 百分比(%) | 个案百分比(%) |
|---|---|---|---|
| 相关课程 | 606 | 31.4 | 75.4 |
| 学校宣传 | 570 | 29.5 | 70.9 |
| 电视、网络等 | 609 | 31.5 | 75.7 |
| 其他 | 146 | 7.6 | 18.2 |
| 总计 | 1931 | 100.0 | 240.2 |

在回答"您认为红色文化的价值有哪些(多选)"时,只有 27.4% 认为有开发使用价值。红色文化不仅仅具有较高的历史印证价值、文明传承价值、精神弘扬价值和思想教育价值,更有巨大的开发使用价值。从表 4 中的数据看出,大学生对红色文化价值的认识还不够充分。在问及"您认为红色文化的特征有哪些(多选)"的时候,大学生的选择结果比较满意,但是只有 51.9% 的学生认为"红色文化是与时俱进的开放性的文化"。红色文化不仅仅具有民族性、先进性、阶级性,更有时代性。他们对红色文化的完全表述,对红色文化的价值、红色文化的特征理解不全面,认识不足(见表 5)。

表4　　　　　　　　　**您认为红色文化的价值有哪些?(多选)**

| 态度 | 频率 | 个案百分比(%) |
| --- | --- | --- |
| 历史印证价值 | 608 | 75.6 |
| 文明传承价值 | 683 | 85.0 |
| 精神弘扬价值 | 387 | 48.3 |
| 思想教育价值 | 582 | 72.6 |
| 开发使用价值 | 220 | 27.4 |
| 总计 | 2480 | |

注:此题有效问卷数为802。

表5　　　　　　　　　**您认为红色文化的特征有哪些?(多选)**

| 态度 | 频率 | 个案百分比(%) |
| --- | --- | --- |
| 红色文化是具有民族性、科学性、大众性的文化 | 594 | 74.1 |
| 红色文化是以马克思为指导的先进文化 | 563 | 70.2 |
| 红色文化是一种具有中国特色的政治文化 | 545 | 68.0 |
| 红色文化是与时俱进的开放性的文化 | 416 | 51.9 |
| 总计 | 2118 | |

通过调查了解到,海南高校大学生大部分从内心深处真正接受并认同红色文化,认为有必要对大学生开展红色文化教育,并且愿意接受更多的革命教育。当问

及"您觉得是否有必要对大学生进行红色文化教育"时，41%的受访者认为必须有，42.9%的受访者认为比较有必要(见表6)。当问及"您是否愿意主动接受更多的革命教育"时，27.9%的受访者表示很愿意，46.1%的受访者认为乐意接受(见表7)。

表6　　　**您觉得是否有必要对大学生进行红色文化教育？**

| 态度 | 频率 | 百分比(%) |
| --- | --- | --- |
| 必须有 | 330 | 41.0 |
| 比较有必要 | 345 | 42.9 |
| 不是很有必要 | 109 | 13.6 |
| 完全没必要 | 20 | 2.4 |
| 合计 | 804 | 100.0 |

表7　　　　　　**您是否愿意主动接受更多的革命教育？**

| 态度 | 频率 | 百分比(%) |
| --- | --- | --- |
| 很愿意 | 224 | 27.9 |
| 乐意接受 | 371 | 46.1 |
| 服从安排 | 180 | 22.4 |
| 很不愿意 | 29 | 3.6 |
| 合计 | 804 | 100.0 |

当问及"您认为红色文化在当今我国经济社会发展与文明建设中起到了作用吗"的时候，46.3%的受访者认为具有很大作用，42.2%的受访者认为作用一般。这反映出绝大部分的大学生认为红色文化在当今我国经济社会发展与文明建设中起到了一定的作用(见表8)。

表8　　**您认为红色文化在当今我国经济社会发展与文明建设中起到了作用吗？**

| 态度 | 频率 | 百分比(%) |
| --- | --- | --- |
| 很大作用 | 372 | 46.3 |

续表

| 态度 | 频率 | 百分比(%) |
|---|---|---|
| 一般 | 339 | 42.2 |
| 没有 | 44 | 5.5 |
| 说不清楚 | 49 | 6.1 |
| 合计 | 804 | 100.0 |

当问及"您认为现在社会有必要宣传勤俭节约、艰苦奋斗等红色精神吗"的时候,70.1%的受访者认为很有必要,23.9%的受访者认为一般。从结果可以看出绝大部分受访者认为现在社会有必要宣传勤俭节约、艰苦奋斗等红色精神(见表9)。

表9　　您认为现在社会有必要宣传勤俭节约、艰苦奋斗等红色精神吗?

| 态度 | 频率 | 百分比(%) |
|---|---|---|
| 很有必要 | 564 | 70.1 |
| 一般 | 192 | 23.9 |
| 没必要 | 38 | 4.7 |
| 不清楚 | 10 | 1.2 |
| 合计 | 804 | 100.0 |

弘扬红色文化精神,是提升红色文化教育内涵的重要举措。在调查中,当问及"您认为弘扬红色文化精神的意义有哪些(多选)"的时候,80.1%的学生认为弘扬红色文化精神可以缅怀先烈,71.9%的学生认为可以通过弘扬红色文化精神来敬佩伟人,84.7%的学生认为可以激励自己,83%的学生认为可以教育后人,12.9%的学生认为仅仅是为了欣赏风景和图片。当代大学生肩负着中国特色社会主义现代化建设的重担,继承和弘扬红色文化精神是促进自身全面发展的精神支柱。在红色文化教育过程中,更应该将红色文化的精神内化为自己的品格,提升自我修养(见表10)。

表 10 　　　您认为弘扬红色文化精神的意义有哪些？（多选）

| 选项 | 频率 | 百分比(%) | 个案百分比(%) |
|---|---|---|---|
| 缅怀先烈 | 644 | 23.7 | 80.1 |
| 敬佩伟人 | 578 | 21.3 | 71.9 |
| 激励自己 | 681 | 25.1 | 84.7 |
| 教育后人 | 667 | 24.6 | 83.0 |
| 欣赏风景、图片 | 104 | 3.8 | 12.9 |
| 没多大意义 | 41 | 1.5 | 5.1 |
| 总计 | 2715 | 100.0 | |

当问及"您认为学校应该如何加强大学的红色文化教育"时，31.7%的受访者认为要"把弘扬革命传统教育纳入国民教育全过程"，23.9%的受访者认为要"加强红色教育资源进校园工作"，25%的受访者认为要"加强红色资源的社会实践活动"，19.4%的受访者认为要"多渠道强化红色资源的宣传与教育"。海南高校红色文化教育应该加强创新（见表11）。

表 11 　　　您认为学校应该如何加强大学的红色文化教育？

| 态度 | 频率 | 百分比(%) |
|---|---|---|
| 把弘扬革命传统教育纳入国民教育全过程 | 255 | 31.7 |
| 加强红色教育资源进校园工作 | 192 | 23.9 |
| 加强红色资源的社会实践活动 | 201 | 25.0 |
| 多渠道强化红色资源的宣传与教育 | 156 | 19.4 |
| 合计 | 804 | 100.0 |

## 2. 红色文化教育载体多样，学生参与意愿较强

红色文化的传播、继承和弘扬，需要借助一定的载体，才会显得更有生命力和吸引力。海南各界在红色文化方面大显身手，呈现出丰富多样的红色文化教育载体，极大地增强了红色文化教育的实效性。在文艺界，电视剧《解放海南岛》、

芭蕾舞剧《红色娘子军》、歌曲《万泉河水清又清》等都是一批朗朗上口的题材。政府积极投资维护和修缮革命纪念馆,红色娘子军纪念园、解放海南临高角登陆纪念馆、母瑞山革命纪念园等的建设和开发,吸引了大批的青年学生参观,海南高校长期组织学生干部及学生前往参观学习。在学术界,关于琼崖革命的一系列著作相继出版刊发,海南大学、海南师范大学、琼州学院等高校相关科研人员在教学和科学研究中,不断地出版各类著作和学习材料,极大丰富了大学生的学习资源。同时,我们在调查中发现,海南省定安县及琼海市的民间力量开始关注红色文化,逐步投资修缮当地的革命遗址,为当地经济社会发展出谋划策。

在问及"您参加过学校组织的哪些关于红色文化教育的活动(多选)"时,可以看出大学生参加"唱红歌""观看红色影片""升国旗"的比例最高。"走访革命遗址""党史知识竞赛"和"读红色经典"等比例较低,但是均有体现(见表12)。

表12　　　您参加过学校组织的哪些关于红色文化教育的活动?(多选)

| 活动 | 响应 | | 个案百分比(%) |
|---|---|---|---|
| | 频率 | 百分比(%) | |
| 唱红歌 | 537 | 18.7 | 67.0 |
| 观看红色影片 | 586 | 20.4 | 73.1 |
| 走访革命遗址 | 390 | 13.6 | 48.6 |
| 党史知识竞赛 | 301 | 10.5 | 37.5 |
| 升国旗 | 536 | 18.7 | 66.8 |
| 读红色经典 | 362 | 12.6 | 45.1 |
| 其他 | 104 | 3.6 | 13.0 |
| 没有参加过 | 54 | 1.9 | 6.7 |
| 总计 | 2870 | 100.0 | |

高校以往的大学生红色文化教育主要依赖于思想政治理论课。近年来随着大学生思想政治教育工作的深化和发展,海南高校大学生的红色文化教育已经开始创新方式,让学生积极参与,深入融合,内化为自己的精神品格。一是改变"重知识传授,轻实践体验"的理念,更加注重实践育人。自教育部等部门《关于进

一步加强高校实践育人工作的若干意见》(教思政〔2012〕1号)颁发以来,海南高校积极改革思想政治理论课教学,强化实践教学环节,建立爱国主义教育基地或者,组织学生参加实践教学课程设计,切实加强高校实践育人工作的持续性和常态化建设。二是更加注重隐性教育的作用,潜移默化的德育方式开始贯穿于大学生教学之中。在通过思想政治教育理论课开展红色文化教育时,也逐步开始注重专业课和人文素养课教学过程中红色文化教育的渗透,通过潜移默化的影响,逐步强化大学生的思想政治教育。

在问及"您在学校接受的红色文化教育主要方式有哪些(多选)"时,66.0%大学生选择了"集体组织学习",73.0%的大学生选择了"展板、报纸等实物媒体",61.7%的大学生选择了"教科书",66.4%的大学生选择了"网络、电视等新媒体"。由此可以看出,传统的红色文化教育方式仍占有重要地位。同时随着新媒体的出现,对红色文化教育的方式也带来了崭新的变化。在访谈调查中,部分大学生对网络红色文化教育方式产生了浓厚兴趣。随时互联网时代的迅速发展,网络思想政治教育也日趋成熟。大学生希望进一步净化网络空间,完善红色文化教育网络平台建设,拓宽新媒体(网站、微博平台、QQ群及微信公共平台等)对红色文化的传播,注重新媒体对红色文化教育产生积极促进作用(见表13)。

表13    您在学校接受的红色文化教育主要方式有哪些?(多选)

| 活动 | 响应 | | 个案百分比(%) |
| --- | --- | --- | --- |
| | 频率 | 百分比(%) | |
| 集体组织学习 | 529 | 17.6 | 66.0 |
| 展板、报纸等实物媒体 | 585 | 19.4 | 73.0 |
| 网络、电视等新媒体 | 532 | 17.7 | 66.4 |
| 参观革命遗址 | 373 | 12.4 | 46.6 |
| 教科书 | 494 | 16.4 | 61.7 |
| 亲友口述 | 160 | 5.3 | 20.0 |
| 悼念革命先烈 | 268 | 8.9 | 33.5 |
| 其他 | 70 | 2.3 | 8.7 |
| 总计 | 3011 | 100.0 | |

除了通过课堂教学方式开展高校大学生红色文化教育以外，海南高校还将红色文化教育融入学生日常生活，创新红色文化教育的方法和方式，多途径地开展红色文化教育，极大地提高了学生参与度和积极性。目前，海南高校大学生红色文化教育以"思想政治理论课为主线、人文素养课和专业课教学渗透"的课堂教学、以丰富的校园文化活动为平台的校园实践教学、以校外考察和参观为途径的实践育人方式及新媒体平台宣传红色文化等形式开展。海南高校大学生红色文化教育将与本土红色文化结合，开创了形式多样、贴近学生实际的红色文化教育活动，使得红色革命精神融入大学生的品格之中，为海南国际旅游岛建设、中国特色社会主义现代化建设和实现中华民族伟大复兴中国梦提供了坚实有力的思想保证。其中，海南大学部分高校开展了"海南红色旅游线路"设计大赛，在采集海南党史资料的基础上，结合海南红色旅游景点及爱国主义教育基地、革命教育基地的信息，设计出全新的红色旅游线路。通过海南红色旅游线路设计大赛，广大大学生积极参与，发挥聪明才智，对海南红色文化教育活动的开展具有重要意义。

问卷中提及"您参加学校组织的红歌会、革命宣传和红色文艺演出等活动吗"，结果表明，只有27%的大学生表示经常参加，53.7%的大学生表示偶尔参加，将近18.4%的大学生表示从未参加过（见表14）。

表14　您参加学校组织的红歌会、革命宣传和红色文艺演出等活动吗？

| 态度 | 频率 | 百分比（%） |
| --- | --- | --- |
| 经常 | 217 | 27.0 |
| 偶尔参加 | 438 | 54.5 |
| 从不参加 | 149 | 18.5 |
| 合计 | 804 | 100.0 |

随着红色旅游的快速发展，高校大学生已经成为红色旅游的主要群体和接受红色文化教育的主要受众。一些红色遗址得到保护和开发、一批纪念馆得到修建和修缮、一批精品旅游线路得到规划，每年到红色景点旅游的人数不断增长。大学生理由优先选择到红色景点游览，不仅是欣赏自然风景，还应接受革命教育，既能愉悦

心情，又能感染内心，提升自己。但是，当问及"你会去红色景点旅游吗"之时，只有42%的大学生表示非常愿意，45.3%的大学生表示偶尔会(见表15)。

表15　　　　　　　　　　**您会去红色景点旅游吗？**

| 态度 | 频率 | 百分比(%) |
|---|---|---|
| 非常愿意 | 338 | 42.0 |
| 偶尔会 | 364 | 45.3 |
| 不愿意 | 49 | 6.1 |
| 不一定 | 53 | 6.6 |
| 合计 | 804 | 100.0 |

当问及"您参加过学校组织的红色革命根据地参观活动吗"之时，仅仅有17.7%的大学生表示经常参加，28.1%的大学生表示从未参加过(见表16)。

表16　　　　　　**您参加过学校组织的红色革命根据地参观活动吗？**

| 态度 | 频率 | 百分比(%) |
|---|---|---|
| 经常 | 143 | 17.8 |
| 偶尔 | 435 | 54.1 |
| 没有 | 226 | 28.1 |
| 合计 | 804 | 100.0 |

通过进一步分析发现，中共党员身份、共青团员身份和群众身份的大学生经常参加学校组织的红色革命根据地参观活动比例分别为14.2%、18.6%和16.4%。在访谈调查中发现，在民主生活会或者相关节庆日中组织大学生党员干部参观红色景点的活动比较少，缺少机会亲临革命事迹现场接受教育，很难在体验中收获真切的感受。

红色文化教育是社会主义核心价值观教育的重要组成部分。当问及"您是否认为红色文化与社会主义核心价值观具有内在统一性?"的时候，67.7%的大学生认为"红色文化"和"社会主义核心价值观"二者具有内在统一性(见表17)。

表17    您是否认为红色文化与社会主义核心价值观具有内在统一性？

| 态度 | 频率 | 百分比(%) |
|---|---|---|
| 是 | 544 | 67.7 |
| 不是 | 135 | 16.8 |
| 不清楚 | 125 | 15.5 |
| 合计 | 804 | 100.0 |

### 3. 红色文化资源丰富，红色文化教育效果明显

海南各界在红色文化方面大显身手，呈现出丰富多样的红色文化教育载体，极大地增强了红色文化教育的实效性。琼崖根据地是全国唯一一个"23年红旗不倒"的革命根据地，海南目前存有500余处红色遗址，拥有丰富的红色文化资源。比较著名的有定安母瑞山革命根据地纪念园、万宁六连岭革命遗址、五指山革命根据地纪念园、海口琼山区工农红军琼崖纵队改编旧址、琼海红色娘子军纪念园、文昌张云逸大将纪念馆、海口解放海南岛战役烈士陵园、临高角解放公园和红毛王国兴墓等革命遗址，《红色娘子军》芭蕾舞剧、《万泉河水清又清》歌曲、《解放海南岛》电视剧等红色文艺作品及"红色娘子军"等一大批可歌可泣的革命人物和事迹。

在问及"您在这些红色教育活动中有哪些收获"的时候，55.1%的大学生认为加深了对党的认识，提高思想觉悟，18.5%的大学生认为增强了建设党和国家奋斗的决心，有20.3%的大学生认为增强了民族自信心和自豪感(见表18)。

表18    您在这些红色教育活动中有哪些收获？

| 态度 | 频率 | 百分比(%) |
|---|---|---|
| 加深了对党的认识，提高思想觉悟 | 443 | 55.1 |
| 增强了建设党和国家奋斗的决心 | 149 | 18.5 |
| 增强了民族自信心和自豪感 | 163 | 20.3 |
| 其他 | 49 | 6.1 |
| 合计 | 804 | 100.0 |

当问及"参加学校的红色文化活动有意义吗"的时候，有 53.2% 的学生认为很有意义，40.4% 的学生认为一般(见表 19)。问及"如有机会，您会参加学校组织的红色文化教育活动吗?"的时候，65.4 的大学生表示非常愿意，28.6% 的大学生犹豫不决，表现出消极的态度。高校大学生红色文化教育是一个长期的过程，最终效果如何，只有在大学生的思想和行为上得到体现，对红色文化认同感增强，积极主动地参与红色文化教育，在红色文化教育过程中成长(见表 20)。

表 19　　　　　　　**参加学校的红色文化活动有意义吗?**

| 态度 | 频率 | 百分比(%) |
|---|---|---|
| 很有意义 | 428 | 53.2 |
| 一般 | 325 | 40.4 |
| 没有 | 30 | 3.7 |
| 说不清楚 | 21 | 2.6 |
| 合计 | 804 | 100.0 |

表 20　　　　　**如有机会，您会参加学校组织的红色文化教育活动吗?**

| 态度 | 频率 | 百分比(%) |
|---|---|---|
| 非常愿意 | 526 | 65.4 |
| 不知道 | 230 | 28.6 |
| 不愿意 | 48 | 6.0 |
| 合计 | 804 | 100.0 |

当问卷中提及"您觉得红色革命精神是否与您的生活息息相关"之时，结果表明，只有 54% 的大学生认为红色革命精神与自己的生活有比较大的关系，42.7% 的大学生认为与自己关系不大，3.4% 的大学生认为与自己完全没关系(见表 21)。

表21          **您觉得红色革命精神是否与您的生活息息相关?**

| 态度 | 频率 | 百分比(%) |
|---|---|---|
| 有比较大的关系 | 434 | 54.0 |
| 关系不大 | 343 | 42.7 |
| 完全没关系 | 27 | 3.4 |
| 合计 | 804 | 100.0 |

    红色文化是高校大学生培育和践行社会主义核心价值观的宝贵资源,能够有力地推进大学生社会主义核心价值观教育。被问及"您认为大学红色文化教育如何推进社会主义核心价值观教育"的时候,38.8%的大学生认为需要"创新课堂教学,红色文化融入理论教学",37.4%的大学生认为需要"拓展第二课堂,红色文化融入校园文化活动",24.1%的大学生认为需要"延伸课堂链条,红色文化融入社会实践活动"。这也反映出当代大学生对高校大学生红色文化教育提出了与时俱进的要求,希望红色文化教育时代性更强(见表22)。

表22      **您认为大学红色文化教育如何推进社会主义核心价值观教育?**

| 态度 | 频率 | 百分比(%) |
|---|---|---|
| 创新课堂教学,红色文化融入理论教学 | 312 | 38.8 |
| 拓展第二课堂,红色文化融入校园文化活动 | 298 | 37.1 |
| 延伸课堂链条,红色文化融入社会实践活动 | 194 | 24.1 |
| 合计 | 804 | 100.0 |

# 二、海南高校大学生红色文化教育存在的主要问题

    尽管海南高校大学生红色文化教育取得了较好的成绩,但也存在一些值得注意的问题。

## (一)对海南红色文化资源的利用不够

海南的红色文化资源众多,教育优势得天独厚,能够为海南高校大学生红色文化教育提供充分的资源和丰富的内容。但是,当前的海南高校并没有很好地认识到红色文化资源的教育价值,没有充分对琼崖革命资源和精神进行挖掘,导致海南高校大学生红色文化教育出现瓶颈。

海南"二十三年红旗不倒"的琼崖革命精神,以丰富的革命事迹、人物及遗址为载体。同时,海南拥有汉族、黎族、回族、苗族等多民族,形成了丰富多样的民族文化。在开展海南高校大学生红色文化教育的同时,需要注意立足因地制宜,融入本土特色。但是,我们在调查中发现,在大学生红色文化教育过程中,海南岛的红色文化资源有时没有得到充分发挥和利用。开展海南高校大学生红色文化教育,需要充分利用海南岛的红色文化资源。目前仅有海南大学连续多年组织师生对海南红色文化资源分布进行调查和梳理,初步形成了一批研究成果,但海南高校对于红色文化资源的利用还很不够。在问及"您了解海南红色革命根据地的历史吗"之时,15.3%的大学生回答的是"非常了解",57.6的大学生回答的是"了解不多",22%的大学生对海南红色革命根据地的历史不了解(见表23)。在回答"您了解海南琼崖革命历史吗"之时,11.6%的大学生选择了"非常了解",31.8%的大学生选择了"不了解"(见表24)。

表23 您了解海南红色革命根据地的历史吗?

| 态度 | 频率 | 百分比(%) |
|------|------|-----------|
| 非常了解 | 123 | 15.3 |
| 了解不多 | 463 | 57.6 |
| 不了解 | 177 | 22.0 |
| 没听说过 | 41 | 5.1 |
| 合计 | 804 | 100.0 |

表24 您了解海南琼崖革命历史吗?

| 态度 | 频率 | 百分比(%) |
| --- | --- | --- |
| 非常了解 | 93 | 11.6 |
| 了解不多 | 396 | 49.3 |
| 不了解 | 256 | 31.8 |
| 没听说过 | 59 | 7.3 |
| 合计 | 804 | 100.0 |

## (二)红色文化教育合力缺乏

高校、政府、社会和家庭对红色文化教育的重视程度是影响当前高校红色文化教育效果的一项重要因素。

红色文化教育需要学校、政府、社会、家庭和学生等多方面的协同合作,加强各界的沟通,形成合力育人的机制,提升红色文化育人效果。现实工作中社会各界各自为政,缺乏协同创新机制,造成资源配置不合理和浪费的现象。在调查和走访过程中了解到,海南省截至目前尚没有建立大学生红色文化教育研究基地和大学生红色文化教育协同创新中心,红色革命爱国主义教育基地基本实行收费制度,对红色革命精神的内涵发掘不足,大学生参观红色革命景点的期望得不到满足。红色文化教育宣传的革命理念、崇高的革命精神和鲜活的革命事迹,本来是帮助大学生培养和形成良好的个人品质和思想政治素养的,却在现实生活中因为种种困难受到干扰,不能将红色文化教育的目的转化为自身成长的动力。

红色文化教育是一项系统的、全面的教育过程,学校、社会、政府及家庭都应该共同谋划,形成红色文化育人的共建模式。自2008年国家发展改革委等部门和单位发布《关于进一步促进红色旅游健康持续发展的意见》(发改社会〔2008〕2464号)以来,政府在宏观设计上已经形成共建模式,但是在具体工作中,红色文化教育的相关单位各自为战,且资源配置不合理,达不到预期效果。海南部分红色文化景点建立以后,由于缺少经费,没有专业的导游队伍,与景点相关的革命事迹宣传不足,令大学生参观和体验的效果大打折扣。

在涉及"您认为社会应该如何加强大学的红色文化教育"时,32.5%的大学生认为选择要"建设革命传统教育的长效机制",35%的大学生认为要"加强红色资源的发掘与研究",12.3%的大学生认为要"组织编写红色文化内容的教育读本",13.9%的大学生认为要"加强革命传统教育基地建设",6.3%的大学生认为要"在红色资源地依法设立相关纪念碑"。海南高校大学生红色文化教育迫切需要社会各界积极参与,形成教育合力。

表25　　　　您认为社会应该如何加强大学的红色文化教育?

| 途径 | 频率 | 百分比(%) |
|---|---|---|
| 建设革命传统教育的长效机制 | 261 | 32.5 |
| 加强红色资源的发掘与研究 | 281 | 35.0 |
| 组织编写红色文化内容的教育读本 | 99 | 12.3 |
| 加强革命传统教育基地建设 | 112 | 13.9 |
| 在红色资源地依法设立相关纪念碑 | 51 | 6.3 |
| 合计 | 804 | 100.0 |

## (三)红色文化教育实效性有待增强

高校开展红色文化教育的目的是加强大学生的理想信念教育和价值观教育,深化大学生对中国共产党领导地位和社会主义政治发展道路的认可和认同。在海南高校大学生红色文化教育中,需要结合学校实际情况,贴近大学生实际发展,不断地丰富教育内容、创新教育方式,将红色教育贯穿于学生社会活动的始末,以适应学生的思维发展趋势,增强思想政治教育工作的针对性和实效性。

在社会转型期,大学生的思想最容易发生波动和变化。随着时代的进步,大学生对知识的了解和对世界的了解不仅仅停留在书本的解读上,更倾向于进行创新性的思考。目前,海南高校大学生红色文化教育的理念仍停留在传统的灌输育人上,不能满足学生现实需求。在调查中,不少大学生反映高校大学生红色文化教育内容陈旧、方式简单、方法落后,教学理念跟不上学生成长的步伐,缺乏创新,不能引起学生的共鸣。学生在进行自我思考的基础上对社会热点和难点解读,缺乏理性的思考和深层次的研究,容易受到西方思潮的影响和破坏。当前,高校所开展的红色文化教育与社会生活以及学生的实际发展之间还存在一定的缺失，导致红色文化教育仅仅局限在单纯的红色文化内容教育之中，无法与学生的实际发展特点相契合，脱离实际，学生不能在红色文化教育中升华品格，无法达到理想的效果。

在问卷中发现，当被问及"学校是否做过红色文化宣传？学校宣传红色文化的方式有哪些"的时候，我们可以发现学校做的红色文化的宣传形式较少，在大学生群体中没有引起广泛关注。高校设立的校史馆中没有设置海南琼崖革命专区，组织学生观看红色电影、红色书籍活动及红歌比赛缺乏持续性和系统性，党史知识竞赛中没有嵌入琼崖革命史内容，学校没有专门的队伍指导大学生红色文化教育活动，导致大学生红色文化教育不能在大学生周围产生浓烈的氛围。近年来，海南高校开始举办红色旅游路线设计大赛，大学生参加"我爱三沙知识竞赛"，但是参与者的覆盖面有限，集中于大学生干部和活动积极分子之间，难以达到广泛的宣传教育目的。

表26　　　学校是否做过红色文化宣传？学校宣传红色文化的方式有哪些？

| 态度 | 频率 | 百分比(%) |
|---|---|---|
| 没有 | 134 | 16.7 |
| 红色电影 | 354 | 44.0 |
| 红色歌曲 | 163 | 20.3 |
| 红色旅游 | 52 | 6.5 |
| 红色书籍 | 56 | 7.0 |
| 革命前辈口述 | 18 | 2.2 |
| 其他 | 27 | 3.4 |
| 合计 | 804 | 100.0 |

海南的红色文化资源众多，在大学生红色文化教育方面有得天独厚的优势。当前，海南一些高校存在"重业务轻素质""重智育轻德育"的现象，学校在制订发展规划或者工作计划的时候，给予大学生思想政治教育的政策支持力度偏小，作为思想政治教育新举措的红色文化教育甚至是被忽略掉。一些海南高校并没有

充分认识到红色文化资源的教育价值，红色文化教育的实效性更有待于进一步提升。

# 三、推进海南高校大学生红色文化教育的路径选择

海南高校要始终将思想政治教育作为学校工作的重中之重。只有不断加强马克思主义理论特别是中国化马克思主义理论教育，将红色文化教育纳入思想政治教育工作，构建全方位的思想政治教育新格局，才能更好地促进海南经济社会发展，为实现中华民族伟大复兴的中国梦提供人才保证。

## （一）充分开发利用红色文化资源

第一，要推动红色文化进课堂。红色文化是高校思想政治教育的重要资源。高校将红色文化融入课堂教学，充实和优化课堂教学内容，有利于提高课堂的感染力和吸引力，同时也可以提高大学生的思想政治素质。

思想政治理论课教师要努力将红色文化纳入大学生思想政治理论课教学。思想理论课是我国高校大学生的必修课，是提升大学生思想政治素质的重要途径。在海南高校大学生思想政治理论课教学过程中，合理规划和设计，在正常教学内容中融入红色文化内容，尤其是融入海南本土的红色文化内容，贴近学生实际，让学生切身体会和感知红色文化的精神力量，促使学生不断提高思想政治素质。

专业课教师要充分挖掘专业课教材中的红色文化资源，把课程设置与学生实际情况结合起来，融入红色文化元素，让学生在接受专业课教学提升知识水平的同时，又能够影响价值观教育。专业课老师在课堂上，还可以结合学科与当前社会的热点问题结合起来，激起学生的学习兴趣，增强学习的积极性，有助于培养学生成为一个有改造社会热情，有责任意识，有正义感的当代公民。

高校大学生人文素质的提升离不开人文社会科学教育的作用。人文素质是人的文化素质的集中体现和核心内容，表现为人格、气质、修养等相对稳定的品格。高校人文社会科学教育的目的是教导学生怎么做人，而这也是红色文化教育的根本任务。人文社会科学课堂中要有计划地融入红色文化教育，将两者结合起来以发挥最佳优势。

　　第二，要加强校园文化建设。大学校园文化是学校师生精神面貌和学校学风、校风建设的集中体现。良好的校园文化能够展现学校形象，凝聚力量，会潜移默化地影响大学生世界观、人生观和价值观。高校将弘扬红色文化与校园精品文化项目结合起来，科学规划、合理安排，开展形式多样的特色品牌活动，扩大学生的参与度，营造浓郁的红色文化育人氛围，吸引大学生的注意力和关注度，使大学生在日常生活中潜移默化地对红色文化产生认同。挖掘校史和地方史中积淀的红色文化资源，将学党史和讲校史有机结合起来，把校史和地方史中的红色文化资源转化为育人资源，培养学生的爱校、爱党、爱国情怀。

　　首先，高校要将红色文化融入校园物质文化。通过在校园相关区域放置红色雕刻，红色标语、红色诗词上墙、入脑、入心，将具有海南革命历史纪念意义的典型人物或者事件以生动的形象和多样的艺术手法展现在校园景观中。其次，要充分发挥校园宣传阵地的作用，充分发挥新媒体的作用，利用好校史馆或者文化馆，扩大宣传覆盖面，加强红色文化的宣传和教育。红色文化所蕴含的爱国主义教育、理想信念教育、艰苦奋斗教育、创新精神教育是大学校园精神文化建设的核心与灵魂。再次，要结合大学生身心发展特点和规律，了解大学生需求，创造更多贴近大学生生活、深受大学生喜爱、满足大学生发展需要的高校校园红色文化精品文艺活动及学术科研竞赛等活动。近年来，海南高校开始在尝试着举办大学生红色旅游线路设计大赛，让学生在活动中了解中国共产党海南史和海南革命史，提升了海南高校大学生红色文化教育效果。

　　大学生社团是有共同兴趣爱好和价值观念的大学生们为满足自己的学习、生活需求而组织起来的团体，是高校校园文化建设的一支重要力量。大学生社团组织坚持学校党组织的领导，以党的基本方针为指导，通过举办红歌比赛、党史知识竞赛、举办红色主题报告会和观看红色经典电影等活动形式宣传红色文化，提高社团成员的红色政治觉悟，加深大学生对革命传统的理解，增强青年学子的使命感和社会责任感。高校要充分发挥大学生社团的作用，为校园文化建设凝聚力量。

　　第三，要大力弘扬琼崖革命精神。在琼崖革命中，琼崖党组织在孤岛上领导全琼各族人民进行了可歌可泣的长期斗争，创造了"23 年红旗不倒"的光辉业绩，所形成的坚韧不拔和百折不挠的革命精神为后人所敬仰，永远值得后人学习。

琼崖革命精神是海南高校开展大学生思想政治教育和红色文化教育的宝贵资源。海南高校在开展大学生红色文化教育的过程中，将琼崖革命精神融入大学生教学，以丰富大学生思想政治教育的资源，激发大学生的学习积极性，培养大学生热爱海南、服务海南、奉献海南的高尚精神品德。借助高校科研平台，加大对琼崖革命精神研究的支持力度，尽快建立健全海南红色文化教育的教材体系，为全省大学生红色文化教育提供良好的基础。要建立琼崖革命网络宣传平台以多渠道强化红色宣传，丰富红色资源的社会实践环节以强化大学生对琼崖革命的切身体验和感触。加强海南高校大学生红色文化教育师资队伍建设，准确把握海南红色文化的内容和内涵，提升红色文化教育的力度。发挥海南高校大学生社团的作用，积极引导大学生参与学习宣传研究海南红色文化，让他们在学习中成长成才。

## (二)完善保障机制，形成红色文化教育合力

第一，要完善保障机制。当前，海南高校红色文化教育基本处在一种无序、无系统状态。高校必须制定行之有效的红色文化教育规划和制度，将红色文化教育纳入大学生思想政治教育工作制度建设，实现红色文化教育的规范化和制度化。只有依靠制度来开展红色文化教育工作，才能保持高校大学生红色文化教育的持久性和稳定性，真正提高红色文化的育人效果。

高校要设置红色文化教育领导机构，构建稳定有效的领导制度，努力形成以学校党委统一领导，其他各级党组织全力配合，保证红色文化教育顺利实施的领导机制。学校宣传部、研究生处、学生处、科研处、校团委和马克思主义学院等各相关部门密切配合，协同校党委共同建立大学生红色文化教育领导机构和组织机构，统筹协调全校开展大学生红色文化教育，使红色文化教育覆盖整个校园。

第二，要形成红色文化教育合力，构建协同创新机制。海南地处革命老区，有着优良的革命传统和丰富的红色资源。在高校内部和高校与高校之间加强相互作用力，相互配合、合作以及整合，发挥各自优势，积极开拓红色文化教育渠道，力求在红色文化传播和教育中形成合力，建设中共党史和革命精神研究等基地，努力构建协同创新机制，推进红色文化教育取得良好效果。在协同创新机制中，高校要整体统筹，积极联合各级党史研究机构、学术研究团体和教育部门等

单位开展实质性合作，搭建起资源共享、优势互补、互惠共赢的红色文化教育力量，共同参与和推动海南高吸大学红色文化教育的发展和进步。

同时，要构建"四位一体"的红色文化教育模式。大学生红色文化教育仅仅依靠学校的力量是不够的，必须将家庭、学校、政府、社会结合起来，形成"四位一体"的红色文化教育合力模式。

一是要发挥学校在红色文化教育中的主阵地作用。高校是进行社会主义核心价值观教育的重要场所。高校开展红色文化教育，必须充分发挥学校的主阵地作用。首先，高校要重视红色文化教育。高校应该重视红色文化教育，发挥高校自身优势，主动整合各方面力量，挖掘中国共产党海南史丰富的革命文化资源，加大海南红色文化科学研究，认真组织并开展红色文化教育，加强校内外的合作，建设党史和革命精神研究的合力，促进革命文化的传承创新，为革命传统教育的宣传和红色文化资源开发利用提供智力支持。其次，加强红色文化教育队伍培养。高素质的红色文化教育工作队伍是开展高校大学生红色文化教育的有力保证。加强高校思想政治教育队伍建设，培育先进的学术研究领头人物及优秀的教育教学团队，通过打造一系列精品课程为载体，形成结构合理、队伍稳定、素质过硬、理念先进并具有一定创新能力和竞争能力的高水平师资队伍。仿照学科教学竞赛的模式，创新红色文化教育教学大赛、推选最受欢迎的教师等活动，促进中青年教师教学能力和思想政治素质的不断提高，同时有目的、有计划地组织、推荐思想政治教育教师挂职、交流、深造、访学及实践，以此提升全体思想政治教育教师队伍的综合素质，以更加丰富的专业知识充实红色文化教育的内容，以更加先进的手段推进红色文化教育便捷开展，以更加高超的教学艺术驾驭红色文化教育的过程。

二是要发挥政府在红色文化资源开发中的主导作用。开发和利用红色文化资源，政府需要发挥主导力量，加大对本地红色文化资源的保护，投入经费建设，制定好相关政策，吸引社会资金，组织培训红色文化教育工作队伍，对具有学科优势和师资优势的高校教师加强培训，引导红色文化资源的科学开发，服务好红色文化教育的开展。

三是要发挥社会和家庭在红色文化教育中的保障作用。社会环境对红色文化教育有着深刻的影响。坚持用社会主义核心价值观引领社会思潮，积极营造良好的思想舆论氛围，发挥社区优势，创新活动载体和活动形式，创作具有韵味的红色文化网站、剧本、戏剧、歌曲、书籍、文献等，我们要用这些特殊的精神产品在文化领域占有一席之地，让广大人民群众积极参与到红色文化时间中来，促进红色文化深入人心。

目前，海南相继成立了琼崖精神研究会和海南琼崖文化传播有限公司等社会团体和企业，借着海南国际旅游岛建设的春风，继承和弘扬琼崖革命精神，将有力地推动红色文化教育的发展。在调查和访谈中了解到，海南省定安县部分民众及企业自发投资保护和开发本地红色文化资源，在当地已经产生了良好的效应。

家庭在大学生红色文化教育中发挥着很大作用。家长的品德修养和文化知识水平，教育方法以及教育环境对学生的品德和心理成长有着直接的影响。家长们也应该注意运用红色文化素材引导大学生树立正确的世界观、人生观和价值观。

### (三)把握大学生内心需求，创新红色文化教育方法

首先要把握大学生内心需求。我国大学生多数处于青年中期这一年龄阶段，自身存在自我意识逐步增强但发展不成熟、处理相关问题的知识和能力较为欠缺等特征。面对社会的变化多端，在价值观、情感和思想意识等方面存在困惑，容易诱发一些不利于大学生成长的因素，影响自身健康成长。红色文化教育蕴含的精神能够积极地对大学生身上存在的不稳定因素进行引导。在开展大学生红色文化教育过程中，应该注意深入大学生群体，全面了解大学生的思想动态和内心需求，紧密结合大学生实际，将红色文化教育融入大学生生活，使教育的内容和方式体现时代性，激发大学生的激情和积极性。

其次要坚持实践育人。坚持教育和社会实践相结合是党的教育方针。中宣部等部门印发的《关于进一步加强和改进大学生社会实践的意见》(中青联发〔2005〕3号)对大学生社会实践做出了全面的部署，教育部等部门《关于进一步加强高校实践育人工作的若干意见》(教思政〔2012〕1号)要求深化实践教学方法改革，探索实践育人的长效机制。强化实践教学环节，以专题讲座、报告会等形式搭建红色文化教育平台，以社会实践、志愿服务、社团活动、爱国主义教育等为载体，探索红色文化教育实践新模式。制定实践教学大纲，明确红色文化教育实践学时学分，编写红色文化教育实践育人教程，在红色文化资源分布区域建立大学生社

会实践基地和挂职锻炼基地，在大学生"三下乡"活动中融入红色文化教育环节，构建高效的红色文化教育体系，通过利用这些实践活动和学习，既熏陶了大学生们的思想感情，又丰富了他们的精神生活，增强了大学的民族自豪感和历史使命感。例如，海南大学马克思主义学院多年来连续在海南省定安县开展暑期大学生支教志愿服务活动，并且将红色文化资源的分布及开发等相关课题融入活动，大学生在支教的同时深入红色革命遗址和事迹地区了解革命史，为红色文化资源开发出谋划策，为当地社会主义新农村建设建言献策，受到当地广大群众的支持和好评。海南大学坚持实践育人的做法，值得海南其他高校加以借鉴。

再次要构建网络平台。随着互联网络的快速发展，大学生对互联网络的依赖和需求越来越高。网络成为广大大学生学习、娱乐、了解社会形势的重要窗口，网络思想政治教育也是高校开展大学生思想政治教育的重要途径之一。在高校开展大学生红色文化教育的过程中，需要充分利用互联网络，占领互联网络的舆论高地。大学生是互联网络运用中的主要群体，他们思想理念先进，易于接受新鲜事物，对网络依赖程度较高。搭建大学生喜爱的、满足大学生需求的新媒体平台，不仅可以引导大学生的思想，还可以根据大学生的需求开展有针对性的教育。加大大学生红色文化教育网络平台建设，扩大学生的关注度和参与度，切实方便大学生接受教育。同时，要丰富红色网站的内容，提升红色网站的吸引力。创立新型的红色网络宣传和渗透模式，开展红色旅游、红色故事、红色专访平台等具有特色的板块和栏目的创建，并引导大学生在相关网站开展学习，加大大学生对红色网站的依赖程度，提高学生学习的兴趣，进而提升对红色文化学习的参与热情。此外，要加强网站管理人员的素质。培养优秀的网络管理人员，聘请具有思想政治教育经验的老师和专家来配合，使网络更加符合学生红色文化学习的需求。最后，要创新网络红色文化教育的方法。高校要有意识地培养一批网络意见领袖，用正能量的信息覆盖负面信息，以大学生乐于接受、看得懂、学得会的手段和途径，吸引大学生点击红色文化网站，使他们能从中获得思想上的启迪教育，真正愿意接受红色文化的熏陶，成为红色文化的受益者、传播者。

# 海南红色旅游在培育社会主义核心价值观中的功能

樊红潮

自党的十八大明确提出社会主义核心价值观的基本内容之后，以红色旅游为载体积极培育和践行社会主义核心价值观取得了显著成果。海南红色旅游所依托的红色资源，是开展爱国主义教育和革命传统教育独具特色、鲜活生动的历史教材，它所承载的琼崖革命精神更是涵养社会主义核心价值观的重要源泉。因此，海南红色旅游思想政治教育功能的发挥，正是培育社会主义核心价值观的重要现实切入点，这有利于让社会主义核心价值观像海南的清新空气一样，无处不在，令人神往。

## 一、海南红色旅游对社会主义核心价值观的培育状况

在海南这片红色沃土之上，先后开发出一大批红色旅游点，其中有 7 个国家级红色旅游景区最为突出，它们分别是琼海红色娘子军纪念园、万宁市六连岭革命遗址、五指山市五指山革命根据地纪念园、定安县母瑞山革命根据地纪念园、海口市琼崖工农红军云龙改编旧址、海口市解放海南岛战役烈士陵园和文昌市张云逸大将纪念馆。为了解和掌握海南红色旅游对社会主义核心价值观培育功能的实况，笔者于 2016 年 7—8 月对上述 7 个国家级红色旅游景区进行了实地调研，发放调查问卷并做了访谈记录。

调查内容主要包括：游客对海南红色旅游的参与状况和基本评价，影响海南红色旅游对社会主义核心价值观培育效果的主要因素。调查问卷共 27 道题，其

中单项选择题 18 道，多项选择题 9 道，且多项选择题均设置了"其他"选项（可加以说明补充的选项）以求获得更全面真实的信息。

调查方式主要以问卷调查和现场访谈为主；调查对象主要是参与海南红色旅游的游客、导游及景区管理人员。

调查方法为抽样调查法。此次抽样调查的琼海红色娘子军纪念园等 7 个红色旅游点均是海南省内开发较好、名气较大、游客较多的红色景区，因而十分具有典型性和代表性，基本可以反映海南省红色旅游对社会主义核心价值观培育的基本状况。

## （一）海南红色旅游日渐兴盛

近年来，在全国红色旅游兴旺发展的社会背景下，在海南国际旅游岛建设的推动下，海南红色旅游得到了较快的发展，取得了骄人的成绩，集中体现为越来越多的游客关注并参与海南红色旅游，红色旅游成为海南旅游业的重要生力军。海南红色旅游之所以能够日渐兴盛，保持良好的发展势头，与下列因素息息相关。

首先，海南丰厚的红色旅游资源，为海南红色旅游提供了丰厚土壤。海南共有 481 处革命纪念馆或者革命遗址遗迹。其中，海口市 81 处、定安县 37 处、文昌市 66 处、琼海市 37 处、万宁市 19 处、屯昌县 17 处、儋州市 61 处、澄迈县 26 处、临高县 13 处、昌江县 7 处、白沙县 14 处、琼中县 6 处、陵水县 32 处、五指山市 12 处、保亭县 11 处、东方市 19 处、乐东县 17 处、三亚市 6 处。[①] 这些红色文化资源，是海南红色旅游发展的宝贵历史遗产，更是以海南红色旅游加强爱国主义教育示范基地建设，弘扬时代主旋律的生动历史教材。当下，海南红色资源的保护和开发工作深入推进，建成了多处红色旅游景点，其中有 7 处入选国家级红色旅游景区，成为全国爱国主义教育基地。

其次，"二十三年红旗不倒"的革命精神，铸就了海南红色旅游的独特吸引力。历史已经告诉我们，没有琼崖革命，就不会有海南顺利解放。在王文明、冯

---

① 张朔人：《海南红色文化资源分布及现状调查》，海口：海南出版社 2014 年版，第 1、31、54、75、96、104、114、139、150、158、163、169、173、185、191、199、209、221 页。

白驹等琼崖革命领导人的带领下，艰苦卓绝的琼崖革命武装斗争，创造了"二十三年红旗不倒"的革命奇迹。其间，大量可歌可泣、感人泪下的琼崖革命故事，折射出琼崖革命精神的本质要义，激励和鼓舞着一代又一代青年接过历史的接力棒奋勇前进。琼崖革命在中国革命史中的历史贡献和战略意义，以及内涵丰富的琼崖革命精神，让海南旅游日益凸显其红色魅力。调查发现，多数游客是满怀激情、充满期盼地来到海南红色旅游景区，这离不开琼崖革命精神的独特魅力。例如，在琼海红色娘子军纪念园中访谈时，有一位游客反映，她从小就听着红色娘子军的故事长大，并且参加过学校组织的《红色娘子军》芭蕾舞文艺演出，只要提起"红色娘子军"，就会勾起她太多的美好记忆，触发其无限的慨叹。同时，在调研的每个海南红色旅游景区中，都可以看到年长者的身影，特别是一些拄着拐杖的游客的身影，他们在景区中屏气凝神、聚精会神地参观的场景，无不令人感动与敬佩。参观海南红色景点，已经成为许多游客的选择。

此外，海南国际旅游岛的建设，也促进了包括红色旅游在内的海南旅游业大发展。2009年国务院办公厅发布《国务院关于推进海南国际旅游岛建设发展的若干意见》，指出要"发挥海南特色优势"，"大力发展红色旅游和民族、民俗风情文化旅游"。① 建设国际旅游岛，实现海南绿色崛起，把海南打造成为广大游客的度假天堂，建设成为海南人民的美丽家园，必须将发展"蓝色旅游""绿色旅游"与发展"红色旅游"置于同等重要的战略地位。在2011年全国旅游工作会议海南分会场会议召开以后，海南红色旅游的发展迎来了新的起点，推动形成了海南省政府办公厅、省发改委、省旅游委、财政厅、建设厅等多个部门共同参与和协同发力的新局面，致力于将海南红色旅游培育成海南国际旅游岛建设的新亮点和新动力。可见，在党和政府的大力推动下，海南红色旅游得到了更多的发展资源和优势，海南红色旅游迎来了创新发展的重要机遇期。

## （二）游客对海南红色旅游的参与现状和基本评价

此次调查共计发放问卷750份（其中琼海红色娘子军纪念园发放150份，其

---

① 《国务院关于推进海南国际旅游岛建设发展的若干意见》（国发〔2009〕44号），2010年1月4日。

余景区均发放 100 份），回收调查问卷 731 份，有效调查问卷为 710 份，有效回收率为 94.6%。通过 SPSS 软件对调查结果的数据分析，并结合部分访谈情况，可将游客对海南红色旅游的参与状况与基本评价概括如下：

### 1. 游客参与海南红色旅游的意愿强烈

让更多的人参与海南红色旅游，是提升以海南红色旅游培育社会主义核心价值观实效的根本前提。而如何才能增加参与海南红色旅游的游客人数呢？其中的一条重要途径就是积极宣传、正确引导。帮助人们树立正确的价值观念，这有利于调动人们参加海南红色旅游的热情，为培育社会主义核心价值观奠定良好的基础。调查结果显示，海南红色旅游的社会推广宣传成效明显，广大游客参与海南红色旅游的意向强烈。

综合表 1 和表 2 的数据分析可见，海南红色旅游景点的知名度是较高的，游客的参与意愿是强烈的。海南红色旅游独具地方特色，这是促成海南红色旅游知名度较高的重要因素，无论是红色娘子军的英勇奋战，还是黎族、苗族人民发动

表 1　　　　　　**您认为下列哪些是海南红色旅游景点？（可多选）**

| 选项 | 频次 | 个案百分比（%） |
|---|---|---|
| 母瑞山革命根据地纪念园 | 665 | 93.6 |
| 琼海红色娘子军纪念园 | 702 | 98.9 |
| 琼山市中国工农红军琼崖纵队改编旧址 | 623 | 87.7 |
| 万宁六连岭革命遗址 | 678 | 95.5 |
| 长泰村冯白驹故居 | 330 | 46.5 |
| 琼中县白沙起义纪念园 | 364 | 51.2 |
| 总　计 | 3362 | |

表 2　　　　　　　　**您愿意参加海南红色旅游吗？**

| 选项 | 非常愿意 | 愿意 | 比较愿意 | 不愿意 | 总计 |
|---|---|---|---|---|---|
| 频次 | 302 | 273 | 114 | 21 | |
| 百分比（%） | 42.6 | 38.4 | 16.1 | 2.9 | 100 |

的白沙起义，均是在中国革命历史上具有代表性的重要历史事件，如表 1 所示，"琼海红色娘子军纪念园"所占比值高达 98.9%，"琼中县白沙起义纪念园"所占的比值达到 51.2%，这充分印证了海南红色旅游的独特魅力。再如表 2 所示，"非常愿意"和"愿意"这两个选项的所占比值之和为 81%，直接体现了广大游客参与海南红色旅游的意愿是强烈的。这就为吸引更多的人民参与到海南红色旅游提供了保障，为培育社会主义核心价值观奠定了根基。

再如表 3 的调查数据显示，参加海南红色旅游两次以上的游客人数比值高于 50%，这为游客参与海南红色旅游的意愿强烈提供了强有力的例证，同时也说明海南红色旅游具有吸引力强的突出优势。

表3　　　　　　　　　**您参加过的海南红色旅游一共有多少次?**

| 选项 | 1 次 | 2~3 次 | 3 次以上 | 总计 |
|---|---|---|---|---|
| 频次 | 252 | 330 | 128 | |
| 百分比(%) | 35.5 | 46.5 | 18.0 | 100 |

### 2. 参加海南红色旅游的主体呈多元化

以海南红色旅游推进社会主义核心价值观教育大众化发展，这要求参与海南红色旅游的游客必须具有全民性。以海南红色旅游来培育社会主义核心价值观，它的教育对象应当从事不同的社会职业、处在不同的年龄阶段、生活在不同的社会环境，等等，这是由社会主义核心价值观基本内容的一般性所决定的。

根据调查，当前通过参与海南红色旅游接受社会主义核心价值观教育的游客群体呈多元化发展趋势。从表 4、表 5 和表 6 中的数据分析可以看出，参与海南红色旅游的游客主体来自不同社会职业，分布于不同年龄阶段，具有不同政治面貌。另外，结合调查访谈的情况发现，其中多数人是来自海南省外的游客。所有这些都为红色旅游迎合广大游客群体需求，趋向全民性提供了可靠的现实论证。通过对表 4、表 5 和表 6 的数据数值大小进行比较，可以看出参与海南红色旅游的游客主体具有以下特点：一是中老年游客群体成为主力，青少年参与比例较低。40 岁以上的游客所占比例高达 59.5%，而 18 岁以下的游客所占比例仅为 9.5%，二者之间的差距较大，说明积极教育引导青少年参与海南红色旅游亟待加强。二是政治面貌为群众的游客所占比例最大，占到 45.7%，这是让人既惊奇又惊喜的数据。政治面貌为群众的人口基数大，为以海南红色旅游为载体推进培育社会主义核心价值观深入基层提供了巨大的优势。三是游客群体基本覆盖所有社会不同职业，为助力海南红色旅游大众化发展筑牢了深厚的根基。

表4　　　　　　　　　　　　　年 龄 情 况

| 选项 | 18 岁以下 | 18~40 岁 | 41~60 岁 | 61 岁及以上 | 总计 |
|---|---|---|---|---|---|
| 频次 | 67 | 220 | 288 | 135 | |
| 百分比(%) | 9.5 | 31.0 | 40.5 | 19.0 | 100 |

表5　　　　　　　　　　　　　政治面貌情况

| 选项 | 中共党员 | 共青团员 | 民主党派 | 群众 | 总计 |
|---|---|---|---|---|---|
| 频次 | 265 | 117 | 4 | 324 | |
| 百分比(%) | 37.3 | 16.5 | 0.5 | 45.7 | 100 |

表6　　　　　　　　　　　　　职 业 情 况

| 选项 | 公务员 | 教师 | 学生 | 工人 | 农民 | 自由职业 | 离退休 | 其他 | 总计 |
|---|---|---|---|---|---|---|---|---|---|
| 频次 | 121 | 67 | 46 | 99 | 36 | 128 | 156 | 57 | |
| 百分比(%) | 17.0 | 9.5 | 6.5 | 14.0 | 5.0 | 18.0 | 22.0 | 8.0 | 100 |

### 3. 游客对海南红色旅游的好评度较高

游客对海南红色旅游的社会评价越好，就越有利于形成"群体效应"，从而带动影响更多的人参与到海南红色旅游中。如表7所示，在海南红色旅游吸引力的数据分析中，"琼崖革命'23 年红旗不倒'的独特历史贡献"一项所占的比值为

71%，"对琼崖革命孤岛奋战、顽强战斗的好奇与赞叹"一项所占比值也相对较高（39.0%），这表明琼崖革命的独特历史贡献以及琼崖革命先烈在艰苦卓绝的环境下彰显的顽强斗争精神，赋予海南红色旅游以地方特色和教育潜质。另外，"海南生态环境优越，自然风景优美"一项所占比值为57%，这表明海南得天独厚的生态环境，为实现红色旅游、绿色旅游、蓝色旅游的相互结合创造了有利条件，这是发展海南红色旅游不可多得的天然优势。综上可见，海南红色旅游对游客的吸引力显著。从一定意义上讲，这也反映出游客对海南红色旅游的社会评价度是较高的，因为海南红色旅游对游客的吸引力，正是游客对海南红色旅游肯定与好评的体现。

表7　　　　您认为海南红色旅游对您的吸引力有哪些？（可多选）

| 选　　项 | 频次 | 个案百分比（%） |
|---|---|---|
| 琼崖革命"23年红旗不倒"的独特历史贡献 | 504 | 71.0 |
| 海南生态环境优越，自然风景优美 | 405 | 57.0 |
| 景区特有的体验方式 | 135 | 19.0 |
| 对琼崖革命孤岛奋战、顽强战斗的好奇和赞叹 | 277 | 39.0 |
| 地方土特产 | 25 | 3.5 |
| 其　　他 | 21 | 3.0 |
| 总　　计 | 1367 | |

**4. 游客对社会主义核心价值观的认知程度得到提高**

根据问卷和访谈情况得知，游客参加海南红色旅游后，均对社会主义核心价值观的认知程度得到提高，显著体现为游客能够在琼崖革命史的发展进程中深刻把握社会主义核心价值观的历史内涵。游客对社会主义核心价值观的基本内容不再停留为字面理解、感性认识，而是从历史发展与变迁的过程中深刻把握其精神要义，这是实现广大游客对社会主义核心价值观"知行统一"的目标的必要条件。相关数据与分析如下：

表 8 显示，86.5%的游客认为即使是在当代社会，我们也需要继承与弘扬艰苦奋斗、勇于奉献、崇高理想等优良品质。由表 9 可知，"有很大帮助"和"有较大帮助"两项的比值之和为 78.0%，这是一个相对很高的正向评价数值。由表 10 的数据分析可知，游客对通过海南红色旅游来培育社会主义核心价值观的思想认识与评价整体是向上的、乐观的、积极的，这说明游客对海南红色旅游在传递社会正能量、输送正确价值观等方面的作用是肯定、认可的。综合以上数据分析来看，游客对琼崖革命精神的认识和评价很好，这是游客把握社会主义核心价值观历史内涵的有利条件，也是提高社会主义核心价值观认知程度的现实机遇。

表 8　您如何评价艰苦奋斗、勇于奉献、崇高理想等琼崖革命精神的作用？

| 选　　项 | 频次 | 百分比(%) |
|---|---|---|
| 革命年代需要，建设年代也需要 | 614 | 86.5 |
| 革命年代需要，但现在过时了 | 96 | 13.5 |
| 总　　计 | | 100 |

表 9　您认为参加海南红色旅游对了解琼崖革命历史有帮助吗？

| 选项 | 有很大帮助 | 有较大帮助 | 有一点帮助 | 没有什么帮助 | 总计 |
|---|---|---|---|---|---|
| 频次 | 312 | 241 | 131 | 25 | |
| 百分比(%) | 44.0 | 34.0 | 18.5 | 3.5 | 100 |

表 10　您认为海南红色旅游对培育社会主义核心价值观的作用如何？

| 选项 | 有很大作用 | 有一定作用 | 没有作用 | 说不清楚 | 总计 |
|---|---|---|---|---|---|
| 频次 | 327 | 327 | 36 | 21 | |
| 百分比(%) | 46.0 | 46.0 | 5.0 | 3.0 | 100 |

游客对社会主义核心价值观历史内涵的把握与理解，主要是通过海南红色旅

游作为思想政治教育文化载体和活动载体的功能发挥而实现的。作为文化载体，海南红色旅游对培育社会主义核心价值观具有强烈的渗透性。海南红色文化，融于海南红色旅游景区的各个环节，"它无处不在，无时不在，纵向到底，横向到边，全方位、多角度地影响到每一个人"①。如当游客感受到艰苦奋斗、勇于奉献、崇高理想等琼崖革命品质的时候，就会加深对"爱国""敬业"等内容的理解。作为活动载体，海南红色旅游对培育社会主义核心价值观具有激发功能。例如，当游客了解到："1856 年第二次鸦片战争后，腐败的清政府与英、法侵略者签订了《天津条约》……英法列强首先把侵略的魔爪伸进了琼崖……对海南进行疯狂的侵略与掠夺。"②这会激发游客的历史使命与社会责任感，加深游客对国家要"富强"等内容的理解与思考。

根据访谈情况得知，游客对社会主义核心价值观的认知得以加深，还得益于海南红色旅游使社会主义核心价值观变得生动形象、富有趣味，从而满足了游客的内心需求。相对于座谈会、报告会、讲座、论坛等多种培育社会主义核心价值观的活动方式而言，海南红色旅游自身的参与性和实践性，使培育社会主义核心价值观变得更加生动活泼，这有助于实现培育活动化被动为主动，避免游客陷于被动地位，促成游客自主地结合自身实际深入体悟社会主义核心价值观的历史内涵。海南红色旅游与绿色生态旅游、海洋蓝色旅游的相结合，更是增添了海南红色旅游的趣味性和吸引力，这催生出一批又一批的人们选择通过海南红色旅游来放松身心、陶冶情操、提升境界。以上海南红色旅游的自身魅力与优势，在一定程度上促成了游客有目的性、有针对性地参与到海南红色旅游中，并提高了海南红色旅游载体的教育功能。如表 11 所示，在问及"您参与海南红色旅游的目的是什么"时，"接受爱国主义教育和革命精神教育"选项所占比值为 60.0%，"了解琼崖革命历史"选项所占比值为 65.5%，"欣赏美丽自然风光"选项所占比值为 43.1%，这直接体现出海南红色旅游寓教于游的功能。

---

① 教育部思想政治工作司组：《思想政治教育原理与方法》，北京：高等教育出版社 2010 年版，第 174 页。

② 李德芳等：《琼崖革命精神论》，武汉：武汉大学出版社 2007 年版，第 6 页。

表 11　　　　　您参与海南红色旅游的目的是什么？（可多选）

| 选项 | 频次 | 个案百分比（%） |
|---|---|---|
| 接受爱国主义教育和革命精神教育 | 426 | 60.0 |
| 了解琼崖革命历史 | 465 | 65.5 |
| 休闲娱乐 | 220 | 31.0 |
| 欣赏美丽自然风光 | 306 | 43.1 |
| 其他 | 11 | 1.5 |
| 总计 | 1275 | |

在海南红色旅游中，游客对社会主义核心价值观认知程度的提高，是在游客自我思考、自我教育的过程中实现的。

如表 12 所示，当问及"您对海南红色旅游过程中的爱国主义和革命传统教育感受程度如何"时，36.6%的人表示"十分深刻"，47.2%的人表示"比较深刻"，13.4%的人表示"有点深刻"。再如表 13 的调查数据分析显示，"深受革命先烈坚定的革命信仰与自我牺牲精神影响"选项所占比值为 46.5%，"感到要为实现中国梦尽自己的责任"选项所占比值为 41.5%，"深受中国共产党人艰苦奋斗精神影响"选项所占比值为 38.7%。以上数据说明，游客在参观海南红色旅游景区的过程中经受了琼崖革命精神的洗礼，受到了琼崖红色文化的滋养，接受了爱国主义和革命传统教育。从一定程度讲，这也是游客对国家要"富强"、社会要"自由"与"公正"、公民要"爱国"与"敬业"等内容加以深入思考与理解的过程，它需通过海南红色旅游作为载体的促进主客体相互作用的中介功能而实现。海南红色旅游"以革命战争年代所遗留的纪念物、标志物及其所承载的革命历史、革命事迹和革命精神为基本内容，以'缅怀先烈、激励今人、教育后人'为目的，因而具有极强的思想政治教育的原则性和目的性"[①]。这就决定了其在培育社会主义核心价值观过程中具有强大的"催化剂"功能：不仅承载了琼崖革命精神，体现了红色文化的先进性，实现了主客体之间的良性互动，而且为教育活动创造了舒

---

① 张耀灿、郑永廷、吴潜涛等：《现代思想政治教育学》，北京：人民出版社 2006 年版，第 396 页。

适轻松的环境，因而它有利于不断增强社会主义核心价值观的培育实效。

表12    您对海南红色旅游过程中的爱国主义和革命传统教育感受程度如何？

| 选项 | 十分深刻 | 比较深刻 | 有点深刻 | 没有感受 | 总计 |
|---|---|---|---|---|---|
| 频次 | 260 | 335 | 95 | 20 | |
| 百分比(%) | 36.6 | 47.2 | 13.4 | 2.8 | 100 |

表13    在海南红色旅游过程中，您受到了哪些影响？（可多选）

| 选项 | 频次 | 个案百分比(%) |
|---|---|---|
| 深受革命先烈坚定的革命信仰与自我牺牲精神影响 | 330 | 46.5 |
| 深受中国共产党人艰苦奋斗精神影响 | 275 | 38.7 |
| 感到要为实现中国梦尽自己的责任 | 295 | 41.5 |
| 没受到什么影响 | 193 | 27.2 |
| 其他 | 153 | 21.6 |
| 总计 | 1246 | |

琼崖革命史，说到底是一部琼崖人民用鲜血与牺牲、执著与刚毅、奉献与无私而谱写的宏伟历史，这就决定了海南红色旅游所承载的琼崖革命精神是鲜活的、不朽的、有血有肉的、有情有义的，这有助于激发游客的情感共鸣，启发其心灵深处的反思并自我教育。游客在海南红色旅游中的自我教育，从社会心理学的角度讲，这是自我意识的形成过程。社会心理学意义上的自我意识通常指个人对自己身心状况、人—我关系的认知、情感以及由此而产生的意向(有关自己的各种思想倾向和行为倾向)。自我意识包括自我认知、自我情感、自我意向三种成分，它们共同作用于人的思想和行为。[1] 例如，在海南红色旅游过程中，当游客感受到琼崖革命先烈为了共产主义理想而不怕流血、不怕牺牲、不懈奋斗的大无畏革命情怀时，就会对自己理想信念模糊不清、飘摇不定的认知产生苦恼、自

---

① 全国13所高等院校《社会心理学》编写组：《社会心理学》，天津：南开大学出版社2008年版，第161页。

责、烦躁等情绪体验，进而产生加强理想信念教育的意向，最终发动、调节、支配自己的行为去实现这种意向，以实际行动投身当下建设和发展中国特色社会主义伟大事业。

在对部分游客的访谈中发现，游客对海南红色旅游的参与收获和教育启发是颇为丰富的，集中体现在政府机关工作人员、高校师生、基层百姓这三类群体。从政府角度来讲，政府是培育社会主义核心价值观的倡导者和发起者，更是组织者、推动者和实践者，这就要求政府机关工作人员必须以身作则、严于律己、树立榜样、争当典范。从高校角度来讲，习近平总书记在与北京大学师生座谈会上强调，"青年的价值取向决定了未来整个社会的价值取向"①，所以把培育社会主义核心价值观深入高校意义重大，这也是海南各高校一直充当着主力军的原因所在。从基层百姓角度来讲，尽管海南基层人民的受教育程度相对较低，但是海南红色旅游中的影视、话剧、舞蹈等元素，使得文化程度较低的人只要参与其中、认真参观，同样可以有所启发、有所收获。特别是一些年纪较大的长者，虽然他们读的书并不多，但是他们经历过那段艰辛的、难忘的历史岁月，更能在海南红色旅游的过程中体会到社会主义核心价值观的思想内涵和精神实质。

## 二、影响海南红色旅游对社会主义核心价值观培育效果的主要因素

尽管海南红色旅游及其在培育社会主义核心价值观的过程中取得了令人可喜的成绩，但是，仍存在一些因素制约着海南红色旅游对社会主义核心价值观的培育效果。

### (一)海南红色旅游的历史内涵挖掘不够

大力挖掘海南红色旅游的历史文化内涵，是宣传红色故事、弘扬革命精神的需要，也是为创新红色参与和红色体验项目寻求素材支撑与文化源泉的需要。但

---

① 习近平：《青年要自觉践行社会主义核心价值观——在北京大学师生座谈会上的讲话》，《光明日报》2014 年 5 月 5 日。

是，由于海南红色旅游的历史内涵挖掘不够，因而导致海南红色旅游中的红色故事与红色体验项目较少，这会直接削弱以海南红色旅游培育社会主义核心价值观的吸引力、感染力，以及趣味性和教育性。

如表 14 所示，当问及"您在参观海南红色旅游过程中了解到红色故事的情况如何"时，"完全没有"选项所占比值为 45.3%，"很少了解"选项所占比值为 39.5%，"了解很多"选项的比值仅仅占到 3.6%，后一项与前两项的数据值相差悬殊，这说明在海南红色旅游中，游客对海南红色故事的了解较为欠缺。

表 14　　　　您在参观海南红色旅游过程中了解到红色故事的情况如何?

| 选项 | 了解很多 | 了解较多 | 很少了解 | 完全没有 | 总计 |
|---|---|---|---|---|---|
| 频次 | 26 | 82 | 280 | 322 | |
| 百分比(%) | 3.6 | 11.6 | 39.5 | 45.3 | 100 |

再如表 15 所示，当问及"您希望海南红色旅游景区在培育社会主义核心价值观时还应该提供哪些特色服务"时，五个选项的数值均相对较大，其中"景区红色旅游宣传电影"选项所占比值最大，为 62.5%，这说明当前海南红色旅游中的红色参与和特色服务的设置还相对较少。

表 15　　　　您希望海南红色旅游景区在培育社会主义核心价值观时
还应该提供哪些特色服务?（可多选）

| 选项 | 频次 | 个案百分比(%) |
|---|---|---|
| 大型红色歌舞晚会 | 380 | 53.5 |
| 景区红色旅游宣传电影 | 444 | 62.5 |
| 红歌体验 | 291 | 41.0 |
| 体验红色生活 | 217 | 30.5 |
| 其他 | 211 | 29.7 |
| 总计 | 1543 | |

再如表 16 所示，当问及"您在参加海南红色旅游过程中的红色体验情况如

何"时，"完全没有，旅游过程单调乏味"选项的比值最大，占到48.4%，这是海南红色旅游在红色体验项目中设置不足问题的直接体现。

表16　　　　　您在参加海南红色旅游过程中的红色体验情况如何？

| 选项 | 频次 | 百分比(%) |
| --- | --- | --- |
| 非常多，收获很大 | 50 | 7.1 |
| 比较多，有所参与 | 116 | 16.3 |
| 很少，参与热情不高 | 200 | 28.2 |
| 完全没有，旅游过程单调乏味 | 344 | 48.4 |
| 总计 | | 100 |

综合表14、表15和表16的数据分析可见，当下大多数的海南红色景区还未完全突破"老三样"(一尊雕像、一个纪念馆、一处故居)的传统模式，纪念馆仍以图片、文件、遗物等摆放陈列为主，景区内容的表现形式仍以静态为主，缺乏红色参与和红色体验项目。这些问题的存在，会阻碍游客在参与海南红色旅游期间的情感激发、心灵触动、自我思考，制约游客对琼崖革命精神形成自觉认同，最终对社会主义核心价值观培育实效产生消极影响。

## (二)个别景区中的讲解员素质不高

从一定意义上讲，在以海南红色旅游为载体培育社会主义核心价值观的过程中，讲解员扮演着教育者的主体角色，游客扮演着受教者的客体角色，可见讲解员在社会主义核心价值观教育中占据主导地位。具体来讲，就是讲解员素质和讲解水平的高低，决定着社会主义核心价值观教育能否取得预期的成效。如表17所示，当问及"在参与海南红色旅游过程中，您是通过哪些方式接受社会主义核心价值观教育的呢"时，87.5%的游客反映是通过"导游讲解"来接受教育，而"横幅标语""自己思考""与他人交流""其他"四个选项的个案百分比值均低于50%，这些数据可以直接体现出"导游讲解"在培育社会主义核心价值观中的重要地位。

表 17　　　　在参与海南红色旅游过程中，您是通过哪些方式
接受社会主义核心价值观教育的呢?（可多选）

| 选项 | 频次 | 个案百分比(%) |
|---|---|---|
| 导游讲解 | 621 | 87.5 |
| 横幅标语 | 310 | 43.7 |
| 自己思考 | 171 | 24.1 |
| 与他人交流 | 201 | 28.4 |
| 其他 | 151 | 21.3 |
| 总计 | 1454 | |

　　但是，个别海南红色景区中的讲解员却存有素质不高的问题。如表 18 所示，在对海南红色旅游讲解方式的调查中，仅有 23.3% 的游客表示"满意"，而"比较满意"的比值最大，为 31.4%，"不满意"的比值也相对较大（为 20.7%），这说明海南红色旅游中的个别讲解员在讲解方式上需要进一步提高和改进。

表 18　　　在您参观过的海南红色景点中，您对它们的讲解方式满意吗?

| 选项 | 满意 | 比较满意 | 不满意 | 无讲解 | 总计 |
|---|---|---|---|---|---|
| 频次 | 165 | 223 | 147 | 175 | |
| 百分比(%) | 23.3 | 31.4 | 20.7 | 24.6 | 100 |

表 19　　　您在参加海南红色旅游过程中，导游是否有针对性地
进行社会主义核心价值观教育引导?

| 选项 | 频次 | 百分比(%) |
|---|---|---|
| 有，讲解很好，讲解时间很长 | 27 | 3.8 |
| 有，讲解好，但是讲解时间较短 | 129 | 18.2 |
| 有，讲解时间长，但是讲解效果较差 | 90 | 12.7 |
| 有，但是讲解效果差，讲解时间短 | 124 | 17.5 |
| 没有，导游从未提及社会主义核心价值观的基本内容 | 340 | 47.9 |
| 总计 | | 100 |

再如表 19 所示，在对海南红色旅游中导游是否有针对性地进行社会主义核心价值观教育引导时，"没有，导游从未提及社会主义核心价值观的基本内容"的百分比值最高，占到 47.9%；"有，讲解好，但是讲解时间较短"所占比值为 18.2%。这说明，尽管"导游讲解"在教育引导社会主义核心价值观的过程中具有重要地位，但是却未被充分利用。

根据调研所见与访谈情况而知，海南红色景区中的个别讲解员素质不高，主要表现为讲解水平较低，基本上是照本宣科，完全遵照讲解稿讲解，讲解过程缺乏基本知识、讲解技巧、情感融入，讲解发挥的空间较小。譬如，有的讲解员从宏观层面讲解，使得讲解内容具有假大空的特点，极易引起游客的抵触情绪；有的讲解员缺乏对琼崖革命史所体现的琼崖革命精神进行具体阐释，忽视了社会主义核心价值观的历史性、生动性、具体性；有的讲解员只是对史实进行补充说明，并未将琼崖革命精神很好地切入社会主义核心价值观来进行讲解。

表 20　　　　您对海南红色旅游景区内的导游讲解收费标准满意吗？

| 选项 | 频次 | 百分比(%) |
|---|---|---|
| 感觉太贵，非常不满 | 315 | 44.3 |
| 相对较高，不太满意 | 256 | 36.1 |
| 比较合理，能够接受 | 128 | 18.0 |
| 相对便宜，十分满意 | 11 | 1.6 |
| 总计 | | 100 |

另外，需要指出影响讲解实效相关的两个问题：一是讲解员使用的设备问题。海南红色景区中的讲解员基本上是使用扩音器进行讲解，这不但会降低讲解效果，而且会导致景区内的参观环境十分吵闹，特别是对于游客较多的团体进行讲解时，效果会更加不理想，极易形成各自散漫参观的现象。二是讲解收费问题。如表 20 所示，在对海南红色旅游景区内的讲解费用标准做调查时，44.3%的游客认为海南红色景区内的导游讲解收费高，并对此表示不满；"比较合理，能够接受"和"相对便宜，十分满意"两项的比值之和也仅仅占到 19.6%。这说明个别海南红色景区的导游讲解收费标准需再作一定幅度的下调。讲解费用过高会

导致大多数游客选择自主参观，在无导游讲解的情况下，无疑会大大降低海南红色旅游在培育社会主义核心价值观中的积极功效。根据访谈得知，个别红色景点由企业来经营，所以收费较高，商业化明显。

### (三)一些景区的基础设施建设与配套服务不健全

一些景区的基础设施建设与配套服务不健全，会削弱海南红色旅游作为培育社会主义核心价值观载体的功能发挥，尤其会制约物质载体的功能发挥。同时，这一问题会让游客对海南红色旅游产生消极印象，削弱游客参与海南红色旅游的意愿，制约海南红色旅游的游客数量的增长。

根据表21中的数据分析可知，当下一些海南红色旅游景区在环境卫生、旅游形式创新、导游人才培养、基础设施完善、发展红色产业等方面均存在一定问题。

表21　　　　您认为海南红色景区存在的主要问题有哪些？（可多选）

| 选项 | 频次 | 个案百分比(%) |
| --- | --- | --- |
| 景区环境杂乱 | 266 | 37.5 |
| 旅游形式单一、乏味 | 398 | 56.0 |
| 讲解员或导游解说的吸引力不够 | 288 | 40.5 |
| 基础设施不完善 | 217 | 30.5 |
| 纪念品缺乏吸引力 | 114 | 16.0 |
| 其他 | 95 | 13.4 |
| 总计 | 1378 | |

根据表22可知，61.0%的游客愿意为接受社会主义核心价值观教育安排时间"0.5个小时左右"，仅有3.2%的游客愿意安排时间"2个小时左右"，这说明游客的参观时间有限。这反映出的问题有：一是旅行社的行程安排中参观时间有限。从一定程度来讲，这会导致游客在参观红色景区时无形中产生一种"赶"的心理，它必然会对游客深刻体悟琼崖革命精神产生消极影响，致使游客不能自始而终地全心投入海南红色旅游的全过程。二是海南红色景区相对分散且交通不

便。这就促使很多来自省外的游客在参观海南红色景区的过程中注重数量而不注重质量。根据访谈得知,他们认为来趟海南实属不易,因而都会尽力多参观几个景点,以寻求不虚此行的心理安慰。三是景区展示的文字内容太多。这决定了游客认真参观整个景区内容必将耗费大量的时间和精力,尤其是在参观的中后期,多数游客会产生疲惫感,因而走马观花也就成为较普遍的现象。

表22　　　　在参与海南红色旅游过程中,您会为接受社会主义核心
价值观教育安排多长时间?

| 选项 | 频次 | 百分比(%) |
|---|---|---|
| 0.5 个小时左右 | 433 | 61.0 |
| 1 个小时左右 | 186 | 26.2 |
| 1.5 个小时左右 | 68 | 9.6 |
| 2 个小时左右 | 23 | 3.2 |
| 总计 | | 100 |

另外,根据调研的访谈情况得知,个别海南红色景区的配套服务不健全还表现为:一是海南红色旅游的社会志愿服务活动开展少。无论是志愿讲解员、志愿环保者、志愿引导员,还是组织搭建志愿服务站,除学校相对较多外,国家机关、社会团体、企业、事业单位、其他组织与个人等参与海南红色志愿服务的数量整体较少。二是海南红色景区周边的吃、住、行、玩等配套设施还不够完善,红色旅游产品的开发还有待创新,这些都是以社会力量推动海南红色产业升级发展的现实诉求。

## (四)社会环境有待进一步优化和净化

以海南红色旅游来培育社会主义核心价值观的过程,必然要置于一定的社会环境中才能发生与推进。在海南红色旅游中,培育社会主义核心价值观的社会环境影响着游客的思想与行为,并涉及培育目标、方法和实效等多个方面,因而必须予以高度重视。海南红色景区周边的环境还有待进一步优化和净化。

如表23显示,在众多影响因素当中,"当前物质利益至上的不良风气"所占

个案百分比值最大(54.5%)，其次为"景区与其他旅游类型结合不够，过于单调"(42.5%)，"游客只是走马观花"所占个案百分比值最小(23.0%)。但整体而言，各因素所占的个案百分比值均相对较高。净化和优化以海南红色旅游培育社会主义核心价值观的社会环境，就是要剔除影响或制约培育实效的一切外部因素，而表23中所反映的问题就是我们需要克服的困难，也是今后要加以关注和重视的方面。

表23    您认为制约海南红色旅游发挥培育社会主义核心价值观功能的
主要因素有哪些?（可多选)

| 选项 | 频次 | 个案百分比(%) |
| --- | --- | --- |
| 当前物质利益至上的不良风气 | 387 | 54.5 |
| 景区与其他旅游类型结合不够，过于单调 | 302 | 42.5 |
| 讲解员素质不高，讲解不生动 | 256 | 36.0 |
| 景区商业气息浓厚，冲淡了育人氛围 | 259 | 36.5 |
| 景区缺少体验式、参与式的活动项目 | 167 | 23.5 |
| 游客只是走马观花 | 163 | 23.0 |
| 其他 | 181 | 25.5 |
| 总计 | 1534 | |

再根据表24可知，当问及"您认为海南红色旅游景区出现的个别商业欺诈行为对培育社会主义核心价值观造成的负面影响有哪些"时，选项"破坏对'诚信'内容的教育引导"所占百分比值最大，达87.5%，其余五个选项的个案百分比值也均在50%以上。可见，海南红色景区中的个别商业欺诈行为是培育活动中的反面案例，它会在无形中对推动形成良好的培育氛围产生消极阻碍作用。在现实层面，它也会对游客深刻理解平等、公正、诚信等社会主义核心价值观造成极大的破坏，因而这种影响是极其恶劣的。精神层面的追求与现实问题的矛盾冲突，会让人们产生思想困惑，进而影响培育社会主义核心价值观的实践成效。

表24　　　　您认为海南红色旅游景区出现的个别商业欺诈行为对培育

社会主义核心价值观造成的负面影响有哪些？（可多选）

| 选项 | 频次 | 个案百分比（%） |
|---|---|---|
| 破坏对"平等"内容的教育引导 | 610 | 86.0 |
| 破坏对"公正"内容的教育引导 | 584 | 82.2 |
| 破坏对"法治"内容的教育引导 | 612 | 86.2 |
| 破坏对"敬业"内容的教育引导 | 591 | 83.2 |
| 破坏对"诚信"内容的教育引导 | 621 | 87.5 |
| 其他 | 363 | 51.1 |
| 总计 | 3381 | |

# 三、进一步发挥海南红色旅游对社会主义核心价值观培育功能的对策

海南红色旅游具有"播种机"的作用，它能够在赢得游客喜爱、乐于参与的过程中，把社会主义核心价值观的种子播撒在广大游客的心田，这有利于社会主义核心价值观的大众化。这要求我们在开展培育活动的过程中，必须重视和用好海南红色旅游这一培育载体。根据调查过程中所反映和掌握的基本状况，结合海南红色旅游自身精神文化载体、物质文化载体、活动载体等功能发挥的现实需要，可从如下几个方面加以努力，以进一步发挥海南红色旅游在培育社会主义核心价值观过程中的功能。

## （一）强化海南红色旅游的精神文化载体功能，提升其培育社会主义核心价值观的吸引力

强化海南红色旅游的精神文化载体功能，要重视海南红色文化的价值，大力挖掘海南红色文化。习近平总书记在哲学社会科学工作座谈会上指出："我们说要坚定中国特色社会主义道路自信、理论自信、制度自信，说到底是要坚定文化

自信"，"文化自信是更基本、更深沉、更持久的力量"。① 培育社会主义核心价值观，离不开对中国历史文化尤其是红色文化的继承与弘扬，因为革命传统资源是我们党的宝贵精神财富，每一个红色旅游景点都是一个常学常新的生动课堂，蕴含着丰富的精神滋养。红色文化是培育社会主义核心价值观的深厚文化根基，是中国特色社会主义先进文化的重要涵养来源，更是增强文化力量、树立文化自信的可靠根据。海南红色文化，是以杨善集、王文明、冯白驹等为主要代表的琼崖共产党人，在领导琼崖人民长期坚持斗争、浴血奋战的过程中形成的先进文化，内涵十分丰富。例如，马克思主义与琼崖革命地方实际相结合的实践品质，独立自主、不屈不挠、视死如归的大无畏革命情怀，机智灵敏、随机应变、勇于开拓的果敢精神，艰苦朴素、勤俭节约、吃苦耐劳的淳朴风气，团结多数、争取少数、形成合力的协作理念，这些都是培育社会主义核心价值观的重要文化养分。因此，要大力挖掘海南红色文化，让游客在海南红色旅游的过程中受到琼崖红色文化的熏染，获得精神上的洗礼与思想境界上的提高，不断提升培育社会主义核心价值观的红色魅力和吸引力。

强化海南红色旅游的精神文化载体功能，要注重应用艺术载体，探索文化建设路径。在以海南红色旅游培育社会主义核心价值观的过程中，导游和讲解员本身就是一种承载文化的艺术载体，因此要着重培养一支素质过硬、技能熟练、业务精湛的海南红色旅游的人才队伍，这对于提高游客参与海南红色旅游接受社会主义核心价值观教育的吸引力具有关键性的引导作用。

一是要提高科研实力和科研水平，以智库建设保障人才培养质量。"理论只要说服人，就能掌握群众；而理论只要彻底，就能说服人。"②这要求我们必须加强以海南红色旅游对社会主义核心价值观培育功能的理论研究，不断用最新的理论成果充实、武装讲解员和导游的头脑，使他们掌握翔实的理论知识、具备扎实的理论功底、熟练专业的讲解技能，进而及时将理论成果为人民群众所掌握。智库建设也可为海南红色旅游培育社会主义核心价值观在改进人才培养方案、制定发展战略、提供顶层设计等方面提供保证。具体可专门成立海南红色旅游发展领

---

① 习近平：《在哲学社会科学工作座谈会上的讲话》，《人民日报》2016 年 5 月 19 日。
② 《马克思恩格斯选集》(第 1 卷)，北京：人民出版社 2012 年版，第 9~10 页。

导小组或其他专业性针对性较强的研究机构，同时要加强与高校的交流合作，立足海南红色旅游发展实际，把海南红色旅游的社会性放在第一位，对最新的科研成果及时进行现实转化，推进科研利益与资源共享，推动形成更加广泛的科研统一战线，凝聚广大人民群众的聪明才智。

二是要健全人才培养机制，加强从业人员的管理。在一定程度来讲，海南红色旅游能否兴盛发展，以海南红色旅游培育社会主义核心价值观能否取得满意的成效，说到底，最根本的就是从业人员这一人的主体因素起着决定作用，尤其是导游与讲解员，他们在海南红色旅游当中充当着琼崖红色文化的传播者，扮演着海南红色旅游思想政治教育功能发挥的引导者，也是以海南红色旅游培育社会主义核心价值观的实践者。要提高海南红色旅游景区中导游和讲解员的从业门槛，保证从业人员入行的质量；要制订培训计划，促使他们不断学习进步，紧跟时代步伐；要健全人才队伍建设的监督体系，落实人才培养的奖惩办法，严格要求他们遵守职业道德与职业规范；要保障他们的福利待遇，努力消除他们的后顾之忧，调动他们工作的热情与激情，促使他们以高度的责任感与使命感投身工作；要提高他们的社会地位，推进导游、讲解员的职业化和专业化发展。另外，在人才队伍建设中，要关注和用好两类群体：第一类是领导人员或者高层管理人员，这些人的指导思想、发展理念、经营战略、重大决策等，均会对海南红色旅游的前途命运起着决定性、全局性、根本性的指导作用。第二类是景区的服务人员，他们提供的优质服务能够激发游客的良好情绪，让游客在海南红色旅游的过程中以更好的状态投入社会主义核心价值观的教育活动。

## (二)加强海南红色旅游的物质文化载体建设，巩固其培育社会主义核心价值观的保障力

加强海南红色旅游的物质文化载体建设，是指要以不断健全海南红色旅游的基础设施建设和配套服务为突破口，构建承载社会主义核心价值观的文化内涵的物质载体，这是巩固培育社会主义核心价值观的保障力的客观要求。

一是要完善海南红色交通体系。完善的海南红色交通体系能够为游客全身心投入海南红色旅游提供可能，有利于增强培育社会主义核心价值观的效果。一方面，海南主要红色景区之间的道路要畅通、便捷、省时，包括增设红色景区与市

县之间的公交车、大巴车，因地制宜地设置班车的频次，适当开辟出一些红色专线，注重红色景区与绿色景区、蓝色景区交通资源的整合利用等。另一方面，要尽快开辟出一批海南红色旅游的精品路线。开辟海南红色旅游的精品路线，要注意在突出海南各红色景区地域特色的同时，遵照邻近原则，开辟出一日游、两日游、三日游的红色旅游精品路线，进而达到海南红色景区由点成线的效果，不断扩大海南红色旅游的影响力。与此同时，要重视海南部分交通道路两侧及公共交通工具的空间利用，可在道路两侧的栏杆，以及公共汽车、大巴车、动车等车内或者车外张贴与海南红色旅游相关的宣传标语、图文海报等，尽可能扩大宣传海南红色旅游的覆盖面。

二是要对景区与展馆进行精心布局。在景区内，可在室外空间积极渲染红色氛围，包括创设琼崖革命先烈们日常生活和军事训练的场景，还原战争时期百姓生活状况的一些场景，布置一些敌人迫害琼崖革命先烈的手段与场景等。除此之外，也可挑选、培养出一些当地农民演员，让其在琼崖革命景区内公开进行话剧、舞蹈、歌曲、小品等形式的演出，这有利于为培育社会主义核心价值观创设必要的情境。同时，景区布局要遵循两点原则：第一，要遵循红色旅游的发展规律。建红色纪念设施要恰当，红色纪念设施不要搞得太形式化，不要把内在精神弄没了。第二，要遵循优化原则，充分利用海南热带风情风貌的地域优势，增强红色景区的地域特色，要整合自然环境和人文历史资源，优势互补，以"红"带"绿"，以"红"托"绿"，为旅游者提供更加丰富的旅游产品和服务。在展馆内，要保证空调、洗手间、休息座椅、指示路标、旅游指南等基础设备与服务的跟进，一定要在硬件设施上不拖后腿，保证海南红色旅游对培育社会主义核心价值观功能的发挥。同时，对于展馆内展示的部分物品，要配以视频或者音频的解读，要加大电影、电视等多媒体设备的配置与应用。

三是要带动发展海南红色旅游的红色经济产业。在"以红色旅游吸引人，以蓝色旅游留住人，以琼崖精神感动人，以琼岛热情服务人"的发展理念的指导下，红色主题酒店、红色餐饮、红色交通专线、红色纪念品、地方土特产等必然会大有市场、大有可为。我们要以游客吃、穿、住、用等基本需求为抓手，把琼崖革命精神融入生活化的情境。例如，在住宿的场景内介绍琼崖革命时期先烈们的住宿条件和住宿环境，在用餐的地方张贴反映琼崖革命先烈们的饮食基本状况的图片或展示相关物品，在海南红色旅游参观过程中免费使用与体验富有地方特色的斗笠。总之，这些能够为培育社会主义核心价值观提供现实契机，我们要抓住发展机遇，壮大海南红色经济产业实力，进而为培育社会主义核心价值观提供物质保障，带动海南红色旅游周边吃、穿、住、用等配套设施与服务的不断完善，支撑其长远化、常态化发展。

## （三）不断开拓创新海南红色旅游的活动载体，增强其培育社会主义核心价值观的感染力

海南红色旅游，作为培育社会主义核心价值观的一种活动载体，本身具有实践性和目的性，寓活动于教育中，通过活动形式的"隐蔽课程"来培育社会主义核心价值观。这要求我们必须不断创新海南红色旅游的活动载体形式，更好地发挥其所具有的思想政治教育的导向功能和激发功能，增强培育社会主义核心价值观的感染力。

首先，要以红色文艺作品为依托，最大限度地发挥琼崖红色故事的正面价值。具体要求是：第一，提高文艺创作质量。这要求对电影、话剧、歌曲、舞蹈、绘画等艺术形式的文艺作品进行创作时，要以琼崖革命红色资源为总根据，以广大人民生活身边的感人红色故事为题材，不断创作出游客受益、游客满意、游客点赞的优秀文艺作品。只有不断创作出高质量的红色文艺作品，才能更好地彰显红色文化的感染力，帮助游客在参与海南红色旅游的过程中感知琼崖革命精神，这就为以海南红色旅游培育社会主义核心价值观提供了现实可能。第二，把优秀的红色文艺作品融入海南红色旅游的全过程。这对于培育社会主义核心价值观的帮助是最直接最有力的。例如，通过角色意识来加以渗透教育，把话剧中的人物角色由游客来演，尤其要把故事中的对立角色进行互演，分别感知革命胜利的艰辛与敌人手段的残忍毒辣，如此正反双向教育下游客的印象必会更加深刻、体会更加深入、影响更加久远。至于电影、歌曲、舞蹈等其他艺术形式，只要让游客参与其中，均会起到相应的育人效果。另外，结合琼崖革命历史，海南各红色景区可根据自身实际，尝试探索"喝一个椰子，吃一顿海南饭，戴一个斗笠，走一段山路，渡一段万泉河，唱一曲红歌，踏一次海滩"等具有海南地方特色的红色体验项目。

其次，要发挥先进技术的辅助优势，不断增强红色体验感。一方面，要大力引进"声光电"技术。通过引进应用先进技术，可为游客提供逼真的各种虚拟环境。例如，敌我双方交战时的惨烈场景、敌人迫害革命同志的残忍景象、革命先烈在渡过琼州海峡时的艰难画面，会让游客仿佛置身其中，瞬间被眼前的场景征服，穿越革命历史，深切感知琼崖革命精神。另一方面，要推进网络展馆建设。仅仅参与一次海南红色旅游活动，就期望显著提高社会主义核心价值观的培育实效是不切实际的。可利用互联网渠道开设网络展馆，为游客实现二次、三次乃至更多次参观重温景区内容提供可能，保证游客在反复温习中强化以海南红色旅游培育社会主义核心价值观的成效。通过网络展馆，有助于讲好琼崖红色故事，分享优秀红色文艺作品，播撒琼崖革命精神火种，扩大海南红色旅游的社会影响力。

最后，对待不同的游客群体，要采取不同的活动形式。如，对待学生群体，要一如既往地引导海南各高校、中学、小学等不同阶段学生群体参与海南红色旅游，始终把爱国主义教育作为思想道德教育的重点，要突出海南红色旅游的红色文化底蕴和教育优势，把学生群体锻造成培育社会主义核心价值观的中坚力量。可将素质拓展、志愿服务、社会实践、教育实习、文艺欣赏等活动方式，融入海南红色旅游，并适当加入课堂元素，对不同年级学生采用不同难易程度的方式，真正做到符合学生群体的特征与心理需求。这种方式也适用于海南红色旅游中文化程度较高的所有成员，特别是政府机关、企事业单位组织成员。对待海南红色景区附近的本地人，要在战略上予以高度重视，他们会随时随地出现在游客的身边，他们的积极参与和正面宣传，对推动形成良好的红色风尚影响重大。在选择活动方式时，要兼顾当地人的教育水平、理解水平等因素，多采取图片、广播、影视、游戏等较为直观的方式进行宣传教育。这种教育方式也适用于游客中文化程度较低的所有成员。

## (四)大力优化海南红色旅游景区的社会环境，提升其培育社会主义核心价值观的持久力

营造以海南红色旅游培育社会主义核心价值观的良好社会环境，有利于置身其中的人们长期得到熏染、教化，产生情感表达和价值追求的趋同，推进人们共

同理想信念的形成，集聚广大人民的凝聚力和向心力，提升培育社会主义核心价值观的持久力。这需要政府、企业与公民个人协同努力，形成合力。

海南各级政府，要不断增强政府的推动能力。首先，要认真贯彻落实与积极宣传国家红色旅游政策。贯彻落实国家红色旅游政策，要结合海南省情，突出海南地方特色，提升海南红色旅游在海南国际旅游岛建设中的战略地位，有目标、有方法、有步骤、有计划地发展海南红色旅游。要通过积极宣传国家红色旅游政策，不断提高广大人民群众对海南红色旅游的思想认知水平，调动其参与海南红色旅游的热情，激发他们挖掘与保护海南红色资源的动力，以发掘出更多发生在百姓身边、切合百姓心理需求的琼崖红色故事。其次，要建立健全相关法律法规的制度建设，加强监管力度，落实奖惩办法，严格公正执行，以整治个别商业欺诈行为，合理营造商业氛围，净化海南景区周边的社会风气和生态环境。

海南各企业，要不断为海南红色旅游发展注入社会力量。一是海南各社会团体、企事业单位、其他组织等要积极参与海南红色旅游志愿服务活动。这能够为海南红色旅游事业的发展注入更加广泛、更加充实、更加持久的活力，能够促进海南旅游经济的发展，因而这也是海南各企业组织主动担当社会责任的现实要求；这能够促进海南各企业自身的文化建设，特别是在丰富涵养企业文化，提高企业员工政治素质和道德素养，增进企业员工认同企业文化和形成思想共识等方面具有很大的促进作用，因而这也是海南各企业组织自我管理、自我发展的现实需要。二是住宿和餐饮行业的各企业及商户，要支持和服务以海南红色旅游培育社会主义核心价值观的宣传工作。广大游客参与海南红色旅游，必然会对住宿和餐饮消费服务产生刚性需求，这决定了住宿和餐饮行业的实体店是游客流动量较大的场所。可在不同规模的住宿与餐饮相关实体店的门前、大厅、前台等地方放置海南红色旅游的宣传单，或海南红色旅游的服务指南册，推动海南红色旅游的宣传工作实现全覆盖。三是海南各企业在支持海南红色旅游发展的过程中，要始终把社会效益放在第一位，避免走过于商业化的发展路子，淡化社会的功利氛围，要坚持诚信经营，注重企业信誉，以优质的服务增添海南红色旅游发展的吸引力。

作为公民个人，要通过积极参与以凝聚海南红色旅游事业发展的向心力。首先，要做一名文明游客。一个先进典型，就是一面琼崖红色精神的旗帜，也是培育社会主义核心价值观的生动现实题材。在海南红色旅游过程中，游客要配合讲解员或导游及景区管理人员的工作，时刻注意自身言行，认真参观，主动联系实际对教育内容加以内化吸收，要争当先进典型，为他人树立表率与榜样。其次，游客可通过手机等通信工具，挖掘和宣传在海南红色旅游过程中涌现出来的先进典型，如有的游客主动和别人分享自己的参观体悟，有的游客免费给他人讲解琼崖革命史和琼崖革命故事，有的游客在景区突发事件面前敢于挺身而出。这些来自广大人民群众身边，又将回到人们日常生活中去的先进典型，将会成为一个个为广大人民所"熟知的"榜样，而这样的典型所产生的激励作用往往更具示范性、引导性、带动性。最后，游客要树立以海南红色旅游培育社会主义核心价值观的正确观念，积极宣传并带动身边的人参与海南红色旅游，把培育社会主义核心价值观的影响力不断扩大。

# 琼崖革命精神史话

李德芳　杨素稳　张竞予

在中国革命历史上，中国共产党在海南岛上进行的琼崖革命斗争因 23 年红旗不倒而彪炳史册。琼崖党组织在远离党中央、远离主力的孤岛上，领导人民坚持了 23 年之久的武装斗争，创造了孤岛斗争胜利的光辉范例，为新中国有效行使南海主权提供了重要的战略支点。异常艰难困苦的孤岛斗争，淬成了可歌可泣的琼崖革命精神。琼崖革命精神是伟大建党精神在海南革命战争时期的生动实践。在中国特色社会主义新时代，大力弘扬琼崖革命精神，具有十分重要的作用和意义。

## 一、琼崖革命精神的形成

琼崖革命精神以伟大建党精神为源头，是马克思主义在琼崖传播的结果，也是中华优秀传统文化积淀和滋养的产物。它在中国共产党领导的琼崖革命斗争实践中产生，体现在琼崖共产党人和人民群众的革命活动之中。

### (一)海口竹林燃星火　琼崖大革命掀高潮

"海南"在古代和近代文献中，自宋代以降，逐渐演变为对"海南岛"的专称。海南因在清末民初设有琼崖道，中华民国政府长期以琼崖为名设置海南军事和行政管理机构，因而又称琼崖(简称"琼")。

海南岛虽然有宽阔的琼州海峡与大陆相隔，但政治命运却与大陆紧密相连。1919 年，在北京爆发的五四运动席卷琼崖，促进了琼崖青年学生的觉醒，琼崖涌现出以王文明、杨善集、陈垂斌、罗文淹等为代表的一批先进青年。中国共产党诞生后，特别重视在琼崖先进青年中发展团员、党员，积极推动建立琼崖党的组织。琼崖革命运动进入新的历史时期。

### 1. 党的光辉照竹林

1921 年年底至 1922 年年初，中共中央、青年团中央派遣共产党员吴明，团员罗汉、鲁易、李实等人赴琼崖开展革命活动。他们到琼后，以教书为掩护，同已在琼崖的中共早期党员毛孟屏及琼崖的先进分子徐成章、徐天柄、王器民、王大鹏等人结合起来，打开了工作局面。1922 年上半年，成立了罗汉任书记的社会主义青年团琼崖分团。同年秋，经吴明请示中共中央同意，吸收罗汉、鲁易、王文明、徐成章、徐天柄、严凤仪、王器民、王大鹏等 10 多名先进分子加入中国共产党，加强了党在琼崖的力量。

1923 年下半年，由于琼崖的反动军阀邓本殷下令取缔学生运动，迫害进步教师和学生，琼崖多数中共党员和社会主义青年团员离琼到内地从事革命活动。赴广州的杨善集、周士第、徐成章、徐天炳等在 1924 年 1 月创办了《新琼崖评论》，声明"我们是琼崖革命的青年，我们为完成全体的革命，要将中国国民革命的意义，潜入琼崖青年的生活里面去"。赴上海的王文明就读于中国共产党和国民党合作创办的上海大学，发起、组织了琼崖青年社，创办了《琼崖新青年》。赴北京的柯嘉予等人组织了琼岛魂社，创办了《琼岛魂》杂志。

1925 年 4 月，在中国共产党指导下，在国民革命运动的中心——广州，由各地琼崖革命团体联合发起，成立了"琼崖革命同志大同盟"。王文明、杨善集、周士第、柯嘉予等当选执行委员会委员，王文明任执委会常务委员，主持大同盟的工作。大同盟的不少成员是中共党员、团员或革命进步人士。大同盟的成立，为党领导琼崖革命斗争准备了骨干力量。

1926 年 1 月，国民革命军第四军分三路渡海攻琼，讨伐军阀邓本殷，控制了海南岛。中共广东区委派遣王文明等一批共产党员随军赴琼，开展建党工作。2月，在海口成立了中共琼崖特别支部，罗汉任书记。3 月，共青团琼崖特别支部也在海口成立，符向一任书记。

在国共合作的背景下，琼崖各地党、团组织快速发展，在 10 多个县中成立

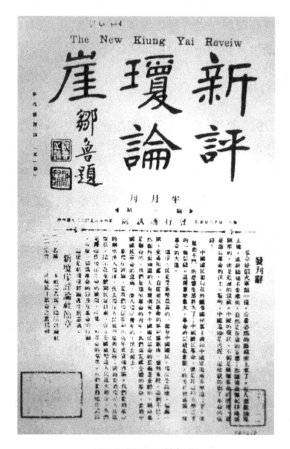

《新琼崖评论》第一期

了党支部或团支部，全琼党员很快超过 200 人。成立不久的中共琼崖特支已难以适应形势发展的需要，必须及时召开中国共产党琼崖代表大会，建立新的中共琼崖地方组织，以加强对琼崖革命运动的统一领导。

1926 年 6 月，中国共产党琼崖第一次代表大会在海口竹林村邱宅（今海口市解放西路竹林里 131 号）召开。参加大会的代表有王文明、罗文淹、冯平、许侠夫、周逸、何裕德、李爱春、黄昌炜、陈三华、陈垂斌、罗汉等，代表全琼 240 多名党员。

竹林村是紧靠海甸溪的一个小村庄，在历史上因竹林环抱而得名。邱宅位于村中僻静一隅，坐北朝南，是一个配有东西厢房、二进三间的四合院。其主人邱秉衡是王文明在琼崖中学读书时的同学，热心参加爱国学生运动，同情革命。在中共琼崖"一大"召开期间，他以宅主的身份负责站岗放哨，积极做好会议服务工作。邱宅不仅成为中共琼崖地委的诞生地，后来也成为琼崖党组织的秘密联络点，见证了琼崖革命历史上的一幕幕传奇。邱秉衡在琼崖革命斗争中作出了重要贡献，海南解放后，他先后担任全国工商联执委、海口市人民政府副市长、中国民主建国会海口市主委等职。

中共广东区委十分重视海南岛上的革命斗争。为加强对琼崖党组织建设工作的指导，派杨善集作为特派员到会传达党的四大精神及广东区委的指示，并宣布中共琼崖地方委员会成立。

中共琼崖第一次代表大会会址旧址

中共琼崖"一大"的主要任务是成立全琼党的领导机构，研究当前实际工作并进行工作部署。根据党的四大有关决议和精神，大会提出琼崖党组织的主要任务是在琼崖工人、农民、知识分子等革命群众中发展党员，推进党的组织建设，壮大党员队伍，开展革命运动。

大会通过了关于开展职工运动、农民运动、政治工作、军事工作等决议，选举产生了中国共产党琼崖地方委员会成员。王文明、罗汉、冯平、许侠夫、陈垂斌、黄昌炜、罗文淹、柯嘉予、何德裕、陈三华、李爱春、周逸、陈德华当选委员，王文明任书记。在当选的 13 位地委委员中，除罗汉是湖南人外，其余都是土生土长的海南人。

王文明（1894—1930）

中共琼崖"一大"是在国民革命军北伐前夕、大革命高潮到来前夜召开的。中共琼崖地委的成立是琼崖革命史上具有划时代重大意义的事件。从此，琼崖革命有了中共琼崖地方组织的统一领导，促进了党的组织和革命力量的壮大，为琼崖革命运动的深入发展提供了政治上、思想上和组织上的保障。

### 2. 如火如荼闹革命

为加强对青年工作的领导，在中共琼崖"一大"闭幕后不久，由琼崖地委委员黄昌炜任书记的共青团琼崖地委也宣告成立。平均年龄仅 26 岁的琼崖地委委员朝气蓬勃，大家分工合作，深入群众，推动和掀起了琼崖大革命的高潮。

中共琼崖地委书记王文明兼任中国国民党琼崖特别委员会工人部委员。他亲自抓工人运动，指导琼崖总工会的工作。各地工会纷纷建立，各种训练班和夜校纷纷开办，通过对工人群众进行马克思主义理论宣传和文化知识教育，提高工人阶级觉悟，培养工人运动骨干。琼崖总工会还建立工人纠察队和宣传队，出版会刊《琼崖工人》，从理论上武装工人阶级。

位于海口市新华南路的海口市总工会旧址——接水楼

在工会的指导下，琼崖工人运动迅猛发展。1926 年 7 月，海口织造工人为增加工资、改善待遇举行了罢工，迫使资本家不得不接受工人的合理要求。8 月，海口码头工人为反抗封建把头盘剥，在工会领导下，进行了坚决的斗争，迫使封建把头让步。9月，海口鞋业工人进行罢工，要求改善待遇，迫使资本家增加了三成工资。在海口工人斗争的影响下，全琼工人群众纷纷起来进行争取自身权益的斗争。琼崖工人阶级以战斗的姿态登上了政治舞台。

琼崖是一个农业社会，农民占人口的绝大多数。为发动和组织农民参加斗争，1926年8月，在海口召开了琼崖第一次农民代表大会，成立了琼崖农民协会。留学苏联回国的共产党员、中共琼崖地委委员兼军事部部长冯平当选主任。至同年年底，全琼除感恩县外，各市县的区、乡都普遍建立了农民协会，会员发展到20余万人，能直接领导的群众达100万人，约占全琼人口的1/3。组织起来的农民为保卫自己的利益而武装起来，建立了农民自卫军。其中，儋县(今儋州市)的农民自卫军有3000多人，临高县的农民自卫军则有1000多人。

为培养农民运动骨干，中共琼崖地委决定仿效广州农民运动讲习所，创办琼崖高级农民政治军事训练所和各县农民运动训练所。琼崖高级农民政治军事训练所在1927年年初开学，琼崖农民协会主任冯平任主任。

在中国共产党的领导和推动下，广大琼崖农民群众被组织起来，开展减租减息、反对贪官污吏和土豪劣绅的斗争，同时还兴办学校，禁烟禁赌，破除封建迷信，剿灭土匪，使琼崖广大乡村展现出新的气象。

在琼崖工人运动、农民运动发展过程中，深受封建宗法社会束缚的广大妇女也组织起来。全琼各县除昌江、感恩外，都陆续成立了妇女解放协会，中共琼崖地委委员、妇女部部长陈三华担任琼崖妇女解放协会负责人。在工会、农民协会、妇女解放协会的组织发动下，广大琼崖妇女纷纷砸碎封建宗法制度枷锁，冲破封建礼教束缚，破除封建迷信和陈规陋习，争取男女平等和社交自由、婚姻自由。处在琼崖社会最底层、没有社会地位的妇女，投身到追求自身解放的斗争，成为琼崖大革命的一道亮丽风景线。

1926年6月—1927年4月，中共琼崖地委率领党员和广大工农群众，以高昂的斗志投身到大革命洪流，使如火如荼的琼崖革命运动大放异彩。

## (二)无惧大屠杀 革命信念不动摇

1927年春，琼崖革命运动逐浪高涨，但琼崖革命形势却风云突变。国民党右派磨刀霍霍，锋芒直指曾经帮助它的共产党人。同年4月21日，国民党琼崖当局接到"清党"密令。22日凌晨，国民党第33团团长黄镇球、参谋长叶肇派兵解除工人纠察队的武装，扣押琼崖农训所学员，包围府城、海口地区的国民党党部、琼崖总工会、海口市总工会以及各革命团体和学校，大肆搜捕和屠杀共产党员和革命群众。国民党右派制造的震惊粤琼的反革命政变，使琼崖共产党人在腥风血雨中开始了艰苦的新的斗争历程。

### 1. 赴汤蹈火信念如磐

在国民党琼崖当局接到"清党"密令的同一天，中共琼崖地委当晚也接到了广东省委的紧急指示。地委书记王文明派人分头通知府城、海口地区一些主要负责人，暂离机关，潜伏待命。随后，王文明和陈垂斌、周逸等携带党的重要文件离开海口，转移到王文明的家乡乐会县（今琼海市）农村。地委委员许侠夫、罗文淹则撤退到了文昌。由于时间仓促，李爱春等许多同志因来不及撤离而被捕。

据统计，在"四二二反革命政变"中，全琼被捕的共产党员和革命群众达2000多人。中共琼崖地委委员李爱春、琼崖妇女解放协会领导人陈玉婵、琼崖总工会负责人吴清坤、海口市总工会领导人林平等500多人被杀害。琼崖大地霎时陷入一片白色恐怖。

面对国民党反动派的屠杀，琼崖共产党人没有屈服，他们擦干净身上的血迹，立即投入新的战斗。中共琼崖地委主要领导人在农村地区以农训所学员为骨干，组织武装力量，向敌人射出了愤怒的子弹，开始为建立人民自己的政权而斗争。

1927年6月，中共琼崖地委在乐会县第四区宝墩村（今属琼海市阳江镇东兴村委会）李氏祠堂召开紧急会议。大革命失败后分散到各地的委员们首次聚在一起，聆听广东省委特派员杨善集带来的省委最新指示，明确了今后琼崖革命斗争的方向。会议决定按照省委指示，组织武装，恢复农村工作，以革命红色恐怖镇压反革命的白色恐怖。同时决定将中共琼崖地方委员会改为中共琼崖特别委员会，选举杨善集、王文明、冯平、许侠夫、陈垂斌、罗文淹、陈永芹等为委员，杨善集任特委书记兼军事委员会主席，王文明任肃反委员会主席。

杨善集（1900—1927）

7月，中共琼崖特委为统一指挥全琼的武装斗争，决定将各县的革命武装改编为琼崖讨逆革命军，并成立讨逆革命军司令部，由冯平任总司令，杨善集任党代表，每县为一路军，开展武装反抗国民党反动统治的斗争。

7月18日，在中共陵水县委书记、陵水县农军党代表黄振士，总指挥王昭夷（黎族）的领导下，陵水农军2000多人攻克陵水县城——陵城，成立了以欧赤为主席的陵水县人民政府。虽然七天之后由于敌军疯狂反扑，陵水讨逆革命军为保存实力，主动撤出了陵城，但这是琼崖党组织发动群众用枪杆子夺取政权的勇敢尝试，极大地鼓舞了革命士气。

由上可见，在中共中央召开八七会议，制定武装反抗国民党反动派反动统治总方针，决定发动湘赣边界秋收起义之前，党在海南岛上的武装斗争已经先行一步，而且造成了相当大的声势。

在毛泽东率部发动秋收起义后，中共琼崖特委在乐会县第四区召开军事会议，决定举行全琼武装总暴动予以配合。9月23日，中共琼崖特委书记杨善集任琼崖讨逆革命军党代表，指挥攻打嘉积外围的椰子寨，打响了全琼武装总暴动的第一枪。王文明率领琼山、定安讨逆革命军两个连前来配合。经过激烈战斗，占领了椰子寨。后因强敌反扑，讨逆革命军被迫撤退，杨善集和讨逆革命军副司令陈永芹不幸中弹牺牲。

椰子寨战斗旧址

杨善集，1900年生，琼崖琼东县（今琼海市）人，中学时代受到五四运动的洗礼，成为琼崖青年运动的领袖。1924年下半年，他受党组织派遣，赴苏联东方大学学习，系统接受了马克思主义理论教育，并经刘伯坚、陈乔年介绍，加入中国共产党。1925年8月，他与聂荣臻、叶挺等20多名留学生奉命回国。回国后，杨善集留在广东区党委从事青年工作。大革命失败后，白色恐怖笼罩全琼。杨善集不顾个人安危，根据广东区党委指示毅然回琼，组织领导全琼武装斗争。在琼崖残酷的革命斗争环境中，他常说："革命同志死一人，生百人，革命是向前发展的，是一定会成功的，共产主义是一定会实现的。"①在执行战斗任务时，他总是身先士卒，带头冲锋。在椰子

①　吴淑珍、黄振位、陈永阶：《杨善集传略》，见《琼岛星火》（第8期），1982年，第70页。

寨战斗中，他与陈永芹并肩战斗，率领战士冲在最前线。

杨善集和陈永芹虽然倒在了血泊中，但其豪迈的革命气概却激励着无数共产党人和革命群众前赴后继，浴血奋战，英勇杀敌。

琼东、琼山、文昌、临高、儋县的讨逆革命军相继对敌人发动猛烈袭击，给敌人以极大震慑。慑于革命武装力量的攻击，文昌县长邢森洲曾多次向国民党中央和国民党琼崖当局求援。全琼武装总暴动竖起了琼崖武装斗争的旗帜，有力打击了琼崖的国民党反动势力。

### 2. 枪杆子里面出政权

海南岛上革命形势的迅速发展，使中共中央南方局和广东省委对琼崖的革命寄予厚望。1927 年 11 月，琼崖特委在乐会县第四区召开第一次扩大会议，根据南方局和广东省委指示，决定在琼崖进一步扩大武装暴动，开展土地革命，建立苏维埃政权和革命根据地，夺取全琼。为此，决定将琼崖讨逆革命军改编为琼崖工农革命军，冯平任总司令，王文明任党代表，分设东、中、西三路总指挥部。会议补选和调整了琼崖特委领导成员，王文明任书记，琼山县委书记冯白驹被选为特委候补委员。

琼崖特委扩大会议指明了琼崖工农武装割据的正确方向，促进了红色政权的建立。11 月 25 日，根据特委指示，陵水县委书记黄振士与农军总指挥王昭夷率领农军 1000 多人再次攻打陵水县城。当天下午，徐成章率领东路工农革命军赶到陵城，与农军一起占领了陵城。12 月 16 日，在陵城召开了陵水县工农兵代表大会，宣布成立陵水县苏维埃政府，王业熹任政府主席。县苏维埃政府下设宣传、土地、财政、民政、交通、妇女、军事等科。这是全琼最早成立的县级苏维埃政权，也是继海陆丰苏维埃政府之后，党在华南地区建立的又一个县级苏维埃政府。

继陵水县苏维埃政府成立后，中共乐会县委和乐四区委在乐会县第四区(简称"乐四区")召开乐四区农民代表大会，成立了乐四区苏维埃政府，李园被选举为区苏维埃政府主席。自此，琼崖诞生了第一个区级苏维埃政权。

琼崖大革命失败后，以杨善集、王文明为主要代表的琼崖共产党人不惧屠

陵水县苏维埃政府旧址

杀,以坚定的信念和大无畏的革命精神带领党员和革命群众同国民党反动派进行殊死斗争,仅用半年多的时间就建立了乐四区、陵崖、六连岭、琼东等诸多革命根据地,建立了一批红色政权。至 1928 年年初,全琼共产党逾 1.7 万人,党领导的革命军队发展到 1400 余人,赤卫队有 1 万余人,党的组织得到很大恢复和发展。琼崖革命斗争又进入新的高潮。

## (三)母瑞山绝地铸剑　琼崖革命精神闪耀

革命道路上总是充满曲折的。为了镇压海南岛上日益壮大的革命力量,国民党广州当局在土地革命战争时期两次调派正规军来琼进行大规模军事"围剿"。在琼崖共产党人和红军队伍处于生死存亡的关键时刻,琼崖革命的主要领导人王文明、冯白驹先后在母瑞山率部坚持斗争,保存了革命火种。母瑞山绝地斗争,铸就了琼崖革命的精神利剑。

### 1. 绝地铸剑存火种

1928 年 2 月，琼崖党的第二次代表大会在乐四区的阳江墟(今琼海市阳江镇)召开。会议改选了琼崖特委，省委派来的李源当选为特委委员、常委，任特委书记。特委决定将琼崖工农革命军改称为琼崖工农红军，由特委委员冯平任总司令，特委常委王文明任党代表。琼崖特委进攻海口、夺得全琼的计划和攻势令国民党广东当局惶恐不已。3 月，国民党第 11 军第 10 师蔡廷锴部 4000 余人来琼，进行军事"围剿"。在敌人的大举进攻下，琼崖革命根据地损失惨重，琼崖工农红军总司令兼西路军总指挥冯平、政治部主任符节不幸被捕，7 月 4 日英勇就义。

8 月 12 日，在琼崖红军反"围剿"斗争异常激烈的时刻，中共琼崖特委在乐四区高朗村(今属琼海市阳江镇江南村委会)召开琼崖第一次工农兵代表大会，宣布成立琼崖苏维埃政府，王文明当选苏维埃政府主席。同年年底，琼崖第一次反"围剿"斗争失败。目睹自己的家乡、曾有"小莫斯科"之称的乐四区及其他根据地一个个沦于敌手，惨遭敌人迫害，王文明痛心疾首。他对广东省委不顾琼崖实际，一味强调以城市为中心开展革命斗争的指示，很不理解，对党、团特委机关迁到海口、府城开展工作，持保留意见。他带领苏维埃政府及其附属单位和红军队伍共 600 余人，坚持留在农村，开始向母瑞山转移。

母瑞山是五指山向东北延伸的一条余脉，位于琼崖定安县南端，方圆 100 多平方公里。这里山岭相连，古树参天，地势险要，易守难攻，群众基础较好，具有开展农村游击战争的良好条件。

王文明率领队伍到母瑞山不久，敌人就尾随而至，在母瑞山周围建筑碉堡，分兵控制道路要口，强迫母瑞山周围群众搬到敌人统治的白色区域，妄图切断一切交通，断绝苏维埃政府机关和红军与当地群众的联系，将苏维埃政府机关和红军困死在母瑞山中。

在敌人的严密封锁包围下，苏维埃政府机关和红军严重缺粮，生活相当艰难。数百人的队伍很多天才能吃上一次用五六市斤大米煮成的饭汤，大多数时间只以野果、野菜充饥。疾病伴着饥饿而至，因缺医少药，机关人员及红军战士死

母瑞山

亡 200 多人，甚至有时一天竟死去六七人，幸存者身体也相当虚弱，但他们始终没有向敌人屈服。

为了坚持斗争，王文明组织干部、战士深入当地群众，帮助群众干农活，为群众做好事，赢得了广大群众的信任和支持。他还带着患病的身体，与红军干部、战士披荆斩棘，开垦荒地，种植水稻、番薯、木薯等农作物，进行生产自救。经过几个月的艰苦努力，大家先后开辟了三个红军农场，建立了上村、中村、下村三个革命村庄，逐步解决了全体军政人员的吃饭问题。

王文明率领队伍战胜了各种艰难险阻，在母瑞山站稳了脚跟，保存了革命火种。母瑞山被誉为"海南革命的摇篮"。

1929 年春夏之交，蒋桂战争爆发，国民党蔡廷锴部陆续调离琼崖。王文明抓住时机加紧开辟和建设母瑞山革命根据地。地方苏维埃政府、红军独立团、红军军事政治学校等陆续建立起来，根据地呈现出欣欣向荣的景象。

同王文明领导的农村斗争形成鲜明对照的是，中共琼崖特委在城市的斗争屡屡受挫，特委机关屡遭破坏。同年 7 月，中共广东省委巡视员、曾任琼崖特委书

母瑞山革命根据地纪念园陈列馆

记的黄学增被捕就义，新任特委书记官天民中弹牺牲，琼崖特委机关遭到巨大破坏。

　　首先得知特委机关被破坏消息的澄迈县委书记冯白驹忧心如焚。他深感琼崖革命斗争不能没有统一领导，于是立即主持召开县委会议，决定以县委名义将这个情况传达给可能联系上的各县和单位，同时提议召开各县代表联席会议以重建党的领导机关。会后冯白驹紧急赶往母瑞山，向王文明汇报。王文明闻报十分震惊和难过，他接受了冯白驹关于立即召开各县代表联席会议的建议。8月中旬，王文明抱病在定安县岭口墟以东20华里的内洞山主持召开各县代表联席会议，史称内洞山会议(会议旧址位于琼海市万泉镇罗凌村委会)。

　　面对一系列惨痛的教训，王文明以及各位与会代表对琼崖革命究竟应该走以城市为中心还是以农村为中心的道路有了更加深刻的认识。会议通过了《各县代表联席会议决议案》，明确党必须以农村为中心，特委及各县委机关立即迁出城市，巩固和发展农村革命根据地。会议决定成立中共琼崖特委临时委员会，选举王文明、冯白驹、傅佑山等九人为临时特委委员。9月，中共广东省委批准正式成立琼崖特委。11月，琼崖党、团特委召开联席会议，决定王文明、冯白驹、傅佑山为特委常委，王文明任书记。因王文明病重，经他提议，特委工作由冯白驹主持。不幸的是，1930年1月，被誉为"琼崖工农群众的领袖"的王文明因病与世长辞。特委书记的重担，落在了冯白驹的身上。

冯白驹（1903—1973）

从琼崖革命的历程来看，内洞山会议是一个重要的转折点。它纠正了中共琼崖特委"以城市为中心"的错误，及时重建了琼崖革命的领导机构，在实际上确立了冯白驹的领导地位，结束了因特委主要领导人变更频繁而对革命造成不利影响的历史。从一定意义上说，这次会议挽救了琼崖党组织，挽救了琼崖革命。

冯白驹原名冯裕球，学名冯继周，是在琼崖革命斗争中锻炼成长起来的领导人。1903年，他出生在琼山县长泰村（今属海口市琼山区云龙镇）的一个农民家庭。在中学时代受到五四运动洗礼，后到上海大夏大学求学，亲历了五卅运动，受到了马克思主义的熏陶。1926年，他回乡投身革命，经中共琼崖地委委员李爱春介绍，加入了中国共产党。1927年"四二二反革命政变"发生、共产党员被大肆杀戮时，琼崖地委书记王文明指定他担任琼山县委书记，鼓励他坚定信心，依靠群众，领导群众斗争。1928年，冯裕球改名为冯白驹，被调到澄迈担任县委书记。1929年夏，在琼崖特委机关遭破坏、琼崖革命失去领导核心的危急关头，冯白驹以高度的革命责任感，力挽狂澜，在各县委领导人中脱颖而出。

位于海口市琼山区长泰村的冯白驹故居

1930年2月，冯白驹到香港向广东省委汇报工作，接着又转往上海向中央汇报工作。在上海期间，周恩来高度评价了琼崖党组织和人民群众的革命斗争精神，充分肯定了琼崖党组织抓住红军、抓住农村革命根据地、抓住苏维埃政权这三件大事。周恩来指出，琼崖特委只要继续紧紧依靠群众，高举武装斗争的旗帜，坚持斗争，就一定能够取得胜利。周恩来对琼崖工作的充分肯定，使冯白驹受到莫大的鼓舞和鞭策。

4月15日，冯白驹在母瑞山主持召开中共琼崖第四次代表大会，传达了他赴省委、中央汇报工作的情况和周恩来对琼崖工作的重要指示。这次会议通过了开展"红五月"攻势等六项决议，为琼崖革命斗争指明了正确方向。会议选举产生了新的琼崖特委，27岁的冯白驹任特委书记。

中共琼崖"四大"促进了琼崖革命高潮的再次到来。到1931年年底，琼崖革命根据地覆盖崖县(今三亚市)、陵水、万宁、乐会、琼东、定安、文昌、琼山、澄迈、儋县、临高等县的部分地区，人口超过100万，琼崖红军独立师即中国工农红军第二独立师发展到2000多人。琼崖革命根据地成为全国最有影响的革命根据地之一。1931年11月中华工农兵苏维埃第一次全国代表大会在中央革命根据地的江西瑞金召开时，琼崖苏区也派代表曾昌鸾参加，并受到毛泽东、朱德的接见。

## 2. 琼崖革命薪火传

琼崖革命根据地的恢复和快速发展引起了敌人的恐惧。1932年7月底，广东军阀陈济棠派其警卫旅陈汉光部3000多人来琼，开始向琼崖苏区和红军发动第二次军事"围剿"。在敌人的疯狂进攻下，琼崖红军独立师损失惨重，师长王文宇不幸落入敌手，惨遭杀害。中共琼崖特委和苏维埃政府机关所在的乐四区根据地以及其他根据地陆续被敌攻占，各级党组织遭到严重破坏，琼崖特委与广东省委失去了联系。

为了保存有生力量，冯白驹不得不率领琼崖党政军机关干部及红军指战员100多人，撤退到母瑞山密林深处。敌人将母瑞山层层封锁包围，不断搜剿缩小包围圈。冯白驹多次派人下山了解情况，试图同各地党组织取得联系，但派去的几批人员都有去无回。到1932年年底，山上100多人的队伍只剩下了26人。琼崖革命进入历史上异常艰苦的时期。

母瑞山上的革命者在冯白驹领导下，始终保持坚定的共产主义理想和革命必胜的信念，以革命乐观主义精神坚持斗争。当最后一粒米也没有了的时候，他们便在山里挖野菜、拾野果、摸鱼虾、摘木耳充饥。在野菜中，他们发现了一种半尺多高，形状极像蚕豆的野菜，非常可口。一天，大家在山涧里洗这种菜时，忽然有人提出该给这种让他们果腹的野菜起个名，等将来革命成功，把它采集到博物馆里，展览给子孙后代。大家纷纷给它命名。冯白驹听了大家的发言，说：这种菜在我们革命最困难的时候帮助了我们，支持了革命，何不就叫"革命菜"！这种"革命菜"的称谓，在母瑞山地区一直流传至今，激励了一代又一代的海南人民。

恶劣的生存环境考验着共产党人和红军战士。冯白驹后来在回忆母瑞山艰苦岁月时说：冬天的母瑞山，寒风伴随淅沥沥的小雨，饥寒交迫的 26 个革命者在山上过着原始人一样的生活。他们身上的衣服早已变成了破布条，大多数人裸露着肩膀，有的甚至光着屁股，两位女同志只穿着男同志给她们的裤衩遮体。他们每个人身上都冻得发紫。为了御寒，他们不得不将树叶、树皮连起来，披在身上。男同志披的树皮像古代骑士的盔甲，女同志穿着名副其实的"百叶裙"。大家走起来时，唰唰直响，好像是一群穿山甲。寒风阵阵吹来，冷气仍然刺骨，特别是当夜幕降临，寒风扯着长哨，不断将他们身上的树皮掀起时，更是令人寒战。为了取暖，他们学燧人氏钻木取火，将芭蕉叶烤热了当被子盖。但这也只是上下热乎乎，左右冷飕飕。

在母瑞山上被敌人封锁、与世隔绝的日子里，冯白驹将大家紧密地团结在一起。每天上午他组织大家学习，给同志们系统讲述中国革命问题。下午安排文娱活动，活跃气氛。他关心每一个同志，总是吃苦在前，没有一点儿官架子。虽然山谷中寒风瑟瑟，但大家内心都感到很温暖，都亲切地叫他"冯同志"。

团结就是力量。这力量比铁还硬，比钢还强。为了建立人类最先进最理想的社会，冯白驹等 26 人同呼吸共命运，顽强地度过了湿寒的冬天。他们坚信，黑暗是暂时的，革命是一定要胜利的，只要坚持下去，光明一定会到来！在这种信念支撑下，琼崖革命的领导机关没有被敌人摧垮，琼崖革命的火种在母瑞山又一次奇迹般地保存了下来。

1933 年春，母瑞山上的野花迎风开放了，大地苏醒了。冯白驹很清楚，只有带领大家突出重围，与山下的同志们会合，与群众相结合，才有出路，但下山谈何容易。冯白驹率领队伍在第一次下山突围时，炊事员李月凤便不慎被敌人抓住杀害了，于是他们被迫退回山上。

4 月初，冯白驹带领大家利用清明节群众上山扫墓之机，再次下山，昼伏夜出，穿过了敌人一道道封锁线，最后回到了自己的家乡——琼山县长泰村。他见到了自己许久未见、苍老了很多的母亲，见到了自己朝思暮想的山下的同志们。

又回到了母亲的怀抱！又回到了人民群众的怀抱！这让冯白驹等人激动万分。

中共琼崖特委和琼（山）文（昌）地区坚持斗争的干部会合后，健全了特委领导机构，依靠群众发动革命斗争。经过不懈努力，到1936年春，琼崖许多地方的党组织恢复了，红军力量也得到了相当大的发展，成立了琼崖红军游击队司令部。到1937年5月，琼崖红军游击队发展至60人，还有不脱离生产、平时进行秘密训练、战时参加军事行动的"在业红军"200人左右。

"野火烧不尽，春风吹又生。"（白居易《赋得古原草送别》）以冯白驹为首的琼崖共产党人，经过母瑞山绝地斗争的考验，淬炼了异常顽强的革命斗争精神，使琼崖革命事业薪火相传。琼崖共产党人对琼崖革命的特点和规律有了新的认识，在党中央的正确路线指引下，高举着革命红旗，开始迎接革命新阶段的到来。

## （四）英勇抗日　五指山上红旗不倒

经过土地革命战争时期的挫折与奋起，琼崖共产党人在血与火的洗礼中更加坚强起来，党所领导的武装力量成为抗日战争和解放战争的"南天一柱"，继续书写琼崖革命武装斗争23年红旗不倒的历史传奇。

### 1. 凛然大义抗击敌寇

1935年，日本帝国主义制造了震惊中外的"华北事变"。其灭亡中国侵吞中国的野心昭然若揭。空前严重的民族危机，使全国革命斗争形势发生了重大变化。

同年8月1日，中共驻共产国际代表团起草了《中国苏维埃政府、中国共产党中央为抗日救国告全体同胞书》，即《八一宣言》。10月1日，《八一宣言》以中华苏维埃共和国中央政府和中国共产党中央委员会的名义在法国出版的《救国报》上发表。《八一宣言》呼吁全国各党派、各军队、各界同胞，不论过去和现在有何政见和利害的不同，有任何敌对行动，都应当停止内战，集中一切国力去为抗日而奋斗。12月，中共中央在陕西安定县（今子长县）瓦窑堡召开政治局扩大会议（史称"瓦窑堡会议"），根据新形势制定了抗日民族统一战线的新策略。

面对新的形势，与上级失去联系的中共琼崖特委如何开展革命斗争？此时，冯白驹作为特委书记，特别渴望及时得到上级的指示。他曾经派人到香港找广东省委，到上海找中共中央，但都无功而返。冯白驹为不能与上级建立联系，及时听到党中央的声音、了解党的最新政策而苦恼不已。在一个偶然的机会，他从一位华侨带回家乡的报纸上看到了党中央发表的《八一宣言》，他敏锐地意识到：抗日救国是党中央在新阶段的新主张，必须积极宣传和贯彻，要为实现党在琼崖的抗日救国主张而准备。他心中豁然开朗了，琼崖党组织努力的方向明确了。

　　1937年上半年，中共琼崖特委在时隔五年之后终于与广东省委取得了联系，系统了解了党在新阶段的政治主张。琼崖特委根据党的抗日民族统一战线政策，积极与国民党琼崖当局谈判。经过一年多的反复斗争，1938年10月22日，琼崖国共双方达成了合作抗日的协议。12月5日，琼崖红军游击队300余人在琼山县云龙墟改编为"广东民众抗日自卫团第十四区独立队"，冯白驹任独立队队长。"云龙改编"为琼崖抗战做了重要准备。

位于海口市云龙镇的琼崖红军改编旧址

　　1939年1月10日，日军大举进攻海口。中国共产党领导的独立队作为琼崖抗日先锋，在南渡江畔的潭口奋勇阻敌，表现出大无畏的英雄气概，极大地鼓舞了广大群众的抗日热情，许多青年积极要求参军参战。3月，经琼崖守备司令王毅同意，独立队正式扩编为独立总队，由原来的300多人发展到1000多人，武器装备也得到了改善，成为当时华南人数最多的一支人民抗日武装。独立总队成立后，大力开展抗日游击战争，先后在琼文地区、美合山区创建了抗日根据地。

潭口阻击战旧址

遗憾的是，琼崖国共两党团结抗战的局面很快遭到国民党顽固派破坏。随着国民党五届五中全会"溶共""防共""限共"方针在琼崖的执行，琼崖国共合作局面丧失。琼崖特委及其领导的独立总队不得不在国民党顽固派军队与日、伪军共同夹击的凶险环境中坚持抗日斗争。

1939年6月，国民党广州当局派吴道南任广东省第九行政区督查兼保安司令，原来与共产党合作抗日的守备司令王毅受到排挤。吴道南来琼后，取消了国共合作的战时动员机构——琼崖战时党政处，命令独立总队缩编为游击大队，减少直至停发了独立总队的军饷，还要求中共琼崖地方组织停止活动。琼崖共产党和独立总队被污蔑为"逆党""逆军"，琼崖出现了一股气势汹汹的反共逆流。

大敌当前，琼崖的国民党顽固派置民族大义于不顾，于1940年12月调集

3000 余人，悍然向位于澄迈、临高、儋县和白沙四县交界山区的美合抗日根据地发动进攻，企图消灭中共琼崖特委、独立总队领导机关和西路主力。在多次打退顽军进攻后，为保存实力，琼崖特委决定撤出美合，将特委、总队部转移到多属平坦丘陵地带的东路琼文抗日根据地。

在琼崖特委领导下，位于琼山县三区、四区各乡及五区部分乡的琼文抗日根据地以及其他抗日根据地，在抗日反顽的斗争中陆续建立了各级抗日群众组织，成立了各级抗日民主政权。为了加强对琼崖各抗日根据地的统一领导，1941 年 11 月，在琼山县树德乡下昌村(今属海口市琼山区大坡镇树德村委会)召开了琼崖东北区人民代表大会，选举成立了以冯白驹为主席的琼崖东北区抗日民主政府。

琼崖抗日根据地的发展，引起了日军和国民党顽固派的恐慌。1942 年 5 月—1944 年春，日、伪军不断发动对琼崖抗日根据地特别是对琼文抗日根据地的"蚕食"和"扫荡"。国民党顽固派则与日、伪军的军事行动紧密配合，狼狈为奸。中国共产党领导的琼崖抗战进入最残酷、最困难的时期。

以冯白驹为核心的中共琼崖特委经过十多年武装斗争的洗礼，在政治上进一步成熟起来。面对日、伪军与国民党顽军的反复围攻，琼崖特委及其领导的抗日武装发扬革命优良传统，紧紧依靠人民群众，坚持内线作战与外线作战相结合，多次粉碎敌人的"灭独"阴谋。琼崖抗日根据地不但没有缩小，反而不断扩大。到抗战胜利前夕，琼崖特委领导的抗日武装完全控制的地区，人口达到了 100 万。独立总队在 1944 年秋改为广东省琼崖抗日游击队独立纵队后，发展到了 1 万多人。琼崖特委及其领导的抗日武装，在琼崖抗战中一直发挥着中流砥柱的作用。

### 2. 五指山上迎接解放

全国抗战胜利后，国民党第四十六军奉命来琼"摘桃子"，一面接收日军投降，一面企图消灭琼崖共产党和琼崖纵队。1946 年 2 月 14 日，国民党军悍然撕毁国共两党签署的《双十协定》和《停战协定》，大举进攻琼崖特委、琼崖民主政府及琼崖纵队机关所在的白沙根据地。国民党挑起的琼崖内战先于全国内战而爆发，琼崖共产党人再次面临新的严峻考验。

冯白驹曾回忆说：这次敌人对我们的进攻，战争的残酷性，超过 1928 年的蔡廷锴部对我们的进攻，也不亚于 1932 年陈汉光部对我们的进攻和 1942 年到 1943 年日敌对我们的蚕食战争。在敌人"向我们全面进攻持续半年的战争过程中，我们各地方党政和群众组织，遭受严重的破坏和摧残，工作同志和革命群众被捕和牺牲，在海南革命斗争史上可以说是数一数二的，我们的武装力量，也遭到严重损失，战斗减员将近全部总人数的三分之一"①。

"千磨万击还坚劲，任尔东西南北风。"②遭到国民党优势兵力严重摧残的琼崖党组织及琼崖纵队并没有被打垮，而是在逆境中变得更加顽强。琼崖特委和琼崖纵队采取了灵活的战略战术，伺机歼灭敌人的有生力量，再一次闯过了难关。

1946 年 9 月，琼崖特委与党中央恢复了中断五年半之久的电台联系，开始能够直接聆听党中央和毛泽东主席的指示。冯白驹作为琼崖党政军的负责人感到格外兴奋。

党中央与琼崖特委恢复电台联系后，发出的第一条指示是：琼崖纵队要有巩固的后方，要取得胜利，应立即建立五指山根据地。根据中央指示，1947 年春，琼崖特委在黎族、苗族人民聚居的五指山地区，初步建立了根据地。4 月，琼崖特委致电中央：300 余里五指山脉的周围地区，除东北角加叉乡外，全变成解放区。中央对此给予高度评价，认为海南根据地已在五指山初步建立是一大胜利。五指山根据地的建立，对于琼崖革命武装斗争 23 年红旗不倒，起到了十分重要的战略支撑作用。

为加强对琼崖党和军队的领导，党中央在领导体制上作出了两项重要决定：一是决定琼崖特委直属中央，并将琼崖特委改为琼崖区党委，冯白驹任区党委书记；二是中央军委批准琼崖独立纵队改番号为中国人民解放军琼崖纵队，冯白驹任司令员兼政治委员。"中央这两个决定，对琼崖党和军队及人民，都是极大的关怀和鼓舞，对琼崖人民革命斗争，争取琼崖最后解放具有巨大的意义和

---

① 中共海南区党委党史办公室：《冯白驹研究史料》，广州：广东人民出版社 1988 年版，第 451~452 页。

② （清）郑燮：《竹石》。

五指山革命根据地纪念雕塑

作用。"①

在人民解放军战略决战阶段，当党中央和毛泽东主席在河北西柏坡村指挥辽沈、淮海、平津三大战役时，琼崖纵队主动出击，从 1948 年 9 月起，向敌人发动秋季、春季、夏季三大攻势，不仅大量歼灭了敌人有生力量，壮大了自己，也使全军指战员得到了锻炼，积累了攻坚战、半伏击战半运动战、麻雀战、阻击战等作战经验，大大提高了战斗力。在秋季攻势和夏季攻势中，琼崖纵队完全取得了战场主动权。

琼崖的局势犹如海岛上的天气，瞬息万变。1949 年秋，当大陆即将全部解放，琼崖解放亦胜利在望之际，大批国民党残军退逃至琼崖。10 月 29 日，蒋介石派东南军政长官陈诚飞到海南，布置防务。12 月，成立了薛岳任总司令的国民党海南防卫总司令部，统一指挥在琼的国民党海、陆、空三军 10 万多人。为

---

① 中共海南区党委党史办公室：《冯白驹研究史料》，广州：广东人民出版社 1988 年版，第 455 页。

防止解放军攻打海南岛，国民党军一方面加紧构筑防御工事，另一方面加紧对中国共产党在琼武装进行"清剿"。琼崖的敌我形势发生了急剧的变化。

面对巨大的军事压力，经过长期革命斗争实践和各种恶劣环境考验的琼崖共产党人没有被吓倒，而是在党中央的领导下，以高昂的斗志投入新的战斗。1949年年初，周恩来在河北西柏坡接见琼崖区党委委员李独清时就曾指出："我们大军过江之后，蒋介石有可能退守台湾、海南二岛，负隅顽抗，这样就会给你们造成预想不到的困难。你们当前的主要任务，就是坚持斗争，巩固根据地，发动群众，打好基础，站稳脚跟，同时做好分化瓦解敌人的工作，等待时机，积极配合大军解放海南岛。"[1]在党中央的关怀和指导下，琼崖区党委以五指山根据地为中心，带领琼崖根据地党政军民，顽强地坚持斗争，多次粉碎了敌人的重兵"围剿"，牢牢地站稳了脚跟，为野战军渡海作战创造了十分有利的条件。

海南岛扼两广（即广东、广西）出入之咽喉，占据南海交通要冲。为了粉碎蒋介石集团将海南岛作为其反攻大陆基地的企图，消除国民党反动派和帝国主义对祖国南疆的威胁，1949年12月18日，毛泽东指示中国人民解放军第四野战军司令员林彪，以第四十三军及第四十军准备攻琼崖。次年1月10日，毛泽东又指示林彪，争取春、夏两季内解决海南岛问题，认为海南岛与金门岛情况不同的地方，一是有冯白驹的配合，二是敌军战斗力较差。

从1949年12月起，根据党中央、毛泽东主席的指示，取得两广战役胜利的第四野战军积极准备攻打海南岛。1950年2月，第四野战军第十五兵团在广州召开作战会议。会议接受冯白驹的建议，决定采取"分兵偷渡与积极准备大规模强渡，两者并重"的战役指导方针。

渡海大军经过艰苦的海练，从陆上"猛虎"变成了海上"蛟龙"。1950年3月5日—4月1日，渡海大军在琼崖根据地党政军民的接应、配合下，分批偷渡成功。

4月16日傍晚，渡海大军开始向海南岛发起总攻。4月19—22日，渡海大军与琼崖纵队在澄迈县的美亭决战中击溃国民党军主力。5月1日，海南全岛解放。琼崖从此掀开了新的历史篇章。

---

① 海南军区党史办：《琼岛怒潮》，北京：解放军出版社1988年版，第580页。

在海滩上会师的渡海大军和琼崖纵队战士

澄迈县美亭的解放海南战役决战胜利纪念碑

　　冯白驹在 1951 年回顾总结 20 多年琼崖革命斗争特点时说：海南是一个海岛，反革命的进攻摧残是特别的残酷，使海南的党组织得到了很大的锻炼；海南党的组织经过很多曲折挫败，但始终坚持直到最后胜利，表现了海南党组织高度的顽强和英勇精神。

在极为恶劣复杂的孤岛革命斗争中，用马克思列宁主义、毛泽东思想武装起来的琼崖共产党人经过千磨万击，用鲜血淬成了崇高的琼崖革命精神。

# 二、琼崖革命精神的内涵

1984 年 5 月，聂荣臻为《琼崖纵队史》一书题词："孤岛奋战，艰苦卓绝，二十三年，红旗不倒。"高度评价了琼崖纵队和琼崖革命根据地的历史功绩。琼崖革命根据地孤悬海岛，是中国共产党在土地革命战争时期建立并贯穿土地革命战争、抗日战争和解放战争各历史时期的极少数几个根据地之一，在中国共产党的历史上特别是游击战争史上占有特殊的一页。在长期革命斗争中形成的琼崖革命精神是党领导琼崖人民进行孤岛奋战的强大精神动力。它以信念坚定、不屈不挠为灵魂，以自立自强、敢为人先为基本内核，以依靠群众、甘于奉献为重要基石，以五湖四海、丹心向党为强大支柱，集中体现为"二十三年红旗不倒"精神。

## （一）信念坚定擎红旗　不屈不挠贵坚持

琼崖革命先驱、共产党员、时任国民革命军第四军第十三师政治部主任的王器民在 1927 年 4 月被国民党反动派逮捕后，被施以各种酷刑，但他始终忠贞不屈，最后英勇就义。就义前他在狱中给妻子的遗书中写道："我最念的爱妻慧根！'为求主义实现而奋斗，为谋民众利益而牺牲'。自我立志革命，参加实际工作以来，这二句以成誓词""革命分子既抱定以上二句誓词，即牺牲又有甚么紧要，况且佛家有说过'自己无入地狱，叫谁入地狱'。革命分子如无肯牺牲，革命是没有成功的日子。我是为大多数人谋利益而牺牲，我的目的达到了。"[①]这封遗书是一个共产主义者的遗言，表达了一个共产党人为革命死而无悔的坚定信念。

"信念坚定、不屈不挠"是琼崖革命精神的灵魂。在长期的、极其艰苦的琼崖革命斗争中，正是一批又一批信念坚定、百折不挠的共产党人和革命群众，用

---

① 《王器民烈士遗书》，见《琼岛星火》（增刊），1986 年，第 4 页。

自己的实际行动甚至宝贵生命书写了琼崖革命精神之魂，创造了中国人民武装斗争史上 23 年红旗不倒的奇迹。

### 1. 视死如归为主义

中国共产党是为民族谋复兴、为人民谋幸福、为实现共产主义而奋斗的马克思主义政党。党之所以不断从小到大，从弱到强，就是因为共产党人用马克思主义理论武装起来，用共同的理想和信念团结起来，使共产党人具有钢铁般的革命意志，焕发出为实现共产主义理想而献身、视死如归的革命精神。

"对马克思主义的信仰，对社会主义和共产主义的信念，是共产党人的政治灵魂，是共产党人经受住各种考验的精神支柱。只有理想信念坚定的人，才能始终不渝、百折不挠，不论风吹雨打，不怕千难万险，坚定不移为实现既定目标而奋斗。"①

中国共产党在海南岛上的革命斗争，回旋余地很小，环境十分险恶，条件异常艰苦。理想信念的支撑尤为重要。在琼崖革命斗争中，王器民、冯平、符节、王文宇等许多共产党人，就是"为求主义实现而奋斗，为谋民众利益而牺牲"，舍生取义，做出了惊天地泣鬼神的壮举！

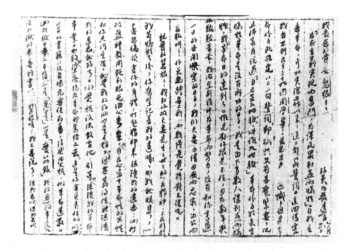

王器民遗书

---

① 习近平：《在纪念朱德同志诞辰 130 周年座谈会上的讲话》，《人民日报》2016 年 11 月 30 日。

冯平和符节都是文昌县(今文昌市)人，1899年他们分别出生在大昌乡美德村和东郊镇下田村的贫苦农民家庭。1919年五四运动爆发后，在琼崖中学读书的冯平与杨善集、王文明等一起领导了学生运动。1920年，冯平与符节等相识，因志向相投，一见如故，于是共同参与创办"友声书社"，出版《新琼岛报》，宣传反帝反封建思想。1921年4月，他们二人又与徐成章、王器民等创办《琼崖旬报》，传播新思想、新文化，介绍马克思主义和欧洲社会主义学说，探索救琼之道。

冯平(1899—1928)在狱中　　　　　　　符节(1899—1928)

在中国共产党诞生的1921年夏，冯平先后到上海文化大学和国立广东高等师范学院读书，在校期间革命风暴汹涌澎湃，他如饥似渴地阅读马列主义经典著作，积极参加各种革命活动，走在反帝反封建斗争的前列。

第一次国共合作建立后，冯平与叶挺、聂荣臻、杨善集等人一起被中共中央选送到苏联莫斯科的东方大学留学。1924年12月，冯平被中共旅莫支部吸收加入中国共产党。1925 年 1 月，为了给中国革命培养急需的军事干部和人才，苏联红军学校从东方大学挑选冯平、杨善集、聂荣臻、叶挺等 20 多名中国留学生特别开设中国班，重点学习军事理论和军事技能。

在苏联红军学校学习期间，冯平等人与苏联红军干部一起上课，到郊区森林进行军事训练。中国班由身经百战的红军高级指挥员担任军事教官，管理十分严格，军事学习和训练相当紧张，冯平等学员白天学习军事理论和参加军事训练，夜里要站岗放哨，过着正规的军旅生活。经过系统的马克思主义理论和严格的军事学习训练后，同年 8 月，冯平奉命回国。

在冯平赴苏联留学期间，符节于 1924 年夏到嘉积农工职业学校任教。1925 年，符节考入广州黄埔的陆军军官学校第三期学习。同年年底，他加入了中国共产党。

冯平回国后，在周恩来直接领导下进行革命活动，被任命为中央农民运动特派员，到广东省农民协会工作。

1926 年年初，国民革命军消灭了琼崖的邓本殷反动武装，冯平以中央农民运动特派员的身份被派往琼崖开展工作。冯平到海口后，迅速与国民革命军第四军第十二师党代表兼政治部主任王文明以及其他中共广东区委委派到琼崖的共产党员一起，开展革命宣传活动，发展党员，建立党的组织。

同年 6 月，在中共琼崖第一次代表大会上，冯平当选中共琼崖地委委员，兼军事部部长。琼崖农民协会成立后，他当选为主席。冯平经常深入各县指导农民运动，在他的领导下创办的琼崖农民军事政治训练所，为琼崖革命培养了大批农民运动骨干。

在冯平根据党组织的安排积极从事农民运动之时，符节在 1926 年受党组织委派，到国民革命军北伐部队叶挺部工作，历任营长、团长。符节在北伐作战中身先士卒，冲锋陷阵，屡立战功。1927 年大革命失败后，他先后参加了 8 月的南昌起义和 12 月的广州起义。广州起义失败后，他被派回琼崖负责党的武装领导工作。

1927 年 6 月，冯平在乐会县第四区召开的地委紧急会议上当选为中共琼崖特委委员、军事部部长。7 月任琼崖讨逆革命军总司令。冯平作为特委西路特派员，兼管澄迈、临高、儋县工作，他依靠当地的先进分子和革命组织，发展农民运动，建立农民自卫军。9 月，琼崖特委发动全琼武装总暴动，冯平在西路统一指挥和组织澄迈、临高、儋县的暴动。11 月，琼崖特委将讨逆革命军改称为工农革命军，冯平仍担任总司令，兼任西路(澄迈、临高、儋县)辖区总指挥。1928年 2 月，琼崖特委根据中央指示，将琼崖工农革命军改称琼崖工农红军，冯平任总司令兼西路总指挥，符节任政治部主任。

琼崖革命根据地的不断扩大和工农红军的不断发展，引起国民党反动派的极度恐惧。1928 年年初，国民党广东当局派第十一军第十师及谭启秀独立团来琼，对琼崖革命根据地和红军进行第一次"围剿"。1928 年 3 月中旬，国民党第十师师长蔡廷锴率领所部第二十八、第二十九、第三十团及谭启秀独立团共约 4000余人抵琼，开始分兵三路向琼崖各路革命根据地发动进攻。

4 月初，国民党军进攻澄迈县北芳村(今太平村)西路红军指挥部驻地。冯平、符节率领西路红军共 400 多人英勇反击，多次歼敌后转移到澄迈西昌、坡尾一带休整。同月下旬，国民党军在东路"围剿"得手后，蔡廷锴指挥第二十八团第三营、第二十九团一部与地方反动民团共 1000 多人，向西路红军大举进攻。正在休整中的西路红军被迫投入战斗。

在这种艰难的时刻，冯平和符节密切配合，率领红军打击敌人，使红军渡过了一个又一个难关。由于敌我力量过于悬殊，经过多次激战，红军损失过半。不久，敌人两个营及反动民团 1000 多人扑向西昌。为避敌锋芒，西路红军副指挥刘青云率领 100 多名红军战士转移到定安县境内，冯平、符节率领剩余的 60 多名红军战士继续在西昌、坡尾一带坚持斗争，牵制敌人。5 月上旬，由于叛徒出卖，国民党军突然包围西路红军指挥部。冯平、符节兵分两路强行突围，因寡不敌众，部队被打散，在一个山坳里因子弹耗尽而被捕。

冯平被捕后，敌人将他从西昌抬回澄迈县金江，大造舆论，把他缚坐在竹椅上抬着"示众"。面对前来看望自己的老百姓，他大义凛然，对周围的群众说："父老兄弟们！本人就是琼崖工农红军总司令冯平，感谢大家来看我，革命不怕死，怕死不革命，杀了一个冯平，还有千万个冯平。革命是杀不绝的，共产主义一定会实现！"①

① 中共海南省委党史研究室、海南省民政厅：《琼崖英烈传》(第 1 辑)，海口：海南人民出版社 1989 年版，第 69 页。

当蔡廷锴亲自劝他改变信仰，许诺他到广州任要职时，冯平义正词严地予以拒绝。他说："要我不信共产主义，比太阳从西边上来还难！""共产党是为穷人，为全人类谋利益的，富人恨他，穷人爱他，我就是喜欢共产党。"①

由于符节是黄埔军校三期生，国民党当局派人到澄迈县审讯符节，企图诱骗他屈膝投降，说他是黄埔军校蒋介石的高才生，应归顺过来。符节回答："我为黄埔军校学生是事实，但蒋介石叛变革命，屠杀人民，罪恶累累，同我们走的是完全不同的路，没有什么情谊可说。"②

此人碰了一鼻子灰，看软的不行，便改变口吻，威胁说："当然，各人的信仰不可强迫，但是，你应该清楚今天的处境。北伐时，你是铁军的干部，现在情况已经不同了，铁心总得变软一点吧！如果不痛改前非，回头是岸，那结局将是不堪设想的。"符节听后坦然大笑道："共产党人心志已决，坚定的信念是任何人也改变不了的，要关就关，要杀就杀，怕死就不是共产党员。"③

国民党反动派见威胁利诱、严刑拷打始终无法使冯平和符节屈服，于是决定将他们在金江杀害。

7月4日，冯平和他的亲密战友符节，高唱《国际歌》，昂首阔步走向刑场。他们高呼"共产主义万岁！""中国共产党万岁！"两位年仅29岁的革命者英勇就义。

冯平和符节，两位同年出生，共同为人民革命事业出生入死，对共产主义信仰无比坚定的共产党员，同时舍生取义。他们视死如归，用生命践行了自己的信仰，表达了对党和人民革命事业的无限忠诚。其革命精神是党和人民的一笔宝贵财富，鼓舞着琼崖人民继续斗争，完成他们没有完成的共产主义事业。

海南解放后，1957年，澄迈县人民政府在金江镇烈士就义的地方修建冯平、符节烈士纪念碑。1983年，文昌县人民政府重修冯平故居。

---

① 中共海南省委党史研究室、海南省民政厅：《琼崖英烈传》（第1辑），海口：海南人民出版社1989年版，第69页。

② 中共海南省委党史研究室、海南省民政厅：《琼崖英烈传》（第1辑），海口：海南人民出版社1989年版，第76页。

③ 中共海南省委党史研究室、海南省民政厅：《琼崖英烈传》（第1辑），海口：海南人民出版社1989年版，第76页。

位于澄迈县金江的冯平、符节烈士陵园

2009 年，冯平被评为"100 位为新中国成立作出突出贡献的英雄模范人物"之一。

在冯平、符节出生的 1899 年，澄迈县良田村的王文宇也来到了这个世界。他后来也像冯平、符节一样，成为琼崖革命洪流中的弄潮儿。

王文宇又名王文儒、王明宇，1925 年加入中国共产党。1931 年，王文宇任琼崖第三届苏维埃政府委员、琼崖工农红军独立师师长。1932 年在反"围剿"作战中，他率领红军战士艰苦鏖战数月。这一年的 12 月 21 日中午，当他带领仅有的十余位战士转移时，遭到敌人伏击。王文宇腿部中弹，仍然坚持战斗。几经周折，他潜爬到龙山碉堡附近的小山，黑夜沿小溪潜出敌人防线，抵达乐会县第四区山佳寮村附近的山林里，准备夜间摸黑再转移到六连岭根据地。但由于几天没吃饭，身上又中弹负伤，王文宇在山林里昏厥过去，不幸被捕。

王文宇（1899—1933）

抓到了王文宇，敌人大放鞭炮"庆祝"，在海口、府城等地到处张贴"匪首王文宇"已经被擒的海报。1933年1月5日上午10时许，敌人荷枪实弹将他"示众"。王文宇骑在马背上，毫无惧色，他对两旁的群众说："诸位父老兄弟姐妹们，我们共产党人，为了解放千千万万受苦受难的同胞，和国民党反动派进行殊死的斗争，现在由于一时战略上的失利，我个人落到敌人手中，这是难免的，希望大家不要难过，要相信，共产党人是杀不绝的，共产主义一定要实现！"①

王文宇的演讲吸引了越来越多的群众。为了防止他继续进行共产主义宣传，敌人便用筷子夹在他的嘴里，不许他说话。但这无法扼杀一个共产党员对共产主

---

① 莫国民、王明章：《中国工农红军琼崖独立师师长王文宇传略》，见《琼岛星火》（1981年第4期），第96~97页。

义的坚定信仰和革命必胜的坚定信念。

王文宇被关在府城警卫旅监狱期间，敌人想尽各种方法加以诱惑，大摆酒席，施展美人计等手段，妄图规劝王文宇投降，但都遭到拒绝。软的不行，就施加酷刑。敌人就在王文宇的手指甲里扞竹签，用灌辣椒水、火烤、铁板烙、夹手指等酷刑折磨他，但都没有令他屈服。

"砍头不要紧，只要主义真。"同年7月，王文宇被大批军警押赴刑场。他面无惧色，一路上向沿途成千上万的群众点头告别，高呼："打倒国民党反动派！""共产党万岁！""共产主义万岁！"他英勇就义时，年仅34岁。

位于澄迈县文儒乡的王文宇烈士纪念碑

心中有信仰，行动震撼人。在革命与反革命之间的殊死斗争中，在敌人面前宁死不屈，在琼崖大地上英勇就义的不仅有冯平、符节、王文宇等琼崖党和红军的干部，还有李硕勋等来琼指导革命斗争的上级党组织领导人。

李硕勋，又名李陶，四川省庆符县（今宜宾市高县）人，1903年生。1924年，他加入中国共产党，投身于大革命的洪流。大革命失败后，他参加了南昌起义。1931年夏，在香港就任中共两广省委军委书记。为了加强对琼崖革命斗争的指导，7月9日，他不顾个人安危，只身乘船赴琼。国民党反动派从香港当局获悉此事后，在李硕勋上岸时将之逮捕，投入监狱。在狱中，他铁骨铮铮，誓不出卖党组织和同志。

同年9月14日，李硕勋在给妻子赵君陶的遗书中写道："余在琼已直认不讳，日内恐即将判决，余亦即将与你们长别。在前方，在后方，日死若干人，余亦其中之一耳。死后勿为我过悲。"①表现了他大义凛然、视死如归的革命气节。两天后，他面不改色，泰然自若，到刑场从容就义，时年仅28岁。

位于海口市琼山区的李硕勋烈士雕像

① 中共海南省委党史研究室（海南省地方志办公室）：《琼崖革命历史文献选编》（第5卷），海口：海南出版社2019年版，第1757页。

在琼崖革命斗争中，许多共产党员和革命群众用生命和鲜血谱写了 23 年红旗不倒的琼崖革命精神赞歌，激励着无数共产党人舍生忘死，为实现民族独立和人民解放的民主革命目标奋勇前行。正如 1927 年琼崖"四二二反革命政变"后，共产党员符传汉在被敌人押往刑场的路上面对群众所高声唱的：

今天被押刑场地，
红土草青血淋漓。
一挂老父受饥饿，
二挂清华恩爱妻，
三挂同志与兄弟，
难跟传汉再相遇。
此刻是生别死离，
传汉先为革命死。
嘱我老父和爱妻，
切勿悲伤保身体；
劝声各革命同志，
要为革命斗到底。
只要坚持必胜利，
琼岛定会飘红旗。

理想之光不灭，信仰之光不灭。革命的勇士以崇高的牺牲精神激励着战友们接续奋斗。

经过琼崖共产党人和革命群众前仆后继、不屈不挠的英勇斗争，在符传汉牺牲 23 年后，在用烈士们的鲜血染红的琼崖大地上，冉冉升起了五星红旗，烈士的愿望变成了现实。

## 2. 百折不回成柱石

琼崖革命武装斗争的 23 年，是充满艰辛和曲折的极不平凡的 23 年。

在土地革命战争时期，中国共产党在全国各地党创建了十几块革命根据地。

其中，能够贯穿土地革命战争、抗日战争和解放战争三个时期，始终坚持并发展起来的，只有琼崖革命根据地和西北革命根据地。琼崖革命根据地是中国革命史上始终不倒的一面大旗。

琼崖革命根据地能够渡过一道又一道难关，坚持下来并贯穿于整个革命战争时期，创造武装斗争23年红旗不倒的历史奇迹，是琼崖共产党人为实现革命理想和目标，坚韧不拔、百折不回地进行革命斗争的结果。

在琼崖共产党人所建立的革命根据地中，六连岭历经土地革命战争、抗日战争、解放战争各历史时期，是琼崖武装斗争23年红旗不倒的一个缩影。它是琼崖人民坚持长期革命斗争的一面旗帜，更是琼崖共产党人信念坚定、不屈不挠的革命精神的集中体现。

1957年1月，朱德在视察海南时听了六连岭根据地军民英勇斗争的事迹后，欣然赋诗《六连岭》："六连岭上彩云生，竖起红旗革命军。二十余年游击战，海南群众庆翻身。"这首诗表达了他对六连岭根据地军民的崇敬之情。

六连岭位于万宁县的东北部，属五指山支脉，因六峰相连，故古时有"连峰耸翠"的美名。它东临南海，西北与乐会县第四区革命根据地相邻，方圆数十里，山势雄伟，林木参天，形势险要，能攻能守，附近粮食丰足，党的群众基础较好。

大革命失败后，党领导的革命武装多次在六连岭一带活动。中共万宁县委一成立便注意在六连岭周围开展革命宣传和组织工作。1927年11月中共琼崖特委第一次扩大会议后，万宁的田头、上城、扶提、龙掘坡等乡村建立了乡苏维埃政权。1928年年初，六连岭周围的万二、万四区等先后建立乡、区苏维埃政府，形成了比较稳固的六连岭革命根据地。

六连岭是琼崖东路工农革命军和中共万宁县委的活动中心。在六连岭所在的万宁二区、四区，各区、乡苏维埃政府发动广大农民，烧毁地主的一切契约、字据，没收地主的土地、财产，与公田一起平均分配给农民，实行"耕者有其田"。土地革命斗争有声有色。

六连岭革命根据地建立后不久，不断遭到国民党军队的"围剿"和摧残。1928年春，国民党军队发动对琼崖红军的第一次大规模军事"围剿"。在将文昌、琼山等地的革命根据地摧毁之后，国民党蔡廷锴部又向乐会四区及万宁六连岭根据

巍巍六连岭

地发动进攻。由于敌众我寡，武器装备相差悬殊，部队伤亡较大，伤病员较多，粮食困难，部队和机关每人每天两餐稀粥都难以维持。

为了保存实力，避免损失，1928 年冬，六连岭的主力红军根据琼崖特委指示撤到母瑞山，仅留下一支红军小分队，由队长杨雄带领，坚持斗争。不久，文昌约 100 名红军转移到六连岭，与杨雄带领的红军会合。国民党军队在六连岭周围的禄马坡、中兴、花丛、多扶、山根、坡罗、旧村等地修筑碉堡，将山上的红军围困起来。敌人不仅强迫群众全部搬到他们控制的集中营里，还驱赶他们上岭坎山"剿共"。敌人在上下交通要道、大村庄、小路口严密把守，企图切断红军与群众的联系，断绝红军的给养，将红军饿死在山上。红军在深山密林里天天与敌人激战，许多人相继牺牲，幸存者陷入了弹尽粮绝的地步。为了搞到粮食，杨雄不得不派人冒险下山，但由于敌人封锁越来越严密，筹粮的人大多一下山就遭到敌人追捕，壮烈牺牲。杨雄派下山的陈良器被敌人抓捕后，受尽酷刑，但始终不吐露党和红军的一点秘密，还当众揭露敌人的罪状。恼羞成怒的敌人砍下他的头颅示众。

六连岭红色村庄——大石岭

据亲历者李居民回忆：在十分恶劣的环境中，红军战士并没有被吓倒，没有一个主动投敌，大家始终保持旺盛的斗志和革命乐观主义精神，怀着一个共同的信念：宁做敌人刀下鬼，不做叛徒跪着生。为了生存，有些同志下山涧去捞鱼虾，抓螃蟹；有些同志上山顶去挖山薯，掏鸟窝，摘金橘，采野菜。由于长期吃不到粮食和油盐，大家身体十分虚弱，不少同志得了病，有的患严重水肿病，有的患痢疾，有的患疟疾，几乎人人都生了疥疮，天天都有人死去，活下来的人越来越少。坚持在六连岭上的红军战士只剩下了27个人。

1929年春夏之交蒋桂战争爆发后，国民党蔡廷锴部陆续离琼，封锁六连岭的国民党正规军被地方民团代替，杨雄率领这27名红军战士借机下山与党组织会合，成立了红军第一排。1930年2月，红一排发展到60多人。中共万宁县委决定重建红军第四连，杨雄任副连长。六连岭根据地逐渐得到恢复和发展。

到1931年年底，万宁、乐会苏区几乎连成一片。六连岭根据地与乐会的母瑞山根据地遥相呼应，土地革命斗争进入新的高潮。琼崖革命根据地从复兴走向全盛时期。

　　1932 年 8 月，国民党军队发动对琼崖红军的第二次大规模军事"围剿"。国民党陈汉光部在大肆摧残母瑞山根据地后，于 1932 年冬向六连岭根据地"进剿"，企图彻底清除琼崖革命力量。

　　面对数十倍于自己的敌人，中共万宁县委认为，如果坚持正面抗击敌人，无异于以卵击石，于是决定带领红军、赤卫队和周围村庄的部分革命群众向六连岭深山转移，上山打游击。队伍刚一进山，敌人便尾随而至。

　　由于六连岭地形复杂，敌人不敢贸然进攻，于是在六连岭周围安营扎寨，建筑碉堡。敌人一方面强迫"移民并村"，企图中断共产党与群众的联系；另一方面采取"砍山捉鸟"的战术，迫使群众砍树焚林开道，把六连岭分成许多小块，然后派兵逐块搜剿，以达到消灭红军的目的。

　　为粉碎敌人的阴谋，万宁县委利用六连岭的地形，白天领导军民在岭上与敌人正面周旋，晚上派人悄悄下山，组织群众掀起反"移民并村"的斗争，发动群众集体请愿，提出"要回家、要种田、要吃饭"的口号，甚至围坐在敌人营地不分昼夜大吵大闹、假装打架，向敌人讨饭吃，使敌人"移民并村"的企图破产。

　　敌人"移民并村"的计划流产后，组织熟悉地形的地痞流氓等带路，变本加厉地对六连岭进行"搜剿"。六连岭军民在万宁县委领导下，顽强与敌人搏斗。当隐蔽在石洞里的 20 多名红军战士及群众被敌人发现后，敌人封锁洞口，威逼他们投降。但是，这些战士和群众宁死不降，最后点燃了炸药包，与进洞的敌人同归于尽，表现出革命军民勇于牺牲的精神。后人把这个山洞称为"红军洞"。

　　六连岭根据地尽管遭到了敌人的严重破坏，但是万宁县委一直坚持战斗在六连岭上，与敌人进行了长达五年的艰苦卓绝的斗争，最终迎来了全国抗日战争的开始。

　　全国抗日战争爆发后，琼崖特委认真贯彻党的抗日民族统一战线政策。在民族危机面前，琼崖共产党人以民族利益为重，主张团结一切可以团结的力量，共同抗日，得到不少民主人士和琼崖国民党内一些爱国人士的响应和支持。时任国民党万（宁）陵（水）保（亭）督导处主任兼万宁县县长的梁秉枢接受中共的抗日主张，积极主动与琼崖共产党人互通往来。琼崖党组织派出唐光辉、蔡文辉、李烈等十多位同志到万宁县政警队里工作，并担任要职。如，唐光辉任政警队政治指导员，共产党员符石秀作为梁秉枢的警卫员，负责党组织和梁的联络工作，共产

六连岭"红军洞"

党员邢国贤、麦伍平、陈菊等八位同志组成了抗日宣传队。为营造积极抗日的环境，梁秉枢撤换了一些民怨民愤较大的如第三区区长王裕琨等公职人员，在万宁形成了国共合作共同抗日的良好局面。

1939年8月，日本侵略者占领万宁，实行野蛮的"三光"政策，制造"无人区""无人村"，到处肆意杀人放火，制造了一起起骇人听闻的血案、惨案。1939年10月14日，在"龙滚狗颈石惨案"中，日寇先后烧毁房屋200多间，杀死无辜群众110多人，这些死难者大部分是妇女儿童；同月19日，在"和乐西截村惨案"中，日军挨家挨户杀光杀绝，西截村全村被杀死115人，连睡在摇篮中的6个月婴儿也不放过。美丽的六连岭地区，变成了"抬头见岗楼，无村不戴孝"的恐怖世界。

此时，万宁国民党顽固派开始消极抗日，掀起了反共逆流。1941年，时任琼崖第九区行政督察专员的吴道南宣布撤掉梁秉枢的县长职务，排斥和打压共产党人，在全琼执行反共政策，甚至纵容日军对琼崖地区的侵略。1943年，日本侵略军向六连岭根据地进行"扫荡"和"蚕食"，而国民党琼崖守备军司令部非但不抗击日军，反而派出两个营兵力进攻抗日根据地，乘机占领了尖岭、三甲、柚树等村庄。六连岭根据地面临日、伪军和国民党顽军协同进攻的局面。

面对险恶的环境，乐万县委和抗日部队在琼崖特委的领导下，紧急动员，着手从各方面加强根据地的建设。

一是发展壮大抗日武装力量。没有枪没有炮，敌人给我们造。乐万县委和抗日部队在对国民党顽固派和日、伪军的军事斗争中获得补给，充实了武装力量。如1940年11月，短枪班夜袭驻柚树的国民党游击队，缴获长短枪10多支；九中队在李振亚的指挥下，由符明、王聘义等七人化装"顺民"送粮，奇袭兴隆日军据点，毙敌数名，缴获轻机枪1挺，步枪7支，子弹一批。

二是加强抗日民主政权建设。1941年10月，乐万县委在六连岭根据地的加索村成立了万宁县抗日民主政府。此后，乐万县委和万宁县抗日民主政府多次派人到各乡发动群众建立乡抗日民主政权，动员和领导万宁人民巩固和发展抗日根据地。1942年上半年，万宁的北龙、南山、禄塘、龙文、和乐、禄马、宣义、大中、茂山、长礼、仁孝、明德、福德、瑞安、茄槽、八街镇16个乡先后成立了抗日民主政府。

三是加强政治思想工作。在六连岭党政人员中开展批评和自我批评，不断改进工作作风和生活作风，同时组织党政干部学习毛泽东的著作，提升理论水平，坚定革命信念。

四是组织群众，开展民众运动。成立乐万县民救会和各式各样的群众组织，如青抗会、妇救会、民救会等。执行减租政策，减轻农民负担，调动农民的生产积极性，争取民众支持抗战。号召群众不上敌市，不领"顺民证"，使万宁县内出现了全民抗战的局面。

在抗日战争十分艰苦的1941年，中共琼崖特委决定在六连岭根据地创办琼崖抗日军政干部学校，由党中央派来的干部、琼崖抗日独立总队参谋长李振亚任校长、政委。同年5月，李振亚率部冲破日军和国民党顽固派在琼山、文昌、琼东、乐会、万宁等地的封锁线，抵达六连岭根据地的北埇村，发动群众和学员一起动手，用了10余天的时间，就盖起了教室、礼堂、宿舍、办公室、伙房等10多间茅草屋。6月学校正式开学。次年夏，学校校舍被日军和国民党顽固派联合烧毁，学校转移到狗咬豹村继续办学，学员以树荫为教室，以山坡平地为操场，以背包为椅子，以大腿为桌子，坚持学习。学校虽然在1942年年底因战争环境关系而暂时停办，但培养了600多名学员，为部队也为六连岭根据地培养了急需的骨干，促进了六连岭根据地的巩固与发展。

此外，六连岭根据地还创办红军医院、军械所等后方设施，活跃农贸市场，方便群众生活。根据地通过各方面的建设，经受住了日、伪军惨绝人寰的"蚕食""扫荡"和国民党顽军"围剿"的考验。

在反"扫荡"反"蚕食"的斗争中，六连岭军民不屈不挠，涌现出了符英、苏爱梅等一批又一批优秀共产党员和英雄人物。

1943年，中共乐万县委庶务长、共产党员符英和南山乡民救会主任、共产党员苏爱梅，冒着生命危险穿过日军封锁，在筹集粮食时不幸被捕。面对日本法西斯的严刑拷打和威逼利诱，符英坚贞不屈。气急败坏的日寇残暴地割掉她的乳房、耳朵，砍掉她的双臂和双腿，挖出她的眼睛。符英仍不断高呼着"打倒日本帝国主义""中国共产党万岁"的口号，最后日寇残忍地割去了她的舌头。符英铁骨铮铮，直到流尽了最后一滴血，牺牲时年仅29岁。

日寇在苏爱梅面前杀害了符英后，进而威迫苏爱梅，对苏爱梅用尽了各种酷刑。但苏爱梅始终坚贞不屈，向周围的父老乡亲宣传抗日救国的道理，鼓励乡亲们跟着共产党抗战到底，最后从容走向日军点燃的熊熊烈火，壮烈牺牲，时年仅33岁。

符英、苏爱梅的英勇事迹，极大地鼓舞了根据地军民的抗日斗争。在党的领导下，六连岭军民不怕艰险，坚持战斗，谱写了一首首英雄史诗。六连岭根据地虽历经敌人摧残，但始终没有垮掉，为后来的琼崖解放战争保存了重要的战略支点。

解放战争时期，六连岭根据地又接连遭到国民党军队的"清剿"。

1946年3月，国民党第四十六军派第一八八师两个团"围剿"六连岭根据地。敌军先后在六连岭周围的加荣、加索等村庄进驻重兵，又在通往六连岭的各条小道设置重重岗哨，把六连岭层层封锁起来。六连岭周围的村庄，如北龙乡的田里、上壮、青田、横飞、南边岭村，南山乡的加荣、加物、上城、下九、下插、码公园村，提塘乡的大潮、火烧亮村，禄马乡的旧地、争来坡村，都被占领。敌军除了在军事上进攻和封锁外，还在琼东、乐会、万宁强迫数千名群众，上山开路。由于敌强我弱，六连岭革命根据地的斗争环境异常艰苦，革命形势十分严峻。

5月4日，为了粉碎敌人"砍山进犯"的阴谋，琼崖纵队第三支队第一大队队长李置样、政委韩番员和支队作战参谋卢航率领第一大队100多人对敌军进行伏击，打响了乐万地区自卫反击战的第一枪。通过采取灵活的战略战术，对敌军进行出其不意的埋伏、袭击，歼灭了"进剿"的敌军，拔除灶尾、三品、加荣、藤寨等敌军据点，迫使敌人放弃了"砍山计划"。

6月以后，随着国民党第四十六军部队陆续离琼，其"清剿"六连岭根据地的计划宣告失败。

同年11月，蔡劲军担任国民党琼崖保安司令后，再次计划对琼崖革命根据地实施"清剿"。1947年2月，敌人开始实行为期三个月的"清剿"计划，侧重在万宁、定安、澄迈地区进行"清剿"。国民党保安第六总队的两个大队和地方反动武装向六连岭根据地进行"清剿"，实行"十户联保"的保甲制度和"清乡"，试图切断当地群众与武装队伍的联系。但六连岭根据地军民奋起迎敌，给予敌军严重打击。3月，蔡劲军不得不放弃对六连岭根据地的进攻，其"清剿"计划破灭。

六连岭是中共琼崖特委领导的东区临委（地委）机关所在地。在党的领导下，六连岭根据地渡过了一道道难关，成为琼崖革命根据地的坚强柱石。经过23年的坚持，终于迎来了全国的解放。

1950年春，为迎接野战军渡海部队解放万宁，万宁县各级党组织积极发动群众，收集敌军情报。同时加大宣传力度，通过分发传单，张贴标语，控诉国民党军的罪行，争取人民群众对革命的支持。万宁学联成员散发《告山东兄弟书》，劝告山东国民党士兵不要再为国民党反动派卖命，以免自取灭亡。万宁中学进步学生还模仿万宁反共头目蔡劲熊的笔迹，撰写《欢迎你就地投降——忠告耿若天》的忠告诗，张贴在万城的新街，使敌人的内部发生矛盾。

万宁县各级党组织为配合渡海作战部队解放万宁做了充分的准备。1950年4月，当渡海大军来到万宁时，万宁二区的民众送给解放军的慰劳品多达几十种，均把自己家中最好的食物献给大军，令部队首长和战士十分感动。

六连岭根据地从1927年创建到1950年万宁解放，党领导根据地军民进行了艰苦卓绝、不屈不挠的斗争，既有革命高潮的欢歌，也有革命低潮的磨难。据不完全的统计，六连岭地区房屋被烧毁、群众被杀绝而成为"无屋村""无人村"的有多贤、大磉、上埇、土岭等多达20个村庄；房屋被烧毁，大部分群众被杀害的有上城、田头、加索、外溪、大戏等 21 个村庄；在原有 100 多个村庄中，先后被杀害的革命群众和为革命牺牲的同志共有 2000 多人，占原有人数的 2/3 以上。

六连岭烈士陵园

六连岭根据地军民用自己的血肉树立了革命的丰碑。1957 年董必武视察海南时，被六连岭根据地军民坚定的革命信念、不屈不挠的革命精神深深打动。他欣然题诗：

六连岭树红旗日，

五指山防白匪时。

二十三年根据地，

一心革命费坚持。

六连岭根据地是琼崖革命根据地的代表。董必武对六连岭根据地的赞赏，也是对整个琼崖革命根据地的评价。

## （二）自立自强战孤岛　敢为人先树范例

在北京中国人民革命军事博物馆，有一门奇异的大炮吸引了无数参观者的目光。这门大炮令人称奇之处在于，它不是由钢铁等金属铸成，而是用海南岛上到处生长的荔枝树树干凿成的。它既没有操纵器械和瞄准具，也没有挡护板和胶轮子。它射击前不是在炮管中装填炮弹，而是直接装填火药和破铜烂铁。这门大炮就是在琼崖革命斗争中令敌人闻风丧胆的荔枝炮。

在琼崖革命根据地反"围剿"斗争中，琼崖共产党人和革命群众为了解决战争所急需的武器弹药问题，自力更生，就地取材，不仅制造土地雷、土手榴弹，还用当地木质坚硬的荔枝树树干凿炮管，装填上火药、铁砂、铁片、铅块等，制造土大炮。

1928年8月琼崖特委机关和苏维埃政府机关转移到乐会县中平仔山区后，装备精良的敌军尾随而至。红军和赤卫队300多人利用有利地形设伏，当敌人进入伏击圈时一齐开火。顿时，土地雷、土手榴弹的爆炸声和荔枝炮的轰鸣声响彻云霄，红军和赤卫队乘机冲入敌群，100多名敌军丢下20多具尸体仓皇而逃。战斗结束后，看到荔枝炮的巨大杀伤力，有人当场编出了顺口溜："荔枝炮，呱呱叫，声响如雷山动摇，火龙翻腾丧敌胆，破铜烂铁变飞镖，一喷就是一大片，百十米内跑不掉，死的死来伤的伤，鬼也哭来狼也嚎，木炮打败铁机枪，红军战士放声笑。"中平仔战斗创造了琼崖红军反"围剿"战斗中以土炮打败敌人洋机枪的战例。

在长期的孤岛革命斗争中，由于海南岛与大陆有琼州海峡相隔，交通不便，琼崖党组织难以得到中央及时且具体的指导，在人力、物力和财力上也不可能得到充足的援助，琼崖革命斗争的环境异常恶劣。琼崖共产党人没有被残暴的敌人所吓倒，更没有被艰辛困苦、挫折磨难所征服，而是带领琼崖人民艰苦奋斗，凝心聚力，实事求是，勇于创新，用实际行动诠释了自立自强、敢为人先的革命精神。

### 1. 发展经济团结紧

大革命失败后，中共琼崖党组织走上了在农村建立革命根据地、实行武装割据、进而夺取政权的道路。国民党反动派则对琼崖革命根据地进行严密的经济封锁和残酷的军事"围剿",使根据地军民生活十分困难,人民政权受到严重威胁。发展人民经济,改良群众生活,建立革命战争和经济建设的物质基础,是一项伟大的任务,一场伟大的阶级斗争。

位于乐会县第四区的乐四根据地是中共琼崖特委、琼崖苏维埃政府所在地,一度是土地革命战争时期琼崖革命根据地的中心。为打破敌人的经济封锁,琼崖特委和苏维埃政府从实际出发,采取了一系列具有针对性的措施。

琼崖革命根据地的主要经济形式是分散的个体小农经济,生产力水平极为低下。为克服困难,苏维埃政府大力组织和领导农民进行农业生产活动,如组织修路、挖井,建设农田,调动苏区农民的生产积极性。为解决劳动力严重不足的问题,苏维埃政府广泛发动群众,开展劳动互助。如创办农民合作社,共同生产,使一些劳动力不足和缺乏农具的农户摆脱了困境。

琼崖农民使用的部分农具

此外,苏维埃政府还发动和组织苏区干部、红军战士及农民群众积极垦荒,创办农场。1928年年初,苏维埃政府发动群众,在乐会县第六区的赤土寮、定壮岭一带创办农场,政府机关工作人员积极参加农业劳动。到1932年秋,共开垦荒地200多亩，种植了番薯、木薯和瓜菜，饲养了牛、猪、羊、鸡、鸭等。在母瑞山根据地，1929年春，苏维埃政府机关办起了3个农场，种植山兰稻、玉米、番薯、木薯、芋头、瓜菜等农作物，还饲养生猪和水牛，使红军战士每天能够吃上一顿干饭和一顿稀饭。通过发展农业生产，在一定程度上克服了敌人经济封锁所造成的困难，保证了根据地党政军民正常的生活供给。

琼崖苏区大多地处敌人统治力量薄弱、经济落后、交通不便的山区及丘陵地带。革命前，农村除了农民家庭手工业外，没有任何工业，日用工业品全部仰赖外地输入。根据地建立之后，敌人的全面包围和严密封锁，更使得各种工业用品极为匮乏。为渡过难关，琼崖特委和苏维埃政府在发动群众、恢复和发展根据地原有手工业的同时，因陋就简创办了军械厂、印刷局、被服厂、粮食加工厂等公营手工业。琼崖苏区政府实行私营手工业保护政策，鼓励农民制竹木器、做渔具、烧砖瓦、造纸、晒盐、缝衣、编草鞋、编蓑衣、榨油等。由于政策符合实际，贯彻得力，这些行业得以快速恢复和发展，苏区军民对白区的经济依赖明显减少。琼崖革命根据地的工业从无到有，虽然数量不多、规模不大，但在革命战争中发挥了很大作用。

苏区人民制作的蓑衣、竹笠、镰刀

交通不便加之敌人的严密封锁，造成根据地内外贸易往来几近断绝。为破除封锁，琼崖特委和苏维埃政府及时调整了对待小商人的政策。1928 年春以前，由于受"左"倾盲动主义路线的影响，琼崖苏区曾经一度出现盲目焚烧市镇店铺的现象。这不仅给党和苏维埃政府在政治上产生了不良影响，而且严重阻碍了城乡物资交流，造成根据地农产品不能输出、工业品不能进来。严酷的现实使琼崖特委深刻认识到，调动商人尤其是小商人的经营积极性，对恢复和发展根据地经济十分重要。1928 年 4 月，琼崖特委和苏维埃政府开始注意纠正对商人的"左"倾错误，要求各县在暴动夺取城市后，一定要使小商人能安心营业，作坊小工厂能安心开工，逐渐扭转了不利局面。

为了方便人民物资交流，活跃市场，粉碎敌人的经济封锁，苏区政府在根据地创建了许多农村贸易集市。这不仅方便了农民群众售卖自己的农副产品和手工制品，买回自己所需的东西，互通有无，调剂余缺，而且吸引了白区群众和商人前来做生意，沟通了根据地内外的商品流通，促进了工农业之间、城乡之间的物资交流。为平抑物价，活跃市场，苏区政府还试办消费合作社。位于乐四区玉石坡集市的消费合作社，规模较大，门类众多，有瓦房和茅房 50 余间，含百货、布匹、饮食、橡胶、山货、土特产品等。

为解决根据地市场货币紧缺，方便群众交易，苏区政府还根据市场需要，发行了银元代用券，面额有一角、一元两种，有效地促进了根据地内一些地区的商品流通。

以上措施对打破敌人经济封锁，活跃根据地经济，促进生产发展，改善根据地军民生活，支援土地革命战争，起到了十分重要的作用。

五指山根据地是琼崖解放战争时期的大后方，是琼崖党政军机关所在地，是琼崖中心根据地。1947 年以后，中共琼崖区委和琼崖民主政府汲取历史经验，在战争中努力加强经济建设，通过实行"发展经济，保障供给""公私兼顾""军民兼顾""集中领导，分散经营"等一系列正确方针，促进了根据地工农业的发展，为琼崖纵队的战略反攻和配合大军解放全岛奠定了坚实基础。

五指山根据地建立之前，当地不仅没有现代工业，而且手工业也相当稀少落后，几乎全部工业品都要从外地输入。根据地建立后，民主政府为改变这种落后状况，提高根据地的自给能力，努力发展公营军需民用工业，并鼓励发展私营手工业，在一定程度上解决了根据地军需民用工业品的问题。根据地的军需工业主要是军械厂。至 1947 年 5 月，根据地已拥有 5 个军械厂，即琼纵司令部军械厂、一总队军械厂、三总队军械厂、五总队军械厂、独立团军械厂，其中规模最大的是司令部军械厂。此外，为促进根据地内手工业的发展，乐东、保亭等县还吸引、邀请外地手工业者前来开业。如乐东从东方县的板桥墟请来铁匠在县城开办打铁铺，打制生产工具，方便群众。保亭则从万宁、定安请来铁匠打铁，生产的刀可以同当时著名的"后安刀"媲美，深受当地黎族苗族群众欢迎。

五指山根据地所在的五指山区多为黎、苗少数民族，农业生产采用刀耕火种的原始生产方式，生产力水平极其低下。较为典型的如琼中县红毛乡，据 1947 年 12 月的调查，该乡 41 个村，526 户人家，2537 人，其中适龄劳动人口为 1564 人，占总人口的 61.64%。由于种子、耕牛等生产工具严重缺乏，1947 年秋季—1948 年 5 月，全乡以户为单位，累计缺粮 1053 个月，平均每户缺粮两个月以上，缺粮户占全乡总户数的 84.6%。为改变五指山根据地农业的落后面貌，提高根据地的粮食自给能力，民主政府除开展土地改革外，还发动民众掀起了生产热潮。在民主政府的推动下，广大农民纷纷组织起来，组织变工队、互助组、帮工队，政府帮助农民解决耕牛、种子、农具等生产困难，增加农业生产，改善了人民生活。这大大提高了根据地群众的革命积极性和革命战争的物质保障能力。

革命战争以经济为基础，以政治为保障。在残酷的斗争环境中，没有党的正确领导，没有坚强的领导核心，是难以战胜强大的敌人的。

琼崖革命武装斗争坚持 23 年红旗不倒，得益于琼崖党的坚强领导，特别是以冯白驹为核心的琼崖党组织对党的路线、方针、政策的正确贯彻执行。

冯白驹曾经指出：海南党的领导机关，贯穿在全部斗争过程中是保持了党的组织与领导作用的。"虽然，海南党的组织领导机构曾在一九二九年春在海口市被破坏，全部负责同志均壮烈牺牲，党一时失去统一领导，但这只是很短时间，经过几个月后，新的领导机构又建立起来，一直到海南解放，均一直保持其组织与领导关系，这也是海南党与海南人民的胜利的一个重要原因。"[1]

的确，在琼崖革命过程中，中共琼崖地方党组织在名称上几经变化，从中共

---

[1] 冯白驹：《中国共产党的光辉照耀在海南岛上》，《新海南报》1951 年 7 月 20 日。

琼崖特支到地委，再到琼崖特委、琼崖区党委，党的组织除很短的时间被敌人破坏外，始终坚持战斗在海南岛上，发挥着指挥中枢作用。特别是自1929年内洞山会议上冯白驹被选为特委委员，逐渐走上琼崖党组织的领导岗位后，长期主持琼崖党和军队的工作，成为琼崖人民的一面旗帜。

冯白驹是在革命斗争中锻炼成长起来的琼崖革命领导人。他不仅具有丰富的革命斗争经验，而且具有很强的政治意识、大局意识、看齐意识。虽然琼崖革命根据地远离中央，但他始终坚持研读毛泽东著作和党中央文件，向党中央看齐。

琼崖根据地虽然地处祖国边陲，但战略位置非常重要，党中央对琼崖根据地十分关注，多次给予工作指导。1940年春，鉴于琼崖革命斗争的重要性，党中央决定派庄田等到琼崖，以充实琼崖革命干部队伍。

> 庄田，1907年生，琼崖万宁县人，1926年加入中国共产党，曾以优异成绩毕业于莫斯科步兵学校，参加过红军长征，具有丰富的军事斗争和政治工作经验。在来琼崖之前，周恩来在重庆和庄田、李明等谈话，指出：党中央和毛泽东同志对琼崖的斗争，寄予极大的关怀，这次又把你们派到那里去，你们一定要把党中央和毛泽东同志的关怀和指示带到那里去。"冯白驹同志是琼崖人民的一面旗帜……要支持冯白驹同志工作，尊重他，在琼崖特委的集体领导下，共同把革命工作搞好。"[1]

1947年，根据形势发展的需要，中央决定将琼崖特委改为琼崖区党委，由党中央直接领导。中央提议由冯白驹担任琼崖区党委书记。5月，中共琼崖区党的第五次代表大会召开，选举产生了中共琼崖区委员会，冯白驹、李明、庄田、黄康、何浚为常委，冯白驹为书记，李明、黄康为副书记。10月，中央军委批准，同意琼纵改为中国人民解放军琼崖纵队，冯白驹任司令员兼政治委员。

冯白驹作为天涯孤岛上的革命领导人，深刻感受到党中央和毛泽东主席的亲切关怀和信任，具有很强的核心意识。

1947年12月25—28日，在中国革命的历史转折关头，中共中央在陕北召开

---

① 庄田：《琼岛烽烟》，广州：广东人民出版社1979年版，第9页。

扩大会议，通过了毛泽东所作《目前形势和我们的任务》的报告。中央要求全党全军，进行深入教育，并在实践中严格地遵照实施。会议仅结束七天之后，1948年1月5日，远在海南岛上的琼崖区党委即发出了《关于学习毛主席政治报告的通知》，要求各机关团体部队认真学习、研究毛主席的政治报告。要求大家在研究时，必须联系琼崖及当地时局，联系实际斗争，联系组织及个人的思想，以此掘发问题，检查思想，根据毛主席报告的精神，弄清问题，弄清思想，克服偏向。

琼崖区党委贯彻中央十二月会议精神行动之快，态度之坚决，措施之得力，说明经过长期的革命斗争的洗礼，以冯白驹为核心的琼崖区党委已经用毛泽东思想武装起来，成为中央领导下坚强有力的地方党组织。这为琼崖革命的胜利提供了根本的政治保证。

政治路线确定之后，干部决定一切。贯彻执行党的路线、方针、政策，需要有得力干部来保障。在23年武装斗争中，琼崖党组织在险恶的环境中坚持抓党员和干部学习，开办了琼崖高级列宁学校、琼崖抗日公学、琼崖抗日军事政治干部学校、琼崖妇女学校等学校，培养了一批又一批革命斗争所需要的人才。

琼崖妇女学校第一期甲班毕业生合影

琼崖的共产党员和干部在革命斗争发挥了重要的骨干作用。冯白驹曾经深情地说："在海南人民革命长期的战争中，考验了我们的党员、干部。他们对于党与人民的事业，是抱着无限忠诚的。海南人民革命战争的残酷与艰苦，是十分严重的。然而我们的干部却在这个特殊斗争的环境中，长期埋头苦干，无衣无食，卧山岭，钻土洞，不怕劳苦，不顾牺牲，始终如一，奋战不懈。虽则，在我们的队伍中，在长期的恶战过程中，也有不少的叛变、逃走、动摇、蜕化，但绝大部分的干部与同志都是好的，都是忠诚于党与人民事业的。抗日战争中的日敌'蚕食'时期，琼山、文昌二县的区乡级干部，在几个月中就牺牲了约四百名，其中没有一个出卖阶级、出卖革命的。这个范例，可以作为我们干部如何忠诚于党与人民事业的典型代表。我们肯定地说，如果我们没有这样品质优良的干部支持斗争，那海南人民的革命战争，是无法想象的。"①

琼崖党组织是琼崖人民的主心骨，不仅重视党员和干部的培养，也十分重视党内外的宣传思想工作，促进了琼崖全党以及党与革命群众之间的团结，为克服困难、坚持斗争、夺取胜利奠定了重要的舆论和思想基础。

在琼崖党组织所创办的诸多报刊中，存在时间最长、影响最大的是《抗日新闻》《新民主报》。

《抗日新闻》创办于1939年春，是中共琼崖特委的机关报。《抗日新闻》简称"抗新"，这也是琼崖特委机关的代号。该报为8开4版油印报，3~5天一期，印数1000~2000份。版面内容有社论、论文、国内新闻、国际新闻及本岛新闻、文艺副刊等。报纸经常转载党中央重要文件。冯白驹等特委领导经常为报纸写社论、文章，宣传党的抗日路线、方针，鼓舞军民抗战。报纸为实行通俗大众化的方针，收录的文章大多短小通俗，还办了一个通俗半月刊，以刊登歌曲和漫画进行宣传。该报供琼崖党政军机关、民众团体、基层支部阅读，并在市镇和人口集中地方张贴。

抗战中期，琼崖抗战条件十分艰苦，日军对抗日根据地疯狂"扫荡"，国民党顽固派也大举进攻，琼崖党和军队环境险恶。《抗日新闻》一度被迫转移至文昌海边一带，但仍克服重重困难，坚持出版，始终没有中断。1939年春—1945

---

① 冯白驹：《中国共产党的光辉照耀在海南岛上》，《新海南报》1951年7月20日。

年抗战胜利，《抗日新闻》坚持6年半，是党在琼崖最重要的舆论阵地，对于团结鼓舞琼崖军民抗战，打击瓦解敌人，对于发展抗日力量，争取抗战最后胜利发挥了重要作用，作出了特殊贡献。

抗日战争胜利后，《抗日新闻》更名为《新民主报》，仍然作为琼崖特委的机关报。1946年9月琼崖特委与党中央的电台通信恢复后，开始经常得到中央的直接指导。琼崖特委(区党委)通过《新民主报》及时传递中央声音，科学分析琼崖形势，指明革命斗争方向，极大地坚定了琼崖党政军民的革命信念和必胜信心。

《新民主报》

1948年12月30日，毛泽东为新华社撰写了《将革命进行到底》的新年献词，《人民日报》于1949年1月1日发表。毛泽东号召全党、全军、全国人民坚决彻底干净全部地消灭一切反动势力，推翻国民党的反动统治，建立人民民主专政的共和国，绝不能使革命半途而废。

四天以后，1949年1月5日《新民主报》即刊登了冯白驹撰写的《坚定地完成解放全琼任务》。这篇文章借鉴了《将革命进行到底》的写作风格和措辞。

《坚定地完成解放全琼任务》是冯白驹认真阅读毛泽东的文章后结合琼崖实际撰写的学习体会，也是对毛泽东《将革命进行到底》一文的解读，更是响应党中央和毛泽东"将革命进行到底"伟大号召的宣示。将革命进行到底，具体到海南岛上，就是把琼崖革命进行到底！这种联系地方实际的表述，契合琼崖人民的心声，因而易于被琼崖党政军民接受和理解，在社会上产生了强烈反响。把琼崖革命进行到底，解放海南岛，成为琼崖军民的共同企盼和一致呼声。参军支前，成为琼崖根据地人民群众的自觉行动。

《新民主报》作为琼崖区党委的喉舌，很好地发挥了凝心聚力的思想动员作用。

党的团结、人民的团结，是战胜一切敌人的根本条件。在战火纷飞的革命斗争中，琼崖共产党人自力更生，发展生产，凝心聚力，不仅有效缓解了军需民用问题，也增强了广大党员和群众对党的认同，为在孤岛上坚持革命斗争创造了经济、政治前提。

### 2. 实事求是立天涯

1941年，毛泽东为中共中央党校题词"实事求是"。实事求是是中国共产党的思想路线，是马克思主义中国化理论成果的精髓和灵魂。"实践反复证明，坚持实事求是，就能兴党兴国；违背实事求是，就会误党误国。"[1]

在孤岛上进行的琼崖革命斗争，如果琼崖党组织一切从本本出发，不实事求是地处理复杂的革命问题，琼崖革命的道路就会更加曲折。

冯白驹在解放后谈到琼崖革命特点时说："海南是一个海岛，反革命势力不但在海上封锁着它，而且在陆上亦是重重封锁着它，我们是长期被封锁在荒僻的山地和乡村中，不但远离主力、远离党中央，并且由于华南的革命发展的不平衡，海南总是变成突出的一点，反革命的进攻摧残是特别的残酷。由于这个特点，海南党组织所受党中央及上级党组织的领导是不正常的，有时候还陷于断绝联系的状态。这就使得海南党的组织不得不在很多时候独立地解决一些重大问题（当然仍是在党中央和毛泽东同志的总的方针之下），这对于海南党组织的锻炼是大有帮助的。"[2]

---

① 习近平：《坚持实事求是的思想路线》，《学习时报》2012年5月28日。
② 冯白驹：《中国共产党的光辉照耀在海南岛上》，《新海南报》1951年7月20日。

1947年新民主出版社在香港出版的《琼崖孤岛上的斗争》

　　孤岛斗争虽然特别艰难，但也使琼崖党组织得到了锤炼，提高了用马列主义、毛泽东思想解决实际问题的能力。琼崖党组织坚持一切从地方实际出发，实事求是，创新土地革命政策，适时开辟五指山根据地，正确认识和处理北撤、南撤问题，使党在琼崖大地牢牢扎根，使根据地红旗不倒，确保了党中央琼崖战略意图的实现。

　　琼崖革命根据地是土地革命战争时期中国共产党创建的最早的革命根据地之一。在革命根据地创建后，如何解决农民土地问题，是能否保证土地革命斗争顺利开展的重要因素。在中共琼崖特委的领导下，琼崖革命根据地结合地方实际，敢为人先，制定具有创新性的土地政策，体现了琼崖共产党人理论联系实际、一切从实际出发的优良品质，显示了革命首创精神。由此，共产党赢得了根据地广大农民群众的认同，激发了其生产积极性和革命热情，为根据地的巩固奠定了良好的群众基础。

　　琼崖革命根据地是全国范围内开展土地革命较早，成效也较显著的地区。为彻底改变长期以来的封建土地所有制，使广大农民获得翻身解放，在中共琼崖特委和各级苏维埃政府的领导下，琼崖各革命根据地积极开展广泛深入的土地革命斗争。1927年年底—1928年秋，因党中央和广东省委没有具体制定土地法和相应政策，中共琼崖特委从琼崖实际情况出发，以特委所在地、琼崖革命根据地的中心——乐会县第四区为试点，进行大胆的探索，制定了可供其他根据地借鉴的土地分配政策。

琼海市阳江镇革命斗争史陈列馆一角

1927年12月，乐四区农民代表大会通过了《土地问题的临时办法》。后来在土地分配过程中，通过总结土地分配的经验和出现的问题，乐四区农民代表大会又制定了《分配土地的具体办法》。《土地问题的临时办法》是中国共产党历史上出台较早的土地法规。它比井冈山革命根据地制定的井冈山《土地法》早颁布一年。实践证明，琼崖革命根据地所制定的土地分配办法，其中很多原则和政策是正确的，体现了琼崖共产党人和革命群众难能可贵的探索精神。

土地没收与分配是土地革命中必须解决的两个中心问题。1928年三四月间，广东省委曾多次指示琼崖特委，苏维埃一成立，应马上没收一切土地，实行分配土地，即以苏维埃名义宣布"没收一切土地归苏维埃"。实践证明，"没收一切土地"的政策容易使人混淆土地革命的斗争目标和对象，引起农民的不满和怀疑，甚至触犯到少地无地农民和富农中农的利益，不符合当时广大农民的利益诉求，也不受广大农民欢迎。琼崖革命根据地制定的《土地问题的临时办法》等文件，没有规定没收一切土地，而是主张没收"一切地主土地及公田"，并且要求"所有自耕农原耕之田地，仍暂由耕者耕管"，切实保护自耕农（中农）的切身利益。这种土地政策是符合农村实际和农民需要的。

1928年六七月间，中国共产党第六次全国代表大会在莫斯科召开。大会认识到"没收一切土地"的政策会侵犯到部分中农利益，打击富农积极性，因此，明确提出：在资产阶级民主革命时期，只没收地主阶级的一切土地，土地革命运动主要的敌人是豪绅地主，无产阶级在乡村中的基本力量是贫农，中农是巩固的同盟者。可见，琼崖特委从实际出发，所提出的没收"一切地主土地及公田"政策是与同中共六大的正确主张相一致的。它有利于党在农村争取最广大的农民群众，尤其是中农参加土地革命，对农村革命根据地的发展具有重要的促进作用。

在土地分配方面，琼崖革命根据地首次明确提出了"以原耕地为基础，抽多补少，抽肥补瘦"的分配原则，在确保数量上平均的同时，兼顾了质量上的公平，同样是一项伟大的创举。

在土地分配之初，琼崖党组织就考虑到了如何平均、如何公平才能让广大农民群众满意的问题。平均分配土地，不仅体现在土地分配的数量上，也要体现在土地分配的质量即肥瘦程度上。琼崖党组织从农民的普遍愿望出发，在土地分配中注意到了土地数量和质量相统一的问题。在琼崖特委的领导下，乐会四区农民代表大会通过的《分配土地的具体办法》规定田产分配以肥瘦为标准，在原耕地的基础上抽多补少，并且视肥瘦而抽补。在琼崖革命根据地之后，其他一些根据地也陆续注意到了这一问题。如1929年10月，中共东江特委强调在分配土地时要注意土地的肥瘦和远近，1930年2月中共闽西特委提出分田方法以抽多补少为原则。至1931年，以乡为单位，按人口平均分配土地，在原耕地基础上，实行抽多补少，抽肥补瘦，成为党在各革命根据地普遍实行的土地分配方法。琼崖革命根据地的早期探索，成为土地革命战争时期革命根据地实行正确土地分配原则的先声。

在土地革命斗争中，没收地主土地后，如何对待地主及其家属？这是琼崖土地革命根据地分配土地时面临的又一个重大原则问题。广东省委曾多次指示琼崖特委，"必须毫不迟疑的屠杀一切地主豪绅，没收一切财产分给农民或归政府（不管他是否土劣）"①；"一定要坚决的喊出'消灭一切地主阶级'的口号，根本不容许不耕田而收租的人有生活的权利"②。

中共琼崖特委没有盲从上级指示，而是为促进革命事业顺利发展，从当地的实际情况出发，规定没收地主土地及公田后，给地主家属一定数量的土地耕种，给其生活出路。这种消灭封建剥削制度而给地主及其家属酌情分配土地的做法，在当时党所建立的各革命根据地中都没有先例可循，琼崖革命根据地的创造之举，实践证明是完全正确的。它为党中央后来制定正确的对待地主的政策贡献了智慧。

五指山中心根据地辖白沙、保亭、乐东三县，地处五指山脉腹地，是琼崖共产党人在海南岛上建立的最大一块根据地。海南岛上第一面五星红旗从这里升起，它对于配合中国人民解放军第四野战军渡海作战，解放琼崖，起到了极为重要的战略支撑作用。

在五指山地区建立根据地，是抗日战争时期党中央的战略设想，如何将这一设想变成现实，考验着中共琼崖特委的政治智慧。究竟是教条地执行党中央的指示，还是从琼崖实际出发，适时创建五指山根据地？琼崖特委坚持实事求是的思想路线，灵活机动地实现了党中央的战略意图，建立了一个海南岛红旗不倒的战略支点。

五指山位于海南岛中部，是海南岛最高的山脉。那里山高林密，主要聚居着黎族、苗族等少数民族，在五指山地区建立革命根据地，是琼崖革命斗争形势发展的必然要求。

土地革命战争时期，琼崖共产党人在海南岛上建立了六连岭、母瑞山、琼文、吊罗山、仲田岭等一系列小块根据地，这些根据地主要分布在海南岛沿海及五指山外围地区。随着琼崖革命斗争形势的日益严峻，这些规模较小的根据地已

① 中共广东省海南行政区委员会党史办公室、海南行政区档案馆：《琼崖土地革命战争史料选编》（内部发行），1987年，第7页。
② 中共海南省委党史研究室（海南省地方志办公室）：《琼崖革命历史文献选编》（第2卷），海口：海南出版社2019年版，第458页。

无法满足斗争发展的现实需求。在海南岛建立一个可靠的、巩固的中心革命根据地，就逐渐提上了党中央的议事日程。

1940年11月，中央指示琼崖特委，要"认真在三十余万夷民中进行艰苦联络工作，尊重他们的民族风俗习惯，使他们信任我们，不仅使他们不为敌伪利用，而且要使他们与我们一起抗敌。必须认识他们所在地的五指山脉一带山地，将是我们长期抗战的最后的可靠根据地，其他沿海地方都有敌伪盘踞的可能。只有有了夷民、山地作为我军的巩固后方，我们才能支持长期抗战"①。

1941年8月，中共南方工作委员会副书记张文彬在广州湾听取了罗文洪、陈实关于琼崖情况的汇报后指出：在建立根据地问题上，这是一个革命战争中的战略问题。首脑机关的流动不定，很难形成指挥全局的中心领导，而长时间的无后方作战，必然影响部队的建设，也难以持久发展。因此，在目前，琼崖一方面要继续巩固琼文这块平原游击战争的基地，另一方面要在海岛东西两面扩大游击区，广泛深入地发动群众，建立大大小小的游击根据地，积极地、有计划地向五指山山区发展，向黎族、苗族群众进行艰苦耐心的工作，准备经过长期的斗争，创立五指山中心根据地。

对党中央及南委关于建立五指山根据地的指示，琼崖特委如何执行呢？

日军侵占海南岛后，国民党党政军机关被迫转移到五指山地区，五指山地区成为国民党的抗战后方基地。由于国民党的严密统治，加上该地区峰峦叠嶂，交通不便，许多黎族、苗族群众对共产党及其领导的独立总队缺乏了解，历史形成的种种民族隔阂和排挤心理还难以立刻清除，中共琼崖特委认为进军五指山的条件还不成熟。因此，琼崖特委和独立总队没有机械地执行上级指示，立即向五指山方向进军，而是坚持向琼北、琼西、琼东发展抗日游击战争，同时加紧做五指山周边黎族群众的工作，为争取建立五指山根据地逐步创造条件。

1943年白沙黎族苗族人民起义后，中共琼崖特委乘机在五指山地区开展工作，先后建立白沙阜龙乡抗日民主政府和白沙县抗日民主政府，为后来建立五指山根据地奠定了基础。

① 中共海南省委党史研究室（海南省地方志办公室）：《琼崖革命历史文献选编》（第3卷），海口：海南出版社2019年版，第781页。

抗战胜利后，中共琼崖特委和琼崖纵队进一步巩固了白沙根据地。1947年4月14日，琼崖特委电告中央，五指山根据地初步建立。1948年6月，琼崖纵队解放乐东，使白沙、保亭、乐东连成一片，五指山根据地正式形成。

五指山根据地是琼崖党政军首脑机关所在地，是全琼革命斗争的指挥中枢，也是全琼革命根据地的中心。它从1940年党中央提出建立五指山根据地的战略设想至1948年五指山中心根据地建成，历经8年之久。中共琼崖特委坚持实事求是原则，积极贯彻党中央指示，最终使党领导的琼崖革命斗争有了可靠的、稳固的阵地依托和重要的战略支点。

位于五指山市毛阳镇的五指山革命根据地纪念碑

五指山根据地的建立和不断巩固、扩大，使琼崖纵队逐渐掌握了战争的主动权，加速了琼崖解放战争胜利的历史进程。冯白驹曾经高度评价五指山根据地的地位和作用。他说："没有这个根据地建立，我们就不会有一九四八与一九四九年中冬夏两季攻势的伟大胜利，没有这个根据地的建立，我们就会很困难或不可能应付国民党将在解放前夜那样压倒优势力量的进攻；也可以这样说，没有这个根据地的建立，对于配合大军渡海登陆作战解放海南的任务，非但会受到影响，恐怕甚至不能起多大作用。"①

中共琼崖特委在积极开辟五指山根据地的过程中，革命形势在不断发生着重大变化，要求琼崖特委审时度势，妥善应对。

1946 年 2 月，国民党第四十六军在琼崖悍然向琼崖纵队发动进攻。琼崖纵队立即进行自卫还击，琼崖内战爆发。在琼崖战事正酣之际，中共广东区委先后派符气岱、林树兰来琼，传达中央要求琼崖纵队北撤山东的指示，并作了北撤具体情况的安排。这一指示关系到琼崖革命的前途和命运，在琼崖特委内部展开了热烈讨论。

冯白驹作为特委书记，有着很强的组织纪律性和大局观念，他认为，《双十协定》是党中央从中国革命的大局出发同国民党签订的，在不破坏人民根本利益的前提下，我方做出让步，让出南方八个解放区，我们应该服从中央的决定。但是，琼崖孤悬海外，情况与大陆有所不同，特别是当前琼崖内战已经全面爆发，国民党军绞尽脑汁找我主力作战，试图消灭我们，能否安全北撤是个突出问题。冯白驹带领大家认真学习北撤指示中关于各地执行时应根据各自的实际情况和条件做好坚持斗争的具体安排的精神，提出要做好北撤和坚持斗争两个方面的准备。

中共琼崖特委经充分讨论，决定：一方面积极准备北撤，争取和平；一方面坚持斗争，奋力自卫反击。冯白驹特别强调，为保持干部和部队的思想稳定，在接到北撤正式命令之前，只把上级指示精神传达到支队和地方县以上的领导干部。然而，由于个别领导人员没有严格遵守纪律，北撤消息不慎泄露，引起一些人的思想波动，给党的工作带来一定损失。

面对国民党军大举进攻的严酷形势，为统一干部和部队思想，加强自卫反击斗争，6 月 14 日冯白驹亲自起草并以琼崖特委名义发布了《执行上级指示继续坚持自卫反击斗争的工作决议》。

该决议强调：在继续坚持自卫斗争中，我们必须在政治上做有效的动员工作，把成员特别是干部都弄清思想，准备反对在自卫斗争中发生任何一种的懈怠的偏向。特别是对林树兰同志返来所传达的北撤问题所引起的任何不好现象，

---

① 冯白驹：《中国共产党的光辉照耀在海南岛上》，《新海南报》1951 年 7 月 20 日。

"不仅要加以严格检讨，彻底清除，而且要把北撤问题搁置不谈，禁止任何有关与干部北撤这一问题提到讨论和闲谈上，但领导机关与干部应自我检讨自己是否因为这一问题而产生各种偏向，加以揭发批判，在实际的斗争指导与努力奋斗中改变过来，以身作则，领导全部成员克服与转变"①。

该决议全面总结了几个月以来自卫反击战争的经验教训，并从政治上组织上和军事上采取了一系列有力措施，全面加强了防范能力，及时扭转了不利局面。

北撤是中共中央在抗战胜利后为表达争取和平民主的诚意，争取在政治上的有利地位而作出的重大让步。在广东中共部队北撤实施过程中，却遇到了国民党广东当局的严重干扰。

国民党广州行营主任张发奎说广东只有"匪"，没有中共武装部队。后虽承认广东有中共武装力量，但5月21日达成的北撤最后协议仅包括东江纵队。其后，中共代表继续就琼崖纵队问题与国民党方面交涉，但没有结果，张发奎企图将留置在孤岛上的琼崖纵队一网打尽。

中共琼崖特委所接到的上级两次北撤指示均是在北撤方案最后达成之前，指示中提到的琼崖纵队北撤方案仅是中共代表在广州商谈中曾经提出的要求，实际上并没有被国民党方面所接受。由于当时琼崖特委与中央没有电台联系，因而不能及时了解广州商谈的具体情况和党的指示。在不少干部和群众对琼崖革命根据地的前途议论纷纷，对自己的未来一片茫然，严重影响了自卫反击斗争的情况下，琼崖特委不"唯上"，而是从党的利益和琼崖革命斗争的实际情况出发，果断地平息风波，及时将党和纵队的工作重点放在自卫反击斗争上。

实践证明，这一决策是完全正确的，是中共琼崖特委坚持党的发实事求是思想路线的实践范例。

1946年6月30日，国民党军大举进攻中原解放区，全国内战爆发。平息北撤风波不久的中共琼崖特委和琼崖纵队，又遇到了令人棘手的南撤问题。

同年8月，中共广东区委派张创携指示回琼。9月底张创抵达琼崖特委驻地，传达关于琼崖纵队撤往越南的指示，其主要内容是：东江纵队北撤后，广东

① 中共海南省委研究室、海南省档案馆：《琼崖解放战争史料选编》(上)(内部发行)，1989年，第61~62页。

琼崖将更加黑暗，琼崖特委应一面坚持斗争，留下一部分人员占领山头、打游击；一面将琼崖纵队主力撤往越南，尤其是要把成千成百的干部撤到海外。人员疏散，党员只要有办法离琼而不危害党者，均永远承认党籍。

冯白驹听取张创的传达后，感到南撤指示不切实际。他认真思考后指出：目前敌人正向我疯狂"清剿"，敌人严密控制着沿海港口和船只，强行南撤，实际上等于把我们的主力部队摆在敌人的飞机、炮舰和枪口之下，弄不好有全军覆没的危险；再者，即使能安全到达越南，今后又怎么打回来呢？敌人的强大是暂时的，我们有坚持孤岛斗争20年的经验，有坚强的党组织和军队，有坚实的群众基础，只要我们紧紧依靠广大人民群众，制定和执行正确的路线、方针、政策，就一定能够继续坚持斗争。

中共琼崖特委经过认真讨论，决定将情况向广东区委和中央报告，强调在正式决定作出之前，对南撤指示要绝对保密，不许对任何人泄露。随后，特委发出《坚持自卫反击再决议》，号召琼崖党政军民奋起回击国民党军队的进攻。

10月中下旬，中共广东区委派联络员张端民抵琼，向琼崖特委再次传达南撤指示。指示的精神虽然着重在坚持自卫反击斗争，但其原则与张创带来的指示相同。冯白驹认为，南撤与否，关系到琼崖革命斗争的成败，必须尽快向中央反映琼崖实际情况，提出意见。

此时，琼崖特委与中央已恢复了电台联系。10月26日，冯白驹与特委副书记黄康、李明联名向中央发出关于琼崖斗争成败关键问题的请示（连同特委《坚持自卫反击再决议》上报），阐述对南撤问题的基本看法：我们一致认为，如执行此指示，不但碰到无港口、少船只的困难，而且整个琼崖的工作将要垮台了。因为过去在准备北撤山东时，一般士兵与工作人员，以至下级干部，都极感悲观与不安，担心在复员后被国民党特务杀害。如果今天我们把成千成百的干部撤退到越南，就必然会发生更严重的事情。那时干部要争先离琼，战士和工作人员将失斗志，人民失望。琼崖斗争不堪设想。因此，"为琼崖革命前途计，不得不请示中央，倘使中央认为今后的粤琼必更黑暗，为保存干部应即大批撤退，我们必坚决执行。但如中央认为，自卫战争之结局，只要琼崖坚持得好，中央至少必能争取粤三项协议的实现或更大的成果，那末我们有坚强信心与办法，坚持斗争，绝不能给敌人打垮"①。

为使中央进一步了解琼崖斗争的实际情况，10 月 27 日冯白驹与黄康、李明再次联名致中央，汇报过去 10 个月的琼崖自卫斗争情况和经验教训，指出：敌人力量虽强大，敌人进攻虽疯狂，斗争虽艰苦，但我们都能坚持斗争，粉碎敌人争取胜利。这说明琼崖自卫斗争，非但能够坚持，而且也说明我们能够坚持琼崖斗争。这一次的自卫斗争又在考验我们，所以我们坚信，继续坚持琼崖斗争，是无问题的。

毛泽东了解到琼崖革命斗争的实际情况以后，立即拟稿，经朱德、彭德怀等校阅后，于 30 日以中央名义回电冯、黄、李："你们意见很对，你们应当坚决斗争，扩大军队，扩大解放区，学会集中主力打运动战，争取每次歼灭敌人一营一团，同时发展民兵游击队，配合主力作战。你们应以占领整个海南岛为目标，将来再向南路发展，你们《坚持自卫反击再决议》是正确的。"②

党中央和毛泽东充分肯定了冯白驹和琼崖特委坚持孤岛斗争的勇气和想法，指明了琼崖解放战争的方向，极大地鼓舞了琼崖党军民巩固和扩大解放区、夺取整个琼崖的斗志。

事实证明，南撤是上级组织基于东江纵队北撤后琼崖形势异常严峻的判断而作出的指示。冯白驹从党和人民的利益出发，根据琼崖实际情况，认真贯彻但不盲目执行上级指示，按照组织原则向上级反映实际情况和不同意见，争取上级理解和肯定，体现了一个坚定的马克思主义者的组织纪律观念和求实创新精神。

以冯白驹为首的中共琼崖特委坚持一切从实际出发、实事求是的思想路线，妥善处理了北撤、南撤风波，使党的事业避免了重大损失。琼崖特委将原则性与灵活性相结合，正确地执行了党中央和上级指示，表明以马列主义、毛泽东思想武装起来的琼崖党组织在政治上、思想上日益成熟起来。

## （三）依靠群众夺胜利　甘于奉献为人民

冯白驹在琼山从事革命活动时，一度被敌人包围在一片山林中。在敌人开始

---

① 中共海南省委党史研究室（海南省地方志办公室）：《琼崖革命历史文献选编》（第 4 卷），海口：海南出版社 2019 年版，第 1083 页。

② 中共海南省委党史研究室（海南省地方志办公室）：《琼崖革命历史文献选编》（第 4 卷），海口：海南出版社 2019 年版，第 1084 页。

搜索的紧急关头，一个当地外号"放鸭二"的农民偷偷来到他的身旁，说："我朝前边去，当白狗子抓住我问话，你就从后面跑，我放的鸭群在田里，你就装作放鸭子的。"说完他就拨开丛林，跑到了敌人面前，自称冯白驹。敌人高兴地喊叫："活捉冯白驹了！"①冯白驹趁敌人混乱之机朝山林后面跑去，脱离了险境。这次脱险的经历，让冯白驹悟出了一个深刻的道理：山不藏人，人藏人！

中国共产党是全心全意为人民服务的政党。在长期的孤岛奋战中，中共琼崖地方组织坚持一切为了群众、一切依靠群、从群众中来、到群众中去的群众路线，以人民群众为靠山，千方百计为人民群众谋利益，一心一意为人民服务，最终在人民群众的支持下赢得了革命的胜利。琼崖共产党人用自己的生命和热血诠释了依靠群众、甘于奉献的革命精神。

### 1. 铜墙铁壁克强敌

在 20 余年的琼崖革命武装斗争中，以冯白驹为主要代表的琼崖共产党人始终紧密依靠人民群众，坚持一切为人民群众，使琼崖革命斗争建立在牢固的群众基础之上，经常逢凶化吉。没有人民群众的热烈拥护和积极支援，琼崖革命斗争是根本不可能进行的。

冯白驹在海南解放后回顾琼崖革命历史时动情地说："海南人民在革命斗争过程中，不管我们的损失是如何的重大，白色的恐怖是如何的厉害，反动统治是如何的黑暗，斗争是如何的残酷与艰苦，但是我们都克服了困难，渡过了难关，坚持下来并且能够发展的主要原因，就是我们始终依靠群众联系群众，得到了海南岛人民的拥护与支持。"②

的确，人民群众是琼崖共产党人坚持孤岛斗争的力量之源。

"人民群众是历史的创造者，是决定党和国家前途命运的根本力量。"③习近平在党的十九大报告中这样强调，不仅是基于中国特色社会主义进入新时代的现实需要考量，也是基于中国共产党成立以来依靠人民战胜一切艰难险阻的重要历

---

① 吴之、贺朗：《冯白驹传》，北京：当代中国出版社 1996 年版，第 89~90 页。

② 冯白驹：《中国共产党的光辉照耀在海南岛上》，《新海南报》1951 年 7 月 20 日。

③ 习近平：《习近平谈治国理政》（第 3 卷），北京：外文出版社 2020 年版，第 16 页。

史经验总结。

党的事业是实现人民解放的事业。"革命战争是群众的战争,只有动员群众才能进行战争,只有依靠群众才能进行战争。"①在琼崖革命斗争的各个历史时期,琼崖共产党人深入群众,发动群众,与群众紧密结合,使党在孤岛斗争中筑牢了深厚的群众根基,高举的革命红旗始终不倒。

中共琼崖地方组织甫一成立,就投身于群众运动的洪流,成为琼崖大革命高潮的引领者、促进者。

琼崖大革命虽然高潮短暂,但在群众运动中锻炼了冯白驹等一批党的干部,为后来坚持23年武装斗争奠定了重要基础。

1926年年初,23岁的冯白驹迫于家庭经济压力,被迫放弃在上海大夏大学的学业,回到了自己的家乡——琼山县长泰村。在大革命洪流的影响下,他回乡不久就找到他在高小时期的好友、时任中共琼山县党支部负责人、担任着国民党琼山县党部主任委员的李爱春,请他介绍参加革命工作。李爱春经过慎重考虑,经过组织同意,分配冯白驹到海口郊区农民协会办事处担任主任。从此,他开始在实际斗争中认识群众,增进对人民群众的思想感情,开始了由学生到中共党员再到琼崖革命领导人的淬炼过程。

冯白驹在海口郊区从事农运工作的一年时间里,带领农协办事处的同事深入农民群众,经过持续的艰苦的宣传教育工作,把海口郊区的农民全部组织起来,多次发动、领导农民进行反对地主恶霸压迫剥削、要求翻身解放的斗争,并取得了胜利。

五村是海口郊区的一个乡。冯白驹上任不久,收到了该乡不少农民的来信。起因是五村地主恶霸吴为藩强占农民大块坡地,导致许多农民不满,纷纷写信给郊区农会办事处,要求农会支持他们夺回土地。冯白驹了解情况后,坚决支持农民的要求,保护农民的利益。为此,他首先将农民组织起来,帮助五村乡建立了农会,并且建立了一支农会自卫队。接着又带领农会自卫队和群众到县政府请愿,迫使吴为藩将土地归还了农民。

五村乡反地主恶霸斗争的胜利,极大鼓舞了农民的斗争情绪,使他们认识到

---

① 《毛泽东选集》(第1卷),北京:人民出版社1991年版,第136页。

了自己的力量：只要组织起来、团结起来、武装起来，就能够保卫自己的利益！这次斗争不仅深刻教育了农民，也给脱下学生装不久的冯白驹上了生动的一课。冯白驹作为郊区农民协会的负责人，切身体会到人民群众的巨大力量，认识到琼崖的革命斗争，只要有群众支持就有胜利的希望。从此，冯白驹更加主动地融入农民群众，同他们同呼吸、共命运。他和群众一样打扮，戴着竹笠，经常赤脚，走村串户访贫问苦，有时还住在群众的牛棚里。在村头、在田头、在瓜棚下和群众谈心说笑，启发群众的革命觉悟，同时也密切了他与广大劳动人民的阶级感情。

冯白驹在实际斗争锻炼成长，顺利通过了党组织的考验，1926 年 9 月经过中共琼崖地委委员李爱春介绍和组织批准，成为一名光荣的共产党员。

1927 年琼崖"四二二反革命政变"发生后，李爱春等大批琼崖共产党人和革命群众遭到国民党反动派杀戮，琼崖大地陷入一片白色恐怖。冯白驹脱险后，在本里湖村见到了中共琼崖地委书记王文明。王文明对冯白驹十分信任，指定他为中共琼山县委书记，同时鼓励他：只要我们坚定信心，依靠人民群众，做好工作，领导群众斗争，我们就能够取得胜利。

冯白驹在李爱春、王文明等人的教育和鼓舞下，在革命斗争得到锻炼并逐渐成熟起来，成为琼崖 23 年武装斗争中接过革命红旗的旗手。

走上县委书记岗位的冯白驹深知：群众是党的靠山，党员是群众的模范。面对敌人的血腥屠杀，他毫不畏惧，立即加紧了党的组织建设和群众工作。1927 年 9 月，他在桥头村王氏祠堂举办的党支部书记训练班上指出："在决定革命成败的关键时刻，每一个共产党人都应该下定革命决心，党的利益高于一切，人民的利益高于一切；发挥共产党员的光辉模范作用，言行一致。党员在群众中表现好坏，都影响着党的威信和党群关系，必须密切联系群众，特别是在海南岛，要想在孤岛上把革命坚持下去，离开了人民群众的支持，我们就寸步难行。"他还说："要坚持革命，必须建立革命的武装，有了枪，就有权，没有枪，就没有一切。"[1]为此，冯白驹深入农村，到群众中去，调整和恢复了全县

---

① 中共海南区党委党史办公室：《冯白驹研究史料》，广州：广东人民出版社 1988 年版，第 541 页。

母瑞山革命根据地纪念园内的王文明、冯白驹雕塑

党的组织，发动农民积极分子，开展借枪运动，向私人收集枪支，组织了人民武装——琼山县农民革命军，这支武装很快扩大到100多人。中共琼崖特委为了加强红军力量，把这支武装部队编入红军。冯白驹后来又组织了一支新的农民武装部队，坚持斗争。由于党在广大人民心中播下了革命的火种，在长期的革命斗争中，琼山县始终是革命组织基础最牢固的红色地区。

琼山涌现出许多融入群众之中的优秀党员，被誉为"琼崖女杰"的刘秋菊就是其中一位。

刘秋菊，1899年出生于琼崖琼山县塔市乡福云村（今属海口市演丰镇）的一个贫苦农民家庭。乳名"妖二"。她自幼父母双亡，和比她大几岁的姐姐相依为命。窘迫的生活练就了她坚强的性格。1926年冬，在大革命席卷琼崖时，她参加了农会，中共塔市乡支部书记林克泽为她取名"刘秋菊"。大革命失败后，在革命低潮时，刘秋菊面对白色恐怖毫不畏惧，向党组织提出了加入中国共产党的要求。在塔市乡成立农民赤卫队后，她第一个报名参加，和男同胞一起参加战斗。经过党组织的考验，1927年11月，她如愿以偿，光荣加入中国共产党。

海口刘秋菊纪念园内的刘秋菊雕塑

在革命活动中，刘秋菊胆大心细，有勇有谋，深得当地群众信任和爱戴。她担任党的交通员后，多次出色完成任务。

1928年3月的塔市，正值插秧大忙时节。一天晌午过后，田洋里忽然传来阵阵枪声。正在插秧的妇女们惊慌张望，只见一群团丁正在追赶一个农民打扮、衣着土布黑衣的女人。这个女人凭借熟悉的地形拐入小道，借着林木的掩护，很快就跑到了她们的面前。原来是她们十分熟悉的妖菊"姨母"。刘秋菊镇静地和大家打了个招呼，迅速脱下身上那件黑色上衣，将它踩进泥浆里，转瞬间变成一个身穿士林兰衣服的农妇。刘秋菊混在农妇间熟练地插起秧来，还同姐妹们大声说笑，嘻嘻哈哈地闹个不停。一会儿，一群团丁跑过来，东张西望，向插秧的农妇问道："你们看见一个穿着黑色上衣的女人吗？"刘秋菊从容不迫地指着西边说：

"刚刚从这里跑过去了!"①她的话刚出口,这些团丁就拔腿追过去了。等团丁们跑远后,刘秋菊才直起腰,微笑着向乡亲们道别。她挑起一担秧苗,悠扬地向东边走去了。她又一次机智地摆脱了敌人的追捕,胜利地完成了组织交给的任务。

群众是党的力量之源。在琼崖共产党人处于危难之际,人民群众总是能够给予莫大的帮助。

1932年国民党军队开始对琼崖革命根据地发动大规模"围剿",琼崖苏区和红军损失惨重,各级政权机关几乎全部被搞垮,各根据地基本上被敌人占领。琼文地区的党组织和红军队伍仅剩县委书记李黎明和刘秋菊、冯安全等20余人。他们吃无粮,穿无衣,住无房,病无医,以野菜、山果充饥,以树皮、树叶、稻草裹身取暖,大家被疥疮、烂脚、水肿、疟疾、痢疾等疾病折磨。琼文地区除了一些丘陵外,多是平原。野外难以藏身,李黎明等人能在琼文地区坚持斗争,主要是依靠人民群众。

在海南解放30多年后,冯安全在回忆1932—1936年琼文地区的艰苦斗争岁月时说:在最困难的时期,琼文县委活动在演丰、塔市一带,几乎每夜都要转移三四个村庄。每到一个村庄时,只要我们的刘秋菊同志到群众家拍一拍门,轻轻地说声"我是妚菊'姨母',请开门"时,群众的门就会立即打开,屋主就会热情地接我们入屋,我们当夜吃、喝、住的问题就都解决了。刘秋菊同志与当地人民群众有着异常深厚的感情,在联系群众方面,她起了特殊的作用。我们男同志去叫群众开门就不容易开,因为敌人和叛徒也经常三更半夜假借红军之名敲门,使群众受了不少骗,吃了不少苦头。刘秋菊同志长期做交通员工作,天天和群众吃住在一起,琼文一带的男女老少,没有一个她不认识的。她那柔和的声音群众非常熟悉,很容易就能辨认出来。

没有人民群众的支持,琼崖共产党人是不可能熬过孤岛斗争中的艰苦岁月的。

由于人民群众的大力支持和积极参加,共产党人及其领导的军队在险恶的环境中逐渐发展壮大起来。琼崖革命根据地也因此成为中国共产党在土地革命战争

---

① 欧英钦、朱儒崇:《海南妇女的光辉榜样——刘秋菊》,见《琼岛星火》(第5期),1981年,第13页。

时期创建的革命根据地中少数能够长期坚持和发展的根据地之一。

妇女在琼崖革命斗争发挥了"半边天"作用，是重要的革命力量。

海南岛特殊的地理环境、气候条件以及由此形成的琼崖社会特殊的生产方式和文化习俗，使琼崖妇女在封建社会所受的压迫相对于中原地区更加深重。哪里有压迫，哪里就有反抗。在中国共产党的宣传动员下，琼崖妇女纷纷觉醒，积极参加革命斗争。

在琼崖大革命时期，海南岛上流传着这样一首民谣：

> 想起妇女真苦辣，
> 世世代代当牛马；
> 本同是父母生下，
> 生男仔就笑哈哈；
> 生出要是女仔娃，
> 父母就怨命不佳；
> 气起都想用脚踏，
> 只因迷信心中怕；
> 怕天黑时雷公打，
> 无奈只好养育大。
> 生出就无名到嫁，
> 只叫做妚七妚八，
> 刚睡摇篮未学话，
> 就已订婚有夫家；
> 长到五六岁上下，
> 就要放牛满上爬，
> 砍柴割草腰腿麻，
> 牛吃不饱便挨骂。
> 等到长大十七八，
> 花轿立时抬出家，
> 哭天闹地也无法，

出嫁如猪被人抓。
啼几日饭吃不下，
还要强装做文雅，
人问句话不敢答，
低头羞坐如哑巴。
当人媳妇任人打，
眼哭肿偷逃娘家，
本想去投河自杀，
又牵挂年老爹妈。
为何妇女这苦辣，
低人一等当牛马？
不怨命不怨爹妈，
怨地主阶级称霸，
怨封建礼教虚假，
怨旧制度未打垮。
妇女们快起来吧！
剪去辫子放脚丫，
上学读书学文化，
开名立姓昂首跨，
三从四德坚决罢，
三姑六婆一概打，
封建礼教踩脚下，
婚姻自由结丝霞，
男与女齐驱并驾，
同心协力建中华，
参加革命走天涯，
革命不成不回家！

　　大革命失败后，在炮火纷飞的土地革命战争中，琼崖妇女不爱红装爱武装，踊跃参军参战，谱写了中华妇女史上的"红色娘子军"传奇乐章。

位于琼海市的红色娘子军纪念园

1931年春，琼崖有1.3万多人参加中共琼崖特委领导的各种群众组织，其中妇女几乎占总人数的1/3。在琼崖革命根据地扩大红军时，不仅许多男子要求参军，而且不少妇女也坚决要求参军参战。中共琼崖特委决定成立女子军特务连。在乐万地区号召青年妇女报名的消息一传出，就有700多名青年妇女冲破家庭和社会重重阻力报名。经过严格审查挑选，最后批准了100名16~22岁的青年妇女参加红军。

1931年5月1日，乐会县苏维埃政府和红军第三团在乐会县第四区赤赤乡内园村（今属琼海市阳江镇老区村委会）召开群众大会，宣告"中国工农红军琼崖第二独立师第三团女子军特务连"成立。该连共有100余人，除了两名年纪较大的庶务、挑夫和1名13岁的小号兵是男同志外，其余都是女同志。女子军特务连成立后，很快走上前线，参加了沙帽岭、攻打文市炮楼等一系列战斗。

文市炮楼是乐会县敌军的一个重要据点，驻有一个民团中队。中队长冯朝天在国民党正规军队任过职，他狂妄地自吹文市炮楼是"铁桶堡垒"，嘲笑陈贵苑在沙帽岭输给"红军婆"是国军的"奇耻大辱"。他对其团丁扬言："你们若碰上娘兵们，捉来了，就每人配给一个做老婆，那个女连长就做我的压寨夫人！"气焰十分嚣张。红三团决定拔除文市炮楼，清除苏区周边这一隐患。当时红三团装备很差，没有强攻炮楼的武器和弹药，团长王天骏决定采用"火攻"。在敌军炮楼外围隐蔽的地方挖一条通往炮楼底下的地道，搬进大量柴草，撒上辣椒、煤油，准备火烧炮楼。经过三个昼夜的努力，终于挖通了地道。由于烟火随风涌进炮楼里，敌人不堪忍受，被迫放下武器出来投降。女战士们斥问被擒的冯朝天："你还敢吹牛吗？可知我们女子军的厉害？"冯朝天狼狈地说："知道，知道！我早输给你们了！"①女子军在拔除文市炮楼的战斗中，与男同胞一起挖地道，并且对敌军喊话攻心，对取得战斗的胜利发挥了重要作用。

一系列战斗的胜利，使女子军声威大震，越来越多的女青年希望参军。1932年春，琼崖特委决定扩编女子军特务连，将原来女子军特务连第一、第三排从乐会四区调往琼东四区，负责师部驻地执勤，番号改为第一团女子军特务连，归红一团领导。同年夏，留驻乐会四区的第二排扩编为第三团女子军特务连第二连，归红三团领导。这两个女子军特务连的编制相同，均各设两个排，每排30人，全连包括连领导和连部工作人员共70人。女子军官兵都头戴红五星八角帽，挎一个椰壳水壶，背一顶"女子军"三个字的竹笠，佩戴着用白布缝着的"女子军"三个字的臂章。女子军英姿飒爽，成为琼崖红军队伍中令敌人畏惧的独特风景。

1932年年底，女子军在琼崖苏区第二次反"围剿"斗争失败后解体。红色娘子军作为一个军事组织虽然仅存在了一年多的时间，但却集中展现了广大琼崖妇女吃苦耐劳、不怕牺牲、英勇顽强的革命精神。它不仅是琼崖妇女积极参加革命斗争的缩影，更是琼崖革命乃至中国妇女革命运动的象征。

红色娘子军得到了党和国家领导人的高度评价。周恩来赞扬红色娘子军是世界革命的典范。1964年，在他的直接关怀下创作的芭蕾舞剧《红色娘子军》演出成功，其配歌《万泉河水清又清》传遍了祖国大江南北。红色娘子军的舞台形象

---

① 林鸿范：《红色娘子军是妇女解放与自强的典范》，见《琼岛星火》（第23期），1997年，第274页。

不仅走向了全国，也走向了世界。

琼崖妇女吃苦耐劳，英勇顽强，为琼崖革命的胜利付出了巨大牺牲。据统计，在历次革命斗争中，琼崖有女烈士 1903 人，占当时广东省女烈士的64.14%，被授予"人民功臣"称号的有 16 人，立过各种大小战功的琼崖妇女不计其数。

琼崖妇女在琼崖革命斗争中作出了特殊的贡献。抗日战争时期，琼崖涌现的一批老屋主(堡垒户)和革命妈妈，掩护了大批共产党人。

乐会县莫村的田寮娘、高坡娘、汀洲娘经常不顾个人安危，掩护革命人员脱险，保护革命力量。1944 年夏，中共乐会工委书记徐清洲等到陈村、李村、汀洲一带开展抗日活动。一天晚上，徐清洲被毒蛇咬伤，生命垂危，日军又在搜查，风声很紧，情况十分危急。田寮娘、高坡娘、汀洲娘沉着机智地甩开跟踪的日军，协助徐清洲同行的人员将他抬到田寮娘家里隐蔽起来。尔后又转移到偏僻的小祠堂里进行抢救，使徐清洲绝处逢生。

1944 年 1 月，琼崖抗日独立总队副总队长庄田带领 20 多人，路过莫村准备乘船前往琼崖特委驻地，当天晚上分散住宿在莫村 10 多户老屋主家里。第二天早晨，3 名日伪军特工人员化装成猪贩进村侦查。庄田闻讯，立即部署随行人员做好应对准备，并叫田寮娘探听虚实。田寮娘不慌不忙走到敌人面前，聊了几句猪仔行情的话后，试探得知他们并未觉察后就把他们哄到其他村去了，使庄田等安全脱险，顺利抵达了目的地。

历史证明：包括广大妇女在内的人民群众一旦被琼崖党组织动员和组织起来，就会迸发出书写琼崖历史的磅礴力量。

抗战胜利后，国民党第四十六军来琼，悍然发动内战。琼崖革命进入十分艰苦的自卫战争时期。冯白驹等在 1946 年 10 月 27 日给中央的报告指出：在这次自卫斗争中，我们能够在险恶艰苦中坚持与度过，绝不是偶然的。如果在这次斗争中没有与人民血肉结合的基础，我们是绝不会有今天的成果的。在这次自卫战争中，人民对我们的帮助，无论在任何方面，都是伟大的。各种斗争中的规律表明：凡是和人民结合好的，其工作就好，斗争就顺利开展；反之，则工作与斗争均处于不利境遇，甚至无法进行。

1948 年 9 月，琼崖解放战争进入战略进攻阶段。琼崖纵队瞄准敌人占据的城镇，向国民党军队连续发起攻势。在攻打陵水县乌坡镇敌人据点时，镇内居民特别是商人由于不了解共产党的政策，都逃跑了，乌坡镇成了一座空城。为了使敌占区的人民群众了解我们，部队专门召开阵地政治干部会议，根据党的城市政策提出，部队驻区的商店要派专人看管，不准拿群众一针一线；对市民家的家禽，要派人喂养，不准杀吃；政治处要指定专人抓好城镇政策的落实工作，要到各个防区去检查，如发现问题，要及时报告，及时处理。

部队占领乌坡镇的第二天，有人揭发一个副中队长偷拿了药铺的两个当归头。政治处马上派人找这个副中队长谈话。他认识到了自己的错误，当即将当归头送回了药铺。为了严肃军纪，政治处召开阵地代表会议，宣布给这个副中队长以严重警告处分。这件事对部队教育很大，大家更加自觉地执行城市政策了。尽管商店里摆满了百货、药材、烟酒、糖果等物品，但任何人都不会去动。

商人和市民们听说这件事后，深受感动，纷纷回来了。许多人向琼崖纵队提供敌人据点的情报，还有不少人到阵地来服务，对部队瓦解敌军、完成作战任务给予了很大的帮助。当部队完成任务离开乌坡镇时，镇内居民都恋恋不舍地夹道欢送。这为琼崖党组织和部队今后做好城市群众工作积累了经验。

毛泽东在《关心群众生活，注意工作方法》中指出："真正的铜墙铁壁是什么？是群众，是千百万真心实意地拥护革命的群众。这是真正的铜墙铁壁，什么力量也打不破的，完全打不破的。"①

琼崖党组织始终以群众为靠山，依靠群众，相信群众，坚持与人民群众相结合，铸就了战胜敌人的铜墙铁壁。这无疑是琼崖革命武装斗争能够坚持 23 年之久的重要原因。

### 2. 服务人民重利益

为人民服务是中国共产党的根本宗旨。"始终同人民在一起，为人民利益而奋斗，是马克思主义政党同其他政党的根本区别。"②

---

① 《毛泽东选集》(第 1 卷)，北京：人民出版社 1991 年版，第 139 页。
② 习近平：《在纪念马克思诞辰 200 周年大会上的讲话》，《人民日报》2018 年 5 月 5 日。

在琼崖革命斗争中，琼崖党组织始终坚持同人民在一起，为实现人民的利益而努力奋斗。

冯白驹作为琼崖党政军的主要负责人，一旦发现队伍中存在脱离群众的错误倾向，就及时纠正。有一次，几位后勤人员对群众耍军阀作风，不问群众生活疾苦，只知征粮筹饷，影响了军民关系。冯白驹知道后便把他们找来，说："我们是人民子弟兵，是为人民群众谋利益的。我们要粮饷，要得到群众的自愿支持，就要多作宣传发动群众的工作，要处身于群众的境地多想一想，绝对不能置群众的困苦而不顾。"[1]后来为此事，他还给部队和地方党政工作人员发了通知，要求严格执行群众纪律，并采取措施加强群众纪律检查的制度，谁损害群众利益就要赔偿和进行批评教育，做到了群众纪律严明，深得人心。广大人民群众纷纷自动组成"基本援助户"，每月认领缴交钱粮，自动送给部队，还经常献捐衣被、药物、粮食支援共产党及其领导的军队。

维护人民群众的利益是琼崖革命斗争中党的一切工作的出发点和落脚点。

1936年夏，儋县北岸地区大旱灾失收，饿殍遍野。冯白驹得悉情况，立即指示那里的党组织用党的活动经费，派人到昌江一带采购一批番薯干，及时用木帆船运回峨蔓一带，救济受灾群众，有力粉碎了敌人的欺骗宣传。当地人民将共产党称为"救命党"。

抗日战争时期，冯白驹经常指挥部队和机关工作人员，参加农事劳动，为民帮工、插秧、割稻脱粒、晒谷，同群众一起干。每逢夏秋收季节，遇上敌人出动"扫荡"，他总是派出游击小组，潜近敌人碉堡据点，加强警戒，保卫农民收获。因而独立总队深受人民群众拥护。1941年1月，在琼山县咸来乡进行的震惊全琼的大水战斗中，琼山、文昌两县支前的群众竟达六七千人，他们挑着椰子、糍粑、米粽、甘蔗、红烟丝等，冒着枪林弹雨前来劳军。在围村的战壕里，在打援的阵地上，群众把椰子水、粽子等送到每一个战士手上。大水战斗沉重地打击了国民党顽军，粉碎了国民党顽固派发动的反共高潮。

---

① 中共海南区党委党史办公室：《冯白驹研究史料》，广州：广东人民出版社1988年版，第558页。

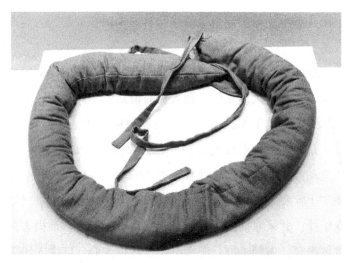

琼崖抗日独立总队战士使用的粮袋

1942 年秋，日军对琼文抗日根据地进行疯狂的"蚕食""扫荡"。在敌人的摧残下，抗日根据地受到严重破坏。1943 年 3 月，当罗文洪和符振中带领第五支队从文昌回到琼山，在原琼崖特委和琼崖抗日独立总队队部所在地、抗日模范乡树德乡所，看到所经过的村庄都是断壁残垣、焦梁碎砾，荒无人烟。部队在此歇宿时，司务长为解决 100 余人的吃饭问题大伤脑筋。有个战士在藤蔓已被烧焦的薯地里偶然发现地里长出了新薯芽，随手一挖，竟挖出了薯块来。司务长喜出望外，赶忙向支队长报告。部队一向遵守三大纪律八项注意，不随便拿群众的东西。但这里已成"无人区"，部队的粮食又极端困难，只好先挖这片大薯当军粮，但全部过秤登记，以待将来查出主人再如数付款。

冯白驹等琼崖党的领导人深知：只有党坚持为群众谋利益，群众才会将党放在心上。正确处理党群关系、军民关系，是关系到琼崖革命事业成败的大事。

琼崖抗战胜利前夕，在中国共产党成立 24 周年到来之际，琼崖特委发出指示，强调群众是党生存的基础，是党力量的源泉，要求琼崖全体党员必须树立正确的群众观点。凡是共产党员，都要尊重群众的利益，党内一切政策的决定，都要以群众利益为出发，同时要善于创造群众利益，领导群众和帮助群众生产，以改善其生活。凡有触犯群众利益的地方，我们都要尽量避免。

在解放战争时期，冯白驹更是反复要求琼崖全党全军树立群众观点，坚持为人民服务。

1946 年 12 月 5 日，冯白驹在《本队建军八周年》中指出：全军指战员、工作人员对人民更要加强结合，要掌握群众观点，掌握群众政策。对"三大纪律、八项注意"必须严格遵守，一时一刻都不要忘记自己是人民的子弟兵、人民的武装。必须严格检查与反省我们是否触犯人民利益，是否对人民作威作福，是否打骂与侮辱人民，是否给人民以帮助与替他们解决必要的困难，从这样出发来结合人民，取得人民对我们的爱戴和拥护，取得人民围绕在我们周围，为我们的主张而共同奋斗。

同月 12 日，冯白驹在《自卫战争的新形势和新任务》中指出：战争是为了人民的解放，我们各部门的工作都是为人民服务，我们必须确定为人民服务的思想，深入广大群众，帮助人民翻身，帮助人民反抗蒋介石集团的抽丁征粮横征暴敛，保卫人民的利益，解除人民的切身痛苦。

1947 年 7 月 10 日，冯白驹为新民主报社编印的《群众工作手册》写了《我的希望》："这本小册子是党在群众运动经验的总宝库。我党是否完成为人民服务的任务？同志们是否弄通群众观点？非但要熟读它，研究它，精通它，且要把它溶化在群众运动中，透过群众意见，好好地解决群众切身问题，这才不辜负我们出版这本小册子的愿望。希望同志们准此努力吧！"[1]

同年 10 月 20 日，冯白驹在琼崖纵队第一次全军代表大会上的报告中，号召全军努力学会打仗，学会结合人民，要全心全意为人民服务，积极领导人民翻身解放斗争，进行土地革命，创造与巩固基地，严守"三大纪律、八项注意"。

在中国共产党成立 26 周年纪念日，琼崖区党委召开以"一切为人民服务"为中心内容的座谈会。冯白驹主持座谈会，会上，当黄敏简要报告了中国共产党成立 26 年来为人民做了哪些大事、为什么要为人民服务以及如何为人民服务之后，与会者纷纷按照为人民服务的要求，大胆检讨自己参加革命斗争的动机、思想发展的过程和工作表现，以及对人民大众的态度和认识。座谈会持续了四个多小时。冯白驹最后总结了这次座谈会的收获和重大的教育意义，鼓励大家向好的例

---

① 中共海南区党委党史办公室：《冯白驹研究史料》，广州：广东人民出版社 1988 年版，第 112 页。

子看齐，号召同志们更加彻底地向"一切为人民服务，向人民负责，相信人民力量，向人民学习"的方向努力去做。通过座谈，大家受到了一次深刻的党性洗礼，更加坚定了为人民服务的信念，为投入新阶段的革命斗争做了重要的思想准备。

"一切空话都是无用的，必须给人民以看得见的物质福利。"①在琼崖革命斗争中，琼崖党组织善于根据各种不同的环境与群众的觉悟程度，发动与组织各种经济与政治斗争。

同年中共中央颁布《中国土地法大纲》，琼崖区党委号召琼崖全党动员与全党执行，由上到下、由每一负责者到每一个成员都来动手与参加土地改革。通过进行土地改革，满足了农民的土地要求，解放了农村生产力，改善了农民生活。1948 年，琼崖区党委在向中央报告解放区人民生活情况时指出：过去人民生活极为贫困，白沙县民众 90% 无饭吃或吃不饱，衣服也十分短缺。经过土地改革后，除白沙的红毛、水满、细水 3 个乡尚缺少粮食外，其他各乡已无饥饿现象。广大农民千百年来被压迫剥削、忍饥受冻的苦难日子一去不复返了。

为了减轻民众的负担，五指山中心根据地建立后，根据地党政机关和部队开展了规模空前的生产自给运动。琼崖区党委作出《关于机关生产工作决议》，强调了生产工作的重大意义。该决议指出：根据地经济极端困难，要坚持斗争要争取自卫战争的胜利，就必须团结民众，依靠民众。"我们自己动手努力开展生产工作，不但可以解决我们经济困难之全部或部分，而且既可以减轻民众对自卫战争的负担，在和民众合作下，也可以使民众得到一些利益。民众由此而对我们更加深刻地认识和拥护。因此自己动手，努力开展生产工作，是团结民众、依靠民众的积极的办法，也是我们为人民服务之思想观点的具体表现。"②

从 1947 年夏季起，根据地内凡有条件的机关、团体及部队均掀起了生产自给热潮。到同年年底，琼崖区党委、琼崖临时民主政府机关及琼崖纵队司令部已经实现蔬菜自给，肉半自给，东、南、西三个区的地委、专署及总队部队，蔬菜亦能自给大半。1948 年，根据地机关及部队除少数单位因战争环境或领导不力

---

① 《毛泽东文集》(第 2 卷)，北京：人民出版社 1993 年版，第 467 页。

② 中共海南省委党史研究室、海南省档案馆：《琼崖解放战争史料选编》(上)，1989年，第 290 页。

而未能实现原定生产计划外，大部分实现了副食自给或半自给，极大地减轻了人民负担，密切了党政军与民众的关系。

群众利益无小事。1948年，琼山县永秀乡一些村庄经常遭受国民党反动派的袭扰。一次，庵涛村的反动派化装成土匪，偷走了坡崖村老百姓20多头耕牛，藏在羊山腹地。党组织得到消息，马上派出驳壳班跟踪追击，打跑了敌人，寻回全部耕牛。群众看到共产党真心为他们做好事，维护他们的利益，也就更加相信和拥护党的领导。

由于琼崖党组织始终把人民群众装在心里，人民群众也就把党和人民军队放在心上，不遗余力地给予支持。在接应渡海大军解放海南的战役中，琼崖区党委和政府一发出拥军支前的号召，琼崖各地立即形成了空前的支前热潮，涌现出许多感人事迹。群众纷纷把自己家中最好的食物献给大军。例如，在预借粮中，政府考虑贫穷人家一般缺粮，给予照顾，规定不向贫穷人家借粮食。可是，各地有许多贫穷户，认为人民解放军是为贫苦人谋解放，主动要求认借公粮。乐会县传爱乡有一位贫农，在借粮中自动认借3斗。受此影响和感染，区域狭小、地瘦民贫的传爱乡，借出粮食170余石，超过原计划1倍以上。万宁县禄塘乡有一位年迈八旬的孤寡老婆婆，认借3斗。在她的带动下，其村借粮超过了预定数的3倍。定安县石壁乡群众听到政府号召借粮迎接大军，兴奋异常，说：真是解放军来琼的话，我宁愿不食米，舍巴郎（海南话"全部"的意思）借出给解放大军吃。

据参加接应首批渡海部队的琼崖纵队政治部副主任陈青山回忆："当首批渡海部队胜利到达阜龙乡后，居住在周围的黎族兄弟，怀着对子弟兵的无限热爱，纷纷前来慰问部队。有的挑来粮食，有的送来猪肉，还有的送来芭蕉、芒果、菠萝蜜等水果。有位黎族老大爷高兴地牵来一头牛，要送给部队宰肉吃。部队领导知道黎族兄弟生活很困苦，再三婉言谢绝了，可是这位老大爷说什么也不答应，后来他把牛牵回去杀了，挑着牛肉送来。"①

正如歌曲《万泉河水清又清》中所唱的："军爱民来民拥军，军民团结一家亲。"坚如磐石的军政军民团结，永远是党取得革命和建设胜利的政治优势。

在迎接海南解放的过程中，琼崖国民党当局到处散布谣言："解放军打得下

① 陈青山：《忆琼崖纵队迎接配合渡海大军解放海南岛》，《军事历史》2001年第3期。

广州但过不了海，不能够打下琼崖的"，"只要守住海南、台湾，就能得到大量美援，就能反攻大陆"，"共军没有空军海军，不能越海，如敢冒险，必然填海喂鱼"等，以维持其作战士气。国民党守岛部队共计 10 万余人，且有 50 余艘舰艇、40 余架飞机，组成了海陆空立体防御体系"伯陵防线"。这确实给解放海南大军渡海作战带来了不可想象的难度。但有了广大人民群众的支持，就能创造战争史上的奇迹！

穿梭在椰林中的群众和民兵支前运粮队伍

中国人民解放军第四十军在总结海南岛登陆作战过程中特别指出："我军在渡海登陆作战中，自始至终是在琼崖纵队紧密配合和广大人民群众直接支援下进行的，这是取得战役胜利的根本保证。"①

解放军第四十军全体指战员给琼崖党、政、军、民的机关团体全体同志及各位父老乡亲兄弟姐妹们的感谢信中写道："在这次史无前例艰苦的渡海作战的战役当中，我们得到了你们无比热情的帮助，这种亲如兄弟的友情，将是我们永远不能忘记的！""如果没有这些同志的帮助，要想迅速的完成登陆任务，也是十分

---

① 中共海南省委党史研究室、海南省档案馆：《琼崖解放战争史料选编》（下）（内部发行），1989 年，第 440 页。

困难的""你们帮助我们抢救、掩护和转运伤员，筹备粮草，报告情况，指引道路，打扫战场，无一个不是琼崖人民帮助，尤其是你们自己在缺衣缺食万分困难的情况下，而对我们都倾尽了全力，用尽了办法来支持我们，帮助了我们。由于你们这种可歌可泣的兄弟一般的诚挚的热情，不但在物质上保证了部队的需要，而且在精神上更激励我们，教育了我们，从这种高度的阶级友爱中，使我们更加领会了人民对我们的希望。"①

正是在琼崖人民的大力支持下，在人民解放军发动的渡海战役中上演了人类战争史上"帆船打军舰"的奇观。

琼崖革命取得孤岛奋战的胜利，是琼崖党组织践行党的根本宗旨的结果，是党一切依靠群众、一切为了群众的胜利，是党的群众路线的胜利！

海南岛解放后，老一辈无产阶级革命家高度评价了琼崖人民的贡献。徐向前题词："琼崖人民的历史功绩光照人间。"薄一波题词："海南人民是具有光荣革命传统的人民，他们的历史功绩光照人间。"

## （四）五湖四海齐努力　丹心向党迎解放

1988 年 5 月初，在海南省人民政府在香港举办的海南经济特区开放政策推介会上，一位报社记者忽然向原琼崖纵队政治部副主任陈青山提问：海南是否有过地方主义？陈青山不假思索地指出：海南没有地方主义！过去有人说冯白驹搞地方主义，其实搞的是五湖四海。他举例说：我是福建人，他不也团结一起搞革命吗？陈青山的回答，实际上道出了自己的切身感受，反映了冯白驹在琼崖革命斗争中不拘一格任用干部、团结一切革命力量的客观情况。

琼崖虽然远离大陆，斗争环境异常艰苦，但却是一个革命大熔炉。为了实现人民解放，中共琼崖地方组织没有地方主义狭隘观念，坚持五湖四海，广聚人才。在琼崖革命斗争中，外来干部和海南本地干部融为一体，发挥了核心骨干作用。广大干部以身作则，革命群众丹心向党，党与群众融为一体，形成了战胜敌人的铜墙铁壁。抗日战争时期，黎族苗族人民在起义失败后主动寻找共产党，更

---

① 邢益森：《海南军民迎接解放军渡海作战的支前供应工作——纪念解放军第四野战军渡海作战解放海南 55 周年》，《海南档案》2005 年第 2 期。

289

是谱写了中国少数民族革命史上的光辉篇章。

### 1. 不拘一格用人才

琼崖革命环境的特殊性和斗争的长期性、残酷性，对党的干部队伍提出了更高的要求。为了壮大党的干部队伍，增强党的战斗力和凝聚力，中共琼崖地方组织负责人冯白驹坚持任人唯贤的原则，既注意培养本地干部，又充分信任外来干部，不拘一格使用人才、汇聚人才。共同的马克思主义信仰和共产主义信念，使广大党员干部亲密团结，百折不挠，不怕牺牲，前仆后继，树立了琼崖革命斗争史上的一座座丰碑。

抗日战争时期，毛泽东在张思德追悼会上发表演讲时说："我们都是来自五湖四海，为了一个共同的革命目标，走到一起来了。我们还要和全国大多数人民走这一条路。我们今天领导着九千一百万人口的根据地，但是还不够，还要更大些，才能取得全民族的解放。"[①]只有坚持五湖四海，团结一切可以团结的力量，才能取得革命的胜利。

从一定意义上说，琼崖革命的胜利就是中共琼崖地方组织发扬五湖四海精神、团结各族人民的胜利。

进步军人吴克之被冯白驹和琼崖特委大胆使用，在琼崖革命史上传为佳话。

1937年9月，当中共琼崖特委与国民党琼崖当局进行国共合作谈判之际，国民党当局逮捕了冯白驹并将他投入琼山县监狱，企图迫使中共琼崖特委让步。冯白驹在狱中坚持党的原则，与国民党当局进行斗争。为了营救冯白驹出狱，狱中党支部拟定了越狱计划。一同被关入监狱的共产党员、支部委员符哥洛找到冯白驹说："看守监狱的政警队长吴克之与我是广东燕塘军校的同学，彼此关系密切。我在兵运工作中，了解到吴克之倾向进步，对我军是友好的，可以争取吴克之，设法放你走。"[②]后来，符哥洛果然争取到了吴克之的支持。

　　吴克之，琼山县人，1911年出生于一个普通农民家庭。5岁入私塾念

①　《毛泽东选集》(第3卷)，北京：人民出版社1991年版，第1005页。

②　吴之、贺朗：《冯白驹传》，北京：当代中国出版社1996年版，第269~270页。

书，12 岁高小毕业。后因父亲病故而辍学。13 岁时到新加坡橡胶园当雇工，受尽工头辱骂和奴役。1929 年回国，考入琼山师范学校，因参加进步活动被学校开除。后迫于生计，他投入国民党第十九路军服役。1931 年，被选调到广东燕塘军官学校学习。在军校他参加了由共产党员符哥洛、陈彭治等组织的抗日爱国运动。他为人正直，在 1935 年因揭发一起军官贪污案而受到打击报复，被免职。1937 年，吴克之回到海口，担任琼山县政警队队长。

吴克之主张团结抗日，在符哥洛的争取下，吴克之表示愿意参加共产党领导的革命队伍，在必要时保护冯白驹。他表示：如果冯白驹万一有危险时，就在监狱后哨楼布置自己的心腹放哨，让冯白驹从后面越狱逃走。

冯白驹了解情况后，认为吴克之是一个追求进步的军人，应该将他吸收到革命队伍中来。

1937 年 12 月，经过党的大力营救，国民党当局被迫释放了冯白驹。中共琼崖特委根据吴克之的表现和个人请求，决定接收他为中共党员。

1938 年琼崖工农红军改编为广东民众抗日自卫团第十四区独立队后，冯白驹任独立队队长。冯白驹认为，吴克之是共产党急需的军事人才，不久任命他为第三中队长。1939 年 3 月，独立队扩编为独立总队后，吴克之任独立总队第二大队长。次年，任独立总队第一支队支队长。

冯白驹曾对人解读吴克之这个名字的含义。他说，"吴"与"无"谐音，"吴克之"即所向无敌、攻无不克的意思。吴克之果然不负冯白驹所望，无愧于自己的名字，成为琼崖革命战争中名副其实的常胜将军。

令人称奇的是，吴克之戎马一生，身上竟没有一块伤疤，连他自己也不禁笑着对妻子说："好像一次仗也没打过。"[①]

实际上，吴克之亲身指挥经历战争多次，仅在琼文抗日期间，就多次粉碎日军的进攻，巩固和发展了琼文抗日游击根据地。1940 年 12 月，琼崖国民党顽固派进攻中共琼崖特委领导机关所在的美合抗日根据地，掀起反共高潮。在这既要

---

① 李福顺、楚军红：《冯白驹和他的战友们》，北京：中共党史出版社 2016 年版，第 292 页。

打日军又要打顽固派两面作战的险恶斗争期间，他率领第一支队和第二支队紧密配合，坚持党的"有理有利有节"的原则，与国民党顽固派进行斗争。从1941年3月的罗蓬坡战斗到斗门、大水战斗，苦战一年，维护了团结抗日的局面，增强了抗日力量。在这一年两个支队协同作战中，他又率领第一支队主要兵力，出色地打了美德等几个漂亮仗，歼灭了日军的有生力量，拔除了日军美德据点，为巩固琼文抗日根据地，开展琼崖抗日战争作出了突出的贡献。

1942年，日军集中兵力向琼文根据地进行大"扫荡"。吴克之英勇机智，灵活运用毛泽东的游击战术，与根据地人民一起，坚持进行反"扫荡"斗争，杀伤敌人有生力量，保卫了琼文抗日根据地。1943年，他坚决执行特委"坚持内线斗争，挺出外线作战"的指示，率领第一支队的主力，挺出外线，向琼西转移，积极主动歼击敌人，建立六芹山根据地，有力地配合了第四支队开展临高、儋县地区的反"扫荡"斗争，为琼崖党政军领导机关向六芹山根据地转移创造了条件。

抗日战争胜利后，国民党为了抢占胜利果实，在1945年10月派第四十六军来琼。次年2月，国民党军对白沙根据地和六芹山根据地展开围攻，吴克之率领第一支队向琼文出击，牵制琼文的敌人向澄（迈）、临（高）、儋（州）、白（沙）地区增兵，保证琼崖党政军领导机关安全转移。随后，吴克之又率领第一支队粉碎了国民党保安第六、第七团对琼文进行的三个月"清剿"计划。

1947年秋，吴克之任琼崖独立纵队副司令员。同年10月，琼崖独立纵队改为中国人民解放军琼崖纵队后，吴克之任第二副司令员兼第三总队长、政治委员。1948年琼崖解放战争进入新的转折点，琼崖国民党军队被迫转入全面防御。为加速海南解放的进程，琼崖区党委和琼崖纵队发动了秋季、春季、夏季三大攻势。

在1948年秋季攻势中，李振亚不幸牺牲，吴克之被提任琼崖纵队第一副司令员。在秋季攻势后期以及1949年春季、夏季两大攻势中，吴克之担任前线总指挥，率领部队与国民党军队进行英勇的斗争，取得了重大的胜利。特别是春季攻势，战果更为辉煌，解放了新州、昌化、感恩三座县城和石碌矿山、广坝电站等20座城镇，攻陷敌军87处墟镇和据点，进一步控制了广大乡村，扩大和巩固了解放区。

1949年12月，琼崖区党委和琼崖纵队司令部接到毛泽东主席和中央军委关于迎接野战军解放海南岛的指示后，吴克之作为冯白驹的得力助手，组织指挥各总队和独立团接应、配合野战军分批渡海作战，消灭残敌，解放了海南岛。

海南解放后，吴克之又指挥琼崖纵队彻底肃清了万余名逃到山上的残敌，维护了社会治安。为了表彰吴克之对海南革命斗争建树的功勋，国防部授予他二级独立自由勋章和一级解放勋章。1950年夏，琼崖纵队改编为海南军区，吴克之任军区副司令员。1955年国防部授予他大校军衔，1961年晋升为少将。

1985年9月18日，吴克之与世长辞。讣告指出：在革命战争年代，吴克之同志是我党琼崖纵队主要领导人之一，他协助冯白驹同志长期坚持琼崖的敌后斗争，指挥若定，机智灵活，治军有方，具有丰富的战斗经验，为23年红旗不倒作出了卓越的贡献，立下了不朽的功勋，在琼崖人民心目中享有很高威望。抗日战争时期，出生入死，身经百战，他所领导的琼崖抗日游击队独立总队第一支队英勇顽强，屡战屡胜，使敌寇闻风丧胆，被誉为"常胜支队"。解放战争时期，他在琼崖纵队的领导岗位上，独当一面，成功地指挥了1948年"秋季攻势"和1949年"春季攻势"等多次重要的战役。在解放海南岛的作战中，他协助冯白驹指挥琼崖纵队，为接应和配合十五兵团解放全岛起了重大作用。

琼崖革命战争成就了一名常胜将军。如果说吴克之是冯白驹不拘一格使用本地人才的一个典型，华侨将军陈青山则是冯白驹任用外来干部的一个代表。

陈青山原名陈荣火，1919年出生于福建省惠安县洛阳乡埭头村一个贫苦的农民家庭。兄弟五人，他最小。陈荣火出世不久，其父就带上他的大哥去马来亚的槟城做苦力。他四岁那年，即1923年，闽南一带瘟疫流行，在家的三个哥哥接连病死，接着其母因经受不起接二连三的打击，离开了人世。他的父亲闻讯赶回故乡，看到家庭惨状，悲痛地抱上可怜的小荣火踏上了开往马来半岛的小油轮。因此，陈荣火的青年时期是在马来亚度过的。生活的艰辛和日本帝国主义侵华步伐的加快，使学生时期的陈荣火积极参加华侨各界抗日救国会的活动。1936年3月，他光荣地成为一名共产党员。

全国抗日战争爆发后，陈荣火负责全槟城学生抗敌后援会的工作，以及"槟城各界抗敌后援会"的领导工作。1938年他代表槟城学生到新加坡参加全马"学抗"代表会议，当选为全马学抗常委，紧张地开展华侨的抗日救亡活动。1940年1月，他担任星洲总工会宣传部长、马来亚总工会《前锋报》主编，不久又担任总务(主持人)，化名陈青山。

全国抗日战争进入战略相持阶段后，在日寇的威胁利诱下，国民党顽固派不断制造反共逆流。马来亚殖民当局也在打击镇压当地抗日救亡运动。为了紧密配合国内的抗日斗争，抗议英国殖民当局的镇压，马共新加坡市委领导各界工人和爱国华侨、青年学生开展了大规模的罢工和罢课斗争。1940年5月1日，陈青山担任总指挥，组织和率领成千上万的工人和学生举行声势浩大的示威游行。英国殖民当局害怕引起殖民地人民的觉醒，便疯狂地进行镇压，陈青山以马来亚共产党嫌疑分子的名义被捕入狱。1941年年初，陈青山等被押送至香港。后经过重重苦难辗转来到湛江，联系到了其在马来亚时的入党介绍人杨少民。不久，经南方局审查批准，陈青山恢复了组织关系，并被派到琼崖工作，从此开始了为琼崖抗战和解放海南而战斗的生涯。

海南是著名的侨乡，华侨是琼崖抗战的重要力量。1941年9月，陈青山、江田与杨少民等克服各种困难，乘船偷渡到琼崖。陈青山等受到中共琼崖特委书记兼琼崖抗日独立总队总队长冯白驹、副总队长庄田、参谋长李振亚等领导人的热烈欢迎与亲切接见。为了使自己尽快在琼崖扎下根，陈青山认真学习海南话，没多久，就学会了用海南方言跟人对话，还可以用海南方言给大家讲课。他为了尽快地熟悉部队机关工作，孜孜不倦地学习，不厌其烦地向首长和同志们请教，迅速成长起来。

陈青山后来回忆说："冯白驹将军对我们这些海外归来的华侨青年十分信任。当时我才20岁出头，冯白驹就让我在总队部担任宣传和组织工作，不久又委任我当支队政委、总队政委，后来还让我负责琼崖纵队的政治工作。"①

1943年5月，琼崖党政军领导机关转移到澄迈美合山区，陈青山被任命为琼崖独立总队第四支队政治委员，支队长是马白山。在此期间，国民党顽军保六团团长杨开东带领该团两个营和儋县县长王焕指挥的顽军共1000多人，与日军的"扫荡"相呼应，从南保一带大举向木排根据地进攻。为了打退顽军的进攻，陈青山与马白山带领部队在四行村、西南村一线还击顽军，激战两天一夜，终于将其击溃，毙伤顽军连长以下数十人。第四支队声威大震，以木排为中心的清平、

---

① 《青山常在》编辑室：《青山常在——纪念华侨将军陈青山》，北京：解放军出版社2006年版，第324页。

洛基、和民、和祥等乡的抗日根据地由此连成一片。

位于海口青少年活动中心的琼崖华侨联合总会回乡服务团纪念雕像

　　同年秋，日军对琼西抗日根据地进行"蚕食"和"扫荡"。马白山、陈青山等第四支队领导人根据琼文反"蚕食"斗争的经验，作出了"坚持内线、挺出外线"的决策，决定由陈青山带领潘江汉第一大队挺向儋县的外线——四里的大星、大成、南辰、雅星、和盛等乡活动，寻机打击敌人，开辟四里根据地。陈青山率领部队抵达四里后，立即抽出一批指战员组成工作队，与地方干部一起宣传发动群众，打击敌顽，建立政权。在马白山、陈青山等率领下，第四支队在反"蚕食"斗争中，不仅保卫了和民、和祥、清平、洛基等根据地，还把儋县、白沙边区扩大成为抗日游击区，建立了以大星山为中心的根据地，为琼崖特委和总队部日后开进白沙、建立五指山根据地奠定了基础。

　　抗日战争胜利后，国民党当局一方面使用"和平"手法，与共产党进行谈判，一方面在美国的支持下，积极准备发动内战。1946年2月，国民党第四十六军以五个团的兵力，分成四路，气势汹汹地向白沙根据地大举进攻，妄图把琼崖纵队领导机关和主力一举消灭在白沙县境内，琼崖内战全面爆发。但敌人进攻白沙之前，琼纵领导机关已率领挺进支队向澄迈县六芹山转移。敌军占领白沙之后，发现特委和琼纵领导机关已转移到澄迈六芹山区，立即进行新的部署，"进剿"六芹山。

为策应挺进支队保卫领导机关，粉碎敌人的"清剿"计划，陈青山、陈武英率领先遣支队在南渡江东岸的澄迈二区、琼山六区和定安四区（澄、琼、定边界）敌占区，猛烈展开行动打击敌人，发动群众建立民主政权，先后攻下南间等十多个据点，并开展强大的宣传攻势，到处演戏、演说、贴标语，以达到调虎离山的目的。陈青山带着一个大队，利用有利地形，以一当十，巧妙地与敌人进行周旋。直到八九天之后，领导机关已转移到安全地区，他才带队突围进入岭门一带。至此，敌人企图围攻和消灭琼崖特委及琼纵领导机关的阴谋彻底破产。

1948年年初，陈青山调任琼崖纵队政治部副主任兼组织部部长。陈青山主持政治部工作期间，在强调学习野战军的政治工作经验，提高纵队指战员的政治思想素质等方面，做了许多工作。是年秋，陈青山任东区地委书记兼琼纵第三总队政治委员。

1948年秋—1949年夏，琼崖纵队先后发动了秋季、春季、夏季三大攻势，歼灭了大量敌人，解放了接近全琼三分之二的土地，为接应南下大军渡海解放海南打下了基础。陈青山废寝忘食地工作，对三大攻势的进行和取得胜利作出了重要贡献。

海南岛解放后，1950年5月5日，陈青山带着战地的硝烟，风尘仆仆地赶到海口。冯白驹听取其汇报后对他的工作给予了充分的肯定和高度的评价。

同年7月，琼崖纵队奉命改编为海南军区，陈青山任海南军区政治部副主任及海南剿匪指挥部副总指挥。他指挥部队和地方组成的工作团，转战在琼西的崇山峻岭之间，开展剿匪斗争。到1951年，海南的残匪基本被肃清。

1957年，陈青山被授予大校军衔，获二级独立自由勋章和二级解放勋章。同年9月，陈青山调任广东省军区政治部主任。1959年，任海南军区副政治委员。不久，任海南军区党委副书记，分管干部、纪检兼抓民兵工作。1964年，中央军委授予陈青山少将军衔。1965年年初，陈青山调任广州军区政治部副主任。1988年8月，他被中央军委授予一级红星勋章。

陈青山从1941年到1965年参加海南的革命和建设整整25年。正是对琼崖革命和建设事业的忠诚和奉献精神，使陈青山这个华侨战士成长为将军，他把对党的忠诚深深融入海南的山山水水中，在海南的革命和建设史上留下了浓浓重笔。他把海南当作自己的第二故乡，海南人民也将他当成亲儿女。

1991年10月，在泰国海南会馆主办、15个国家和地区99个乡团近千名代表出席的第二届海南乡团联谊会上，陈青山用流利的海南话发言，与会代表听着熟悉的乡音，都为这个热心海南经济建设和改革开放的海南女婿热烈地鼓起掌来，当地报纸和与会代表都称赞他是外籍海南人！

海纳百川，有容乃大。在琼崖革命斗争中形成"五湖四海"的革命精神，不是偶然的。这既有中国共产党人的马克思主义思想基础，又与海南多元和兼容的文化特性紧密相连。

海南岛是一个典型的移民岛。中原汉文化、黎族文化、苗族文化、回文化、客家文化和华侨文化等多元文化并存，各种文化之间相互学习和借鉴。多元、兼容的海南文化特性，培养了海南人豁达大度、爽快真诚、容纳百川的气度。无论哪个民族和地域的移民，海南岛都热情接纳，正所谓登岛无先后，只要踏上这座宝岛，大家都是海南人！

在琼崖革命斗争中，生活在海南岛上的各族人民为了共同的革命目标，以包容的态度紧密团结在一起。在琼崖革命队伍里，无论是汉族还是少数民族，无论是本地的还是外地的，无论是普通群众还是领导干部，甚或是海外华侨，大家都互助友爱，互相合作。

冯白驹作为琼崖党和人民军队的主要领导人，特别善于团结各地来的干部，善于调动大家的革命积极性。许多外来干部自从投身于琼崖革命之日起，就与琼崖人民同生死共患难，将自己的一切都融入琼崖人民的革命事业。许多外来干部在工作中学会了讲流利的海南话。如琼崖纵队副司令员李亚振是广西人，参加过红军长征，1940年被党中央派到琼崖后，努力学习海南话，半年后便基本能用海南话与群众交流了，成为一个爱海南并受海南人民爱戴的干部。

1948年9月在琼崖纵队发动的秋季攻势中，李振亚身先士卒，亲临前线指挥战斗，不幸在牛漏中弹牺牲。李振亚牺牲后，琼崖纵队上下万分悲痛，不少指战员痛哭得无法进食。冯白驹命令部队，要克服一切困难将李振亚的遗体抬回五指山根据地。前线指挥部派出一个排的兵力护卫，由八个战士轮流抬着，历经七天七夜的急行军，把李振亚的遗体送回到琼崖区党委和总部机关所在地，并为其举行了隆重的追悼会。

今天，当游客在经过海南223国道（原海榆东线）万宁牛漏段时，都会被矗立在公路中央的一株高大的木棉树吸引。70多年前，正是在这株木棉树下，琼崖纵队副司令员李振亚中弹倒下了。海南解放后，人民政府在扩建海榆东线时，出于人民对英雄的景仰和纪念，没有对正处于道路中间的这棵木棉树进行砍伐，而是作为特例保留了下来，于是成为道路上的特殊风景。

2000年，一场台风将直径已经达2米的老树拦腰截断。人们以为这棵老树会很快枯死，正当人们惋惜之余，这棵老树竟长出了新芽，让人惊叹不已。现在，这棵老树的新苗又成了参天大树，每年二三月间，都会开出灿烂的红花，仿佛是李振亚倒下时留下的热血。李振亚，这位英勇献身于琼崖革命事业的外来干部，永远为海南人民所怀念。

位于牛漏223国道中间的木棉树

琼崖革命的胜利是琼崖共产党人"五湖四海"精神的胜利。陈青山曾经这样说："民主革命战争时期，冯白驹主动要求中央和广东省委派人来加强琼崖革命斗争的领导力量，和外来干部关系特别好，尊重他们，提拔重用他们，真正做到了'五湖四海'，团结一致，形成一个坚强的领导核心，领导海南人民创造了'23年红旗不倒'的光辉范例。"①这个评价是实事求是的。

事业因人才而兴，人才因事业而聚。冯白驹作为琼崖党政军主要负责人，紧密依靠人民，以宽广的胸怀广纳人才，不拘一格使用人才，凝心聚力，在党的集体领导下成就了一番革命伟业，受到党和国家领导人、老一辈无产阶级革命家的充分肯定。

海口人民公园内的冯白驹雕像(正面镌刻邓小平题词"冯白驹将军")

1973年冯白驹逝世后，新华社在《人民日报》第一版发表的电文指出："冯白驹同志是中国共产党的优秀党员，是中国人民的忠诚战士。几十年来，他在毛主

———————————

① 《青山常在》编辑室：《青山常在——纪念华侨将军陈青山》，北京：解放军出版社2006年版，第8页。

席、党中央的领导下，在长期坚持海南的革命战争中，贯彻了毛主席的人民战争思想，发动群众，依靠群众，克服困难，与敌人进行了不屈不挠的斗争。"①1988年，邓小平为落成的冯白驹雕像亲笔题写"冯白驹将军"。1990 年，习仲勋欣然为《冯白驹将军传》一书题词："冯白驹同志为创建琼崖革命武装和革命根据地所建树的功勋永垂青史。"

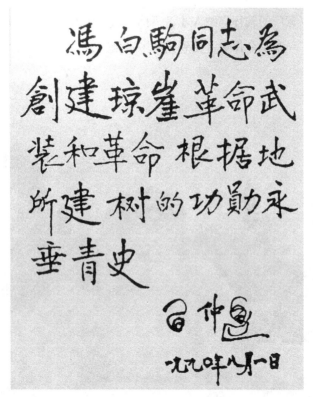

习仲勋为《冯白驹将军传》题词

### 2. 党的恩情永不忘

1949 年 9 月 21 日，中国人民政治协商会议第一次全体会议在北平召开。在

---

① 中共海南区党委党史办公室：《冯白驹研究史料》，广州：广东人民出版社 1988 年版，第 522 页。

大会发言阶段，一位操着浓重方言的发言者给大家留下了十分深刻的印象。他说："少数民族向来被统治者认为做苦工、出钱、出粮、做奴隶是够'资格'的，但参与讨论国家大事是没有份的。""今天不同了，共产党不但分给我们田地，同时也分给我们参与讨论国家大事的权利了。我们只有永远跟着共产党走，跟着毛主席走，我们的一切权利，才会得到保障，我们的前途，才会光明灿烂。"①这位发言者就是来自海南岛上的黎族代表王国兴。在这次会议上，王国兴当选全国政协第一届委员会委员，并被任命为中央民族事务委员会委员。

1949 年周恩来赠送王国兴的水烟筒

毛泽东曾中肯地评价王国兴：中国少数民族自发起义，主动寻找共产党，建立革命根据地，王国兴是有代表性的一人。

王国兴是在抗日战争时期发动白沙起义受挫后主动寻找共产党的。他自从认

———————————

① 钟业昌：《解放海南——战时文献与战后回忆解码》（第 8 卷），北京：人民出版社 2017 年版，第 20 页。

定共产党是黎族人民的大救星后，就带领黎族苗族群众紧跟共产党，对党的信念就没有动摇过。琼崖少数民族革命斗争史由此掀开了新的一页。

王国兴(1894—1975)

王国兴在抗日战争时期主动寻找共产党，作出紧跟共产党的抉择，不是偶然的。

1894 年，王国兴出生于白沙县红毛峒番响村(今属琼中黎族苗族自治县红毛镇)的黎族峒长家庭。他的父亲王政和性格爽朗，略通文墨，善于武功，爱打抱不平，体恤群众疾苦，但被国民党"抚黎局"以"抗丁抗税"为名逮捕入狱，后被折磨而死。王国兴家破人亡，在精神上受到极大创伤，对国民党充满了仇恨。中国共产党在海南岛进行的革命斗争吸引了王国兴的注意。1941 年年初，中共琼崖党组织建立了"白沙县人民抗日救国指挥部"，向广大群众宣传抗日救国的道理，动员群众支持抗战。这些都为后来王国兴等白沙起义领导人主动寻找共产党打下了思想基础。

日军侵占琼崖后，国民党琼崖当局为了保存实力，逐步从定安退到五指山地区。当时仅白沙县就聚集着国民党琼崖守备司令部、琼崖专员公署以及儋县、临高等8个流亡县政府。国民党实行民族歧视和民族压迫政策，对黎族苗族同胞进行残酷的统治和压迫，苛捐杂税多如牛毛。即使是黎族的上层人士也同样遭到不公的非人待遇，如毛贵乡（今五指山市毛阳镇）乡长王友旺被诬陷谋害政府人员，被勒索2000块光洋。当时担任红毛乡（今琼中黎族苗族自治县红毛镇）乡长的王国兴因不能及时上交规定的物资而被打得遍体鳞伤。

1940年11月，日军进入白沙县南丰一带，并向红毛等地进犯。当地黎民奋起反抗，并派人向驻在附近的国民党军队求援，国民党军队不但不支援黎族人民的抗日行动，还逮捕了几名黎族青年，并诬以"造谣惑众"的罪名，将几名青年逮捕，激起了黎族人民的极大愤怒，使白沙黎族人民对国民党顽固派的反抗越来越激烈。

1943年6月，国民党琼崖当局制造"中平惨案"，残杀了1000多名苗胞，苗胞的鲜血染红了昌化江。他们将苗族同胞集体屠杀后，开膛挖出心肝和胆，一串串地穿起来晒干，挂在那里以恫吓黎苗人民。这一惨案震动了整个白沙县，苗族的血腥味使黎族同胞预感到了同样的命运。正是在这样的背景下，王国兴和王玉锦多次派人到一区的元门、白沙等乡暗中串联，谋策起义。经商议，确定于8月17日（农历七月十五日）鸡叫时采取统一行动。

8月初，国民党白沙县长曾祥训召集一区的乡、保长和各村的头人开会，曾祥训强令各乡保在8月15日前要交齐各种钱粮，还要抽壮丁。三丁抽二、二丁抽一，独丁要交壮丁费，不当壮丁要以五十光洋或三百斤米顶替。这将贫困交加的黎族同胞逼到绝路。牙叉乡的黎族首领王亚福、王亚义、符龙推等立即开会商讨对策，一致认为不应该给国民党政府送任何东西，决定提前于8月12日发动起义。

据一区起义领导人之一的符尤相回忆，一区起义的消息被国民党两个溃败的士兵带到了驻在二区什存村的三县联络所，所长李有美大吃一惊，立即派出士兵通知二区红毛等乡、保长。王国兴等人还不知晓一区已经提前起义，但为了不耽搁原定于 8 月 17 日的总起义,便在接到通知后装病在床,并在地上撒些鸡血,想以病重吐血为由不去开会,但还是被李有美派来的士兵用箩筐强行抬去联络所。王玉锦、王正义等此时也被逮捕,李有美交代士兵等所有黎族首领来齐全部枪毙。后来,王玉锦借肚痛如厕之机逃走,带领起义队伍冲进了联络所,救出了王国兴。

8 月 12—26 日,黎族苗族人民的起义遍及整个白沙,震动整个五指山区,参加起义的黎苗同胞有三万多人次。起义队伍在王国兴、王玉锦等首领带领下,经过半个月的浴血奋战,将盘踞在白沙县境内的国民党琼崖当局守备第二团、三县联络所,以及儋县、临高、昌江、感恩、乐东、崖县、白沙七个国民党县政府及其武装人员统统驱逐出境,打死打伤敌人 300 余人,缴获步枪 90 余支,轻机枪 1 挺,子弹等军用物资一大批,起义获得初步胜利。

这次起义,白沙黎苗同胞凭借原始、落后的武器,打击装备良好的国民党正规部队,参加人数之多、规模之大、战斗之激烈,在琼崖少数民族革命斗争历史上是空前的,它充分体现了黎族苗族同胞为民族解放而英勇斗争的献身精神。白沙起义给国民党当局以沉重的打击。

但国民党当局并不甘心自己的失败,一个多月后,重新集结了 1000 多人,分兵三路进行疯狂反扑,对起义群众进行残酷的镇压和屠杀。白沙大地到处出现腥风血雨的惨象,迫使王国兴、王玉锦等黎族首领率领数百名起义群众上鹦哥岭和什寒山等地坚持斗争,白色恐怖笼罩着整个白沙县。细水乡起义领袖王定江被抓捕后,敌人竟将他剖腹取肝,残害致死。国民党当局惨无人道的大屠杀,一直延续了几个月,全县约有 1 万人被杀害,每一个黎村苗寨都洒下了黎苗族同胞的鲜血。

国民党当局的疯狂屠杀,使王国兴等认识到必须依靠共产党、必须找红军帮助、请红军来打"国贼"才有出路。王国兴为了说服其他首领,将自己一天夜里做的梦告诉了大家。他说自己梦见五指山峰上出现了五朵红霞,红霞里飘着五杆红旗,迎着明媚的阳光把半边天都映红了。在梦里他还看到了阳光下一支打着红旗的军队,还唱着歌并向他招手。王国兴讲完后,大家认为这是神仙指路,要救黎苗民族出火坑的人,就是这支打红旗的队伍。

为此,王国兴、王玉锦等决定派王高定、王文聪、吉有理三人去找打红旗的

位于琼中红毛镇的白沙起义纪念碑

队伍。临行前王国兴嘱咐他们说："这次出去，可能是很艰苦的，可是，你们要记住，这是关系到我们整个黎苗民族的生死问题。你们无论如何一定要找到这支队伍！"王高定等回答说："放心吧！海可枯，石可烂，但是，我们找队伍的决心永远不变，我们一定要找到救星！"①他们三人翻了一座又一座山，过了一道又一道河，经过千辛万苦，终于在儋县、临高交界的地方，找到了中共儋临联县委和县抗日民主政府。

王文聪被带到澄迈县六芹山，见到了中共琼崖特委书记冯白驹。冯白驹高度评价了白沙起义，表示全力支持黎苗族人民的正义斗争，答应先派干部和武工队去进行宣传和组织工作，再派部队帮助他们反击国民党顽固派的进攻。冯白驹给王国兴写了一封信，告诉他坚持斗争，一定会取得最后胜利。在王文聪等临走时，琼崖特委在部队里发起了一个募捐运动，"我们自己虽然没有衣服穿，可是，还尽量抽出一部分给他们带回去，送给没衣服穿的黎苗兄弟"②。

① 冯白驹：《五指山尖五朵红霞》，《解放军文艺》1957年12月号。
② 冯白驹：《五指山尖五朵红霞》，《解放军文艺》1957年12月号。

　　从此，五指山地区的黎苗同胞有了主心骨，坚定地站在了中国共产党的旗帜下。这为五指山根据地的开辟奠定了基础。

　　在中国共产党的影响下，王国兴的革命思想和政治觉悟迅速提高，对党及其领导的人民军队的信任与日俱增。他为了表示自己对党的忠诚，将自己的儿子王家贤交给了部队。

　　王家贤后来回忆：一天晚上，爸爸把我拉到身旁，亲切地对我说："孩子，红军叔叔好不好？"因为武装工作组的同志经常和爸爸在一起，我很快和他们混熟，觉得他们和蔼可亲，我回答说："好！"接着，爸爸第一次像对待大人一样，认真地和我谈话。他谈了我们的家世，自己的遭遇，起义以来的挫折和找到红军以后的喜悦以及他的希望。最后，他把送我到红军那里去的想法告诉我，一直谈到深夜。说实在的，在那艰难的岁月里，我一直跟随爸爸在一起，深深体会他对我的爱，要离开他，真是舍不得啊！一个风和日丽的早晨，爸爸领我到了山路口，把我托给王昌同志，送到琼崖纵队。爸爸对王昌同志说："妚实（我的乳名）跟着共产党，跟着红军，我就放心了。"又再三叮嘱我："孩子，要听党的话，跟着红军，永远不变心！"①

　　王国兴后来深有感触地说：我们黎族苗族人民受尽了历代封建王朝和国民党反动派的统治、压迫。由于我们历次的斗争都是自发的农民运动，没有得到中国共产党的领导，因而都失败了。黎苗同胞好似漂流在汪洋大海中迷失方向的破船，急需英明的舵手，否则就要沉没海底的危险。因此，我们坚决去寻找中国共产党。"历史教训着我们：毛主席、共产党是我们唯一正确的领导者和幸福的缔造者，有了共产党才有黎族苗族人民的一切，没有共产党就没有黎族苗族人民的一切。"②

　　1944 年 12 月，王国兴等白沙起义首领到六芹山会见了冯白驹。琼崖特委决定成立以王国兴为团长的"白保乐人民解放团"，配合琼纵部队扫清白沙县境内的国民党残敌。1945 年 7 月，白沙全境解放，8 月成立了白沙县抗日民主政府，王国兴任副县长。白沙抗日根据地建立起来了。

----

① 王家贤：《怀念父亲王国兴》，见《琼岛星火》（第 12 期），1983 年，第 102 页。
② 王国兴：《共产党是黎族苗族人民的救星》，《新海南报》1952 年 7 月 10 日。

由于共产党人和琼纵指战员认真贯彻党的民族政策，严格遵守三大纪律八项注意，深受黎苗同胞的爱戴和拥护。1948年6月，在黎族苗族人民的大力支持下，琼崖纵队解放了白沙、保亭、乐东三县全境，五指山根据地胜利建成。

中国共产党的领导和帮助，使黎族苗族人民在生死存亡的危急关头摆脱了国民党反动派的剥削和压迫，成为五指山这片土地上的主人。党的民族平等和民族团结政策使广大黎族苗族群众进一步增强了对党的信赖。他们都亲切地称共产党领导的部队为"父母军"，称共产党领导的政府为"父母政府"。

1949年9月初，王国兴根据组织的安排，作为黎族代表前往北平出席中国人民政治协商会议第一次全体会议。临行前，他看望了五指山根据地的黎族干部训练班学员，语重心长地对大家说："我要到很远的地方去，如果我回不来了，你们一定要记住：我们黎人只有一条光明的路，就是跟共产党干革命到底。"[1]

在中国共产党的教育和引导下，黎族苗族同胞不断觉醒，紧紧跟着共产党，成为琼崖革命斗争的重要力量。正如冯白驹所言："本来我们琼崖纵队里是没有少数民族战士的，后来少数民族兄弟，竟越来越多，形成了海南革命斗争的一个不可缺少的主要力量。直到海南解放时，琼崖纵队里的成员，五个人当中就有一个少数民族的战士。他们贡献很大。"[2]其中，陈理文作为琼崖纵队战斗代表在1950年9月到北京出席了第一届英雄模范代表大会，被中央军委授予"战斗英雄"的称号，受到毛泽东、朱德的亲切接见。

在琼崖革命斗争中，中国共产党改变了黎族苗族人民的命运，使之翻身做了主人。党的恩情似海深，党的恩情永不忘。白沙起义领袖王国兴始终对党无限忠诚，即使后来在"文化大革命"期间遭到严重迫害，处在弥留之际，仍然表示坚决相信共产党，永远跟党走。其对党的一片赤诚之心，可照日月。

中国共产党不仅改变了少数民族的命运，更改变了中华民族的命运。"没有共产党就没有新中国"，这不是一句没有历史内涵的空话。

---

[1] 钟业昌：《解放海南——战时文献与战后回忆解码》（第7卷），广州：人民出版社2017年版，第221页。

[2] 冯白驹：《五指山尖五朵红霞》，《解放军文艺》1957年12月号。

1951 年冯白驹著《中国共产党的光辉照耀在海南岛上》

## 三、新时代弘扬琼崖革命精神的意义

琼崖革命精神是海南共产党人在革命战争年代政治本色和精神特质的集中体现，是对时代精神和民族精神的凝练，更是沟通历史、现在和未来的精神文化基因。习近平指出："只有回看走过的路、比较别人的路、远眺前行的路，弄清楚我们从哪儿来、往哪儿去，很多问题才能看得深、把得准。"①要想走好今后的发展之路，学习、研究琼崖革命精神意义重大。对海南的发展更是如此。

---

① 《习近平在学习贯彻党的十九大精神研讨班开班式上发表重要讲话强调：以时不我待只争朝夕的精神投入工作，开创新时代中国特色社会主义事业新局面》，《人民日报》2018 年 1月 6 日。

海南地理位置特殊，战略地位十分重要。在中国革命和建设发展的各个历史时期，海南都在党中央的战略布局中占有重要的一席之地。改革开放以来，海南建省办经济特区，成为中国陆地面积最小但海域面积最大的省份。在中国特色社会主义新时代，海南成为中国全面深化改革开放的试验区、桥头堡和新标杆，承担着新的历史使命。2018 年 4 月 13 日，中共中央总书记、国家主席、中央军委主席习近平出席庆祝海南建省办经济特区 30 周年大会并发表重要讲话，亲自宣布党中央关于支持海南全面深化改革开放的一系列重大决策，提出支持海南全岛建设自由贸易试验区和逐步探索、稳步推进中国特色自由贸易港建设等重大举措。海南建设中国特色自由贸易港，已经成为党中央强力推进的国家重大战略。海南站在新的历史起点上，面对党中央赋予的重大战略使命和新的历史发展机遇，必须传承好红色文化基因，大力弘扬琼崖革命精神，为实现新时代新使命新战略提供强大的精神动力。

## （一）崇高理想作动力，始终坚持人民至上

### 1. 理想信念是精神动力之源

理想信念是人们对未来的向往和追求，是人们的政治立场和世界观在奋斗目标上的集中体现。崇高的理想信念中包含着坚定的信仰，坚定的信仰又催生出鼓舞斗志、坚定毅力、达成目标的强大精神力量。

琼崖革命武装斗争能够坚持 23 年红旗不倒，正是凭借着琼崖共产党人对马克思主义的笃信、对共产主义事业的忠贞、对党和人民的赤诚来支撑的。冯白驹常说："共产主义事业是神圣的事业，要坚定必胜的信心，誓为共产主义奋斗终身的共产党人要随时准备为党的事业贡献自己的一切，越是危险和困难，越要鼓起勇气挺身而出，承担历史赋予自己的重任。"[①]

坚定的马克思主义信仰和共产主义信念激发了琼崖共产党人的一往无前、压倒一切敌人而决不屈服于敌人的勇气和信心，产生了无论面对任何艰难困苦，都

① 中共海南区党委党史办公室：《冯白驹研究史料》，广州：广东人民出版社 1988 年版，第 552 页。

要坚持战斗下去的强大精神驱力。

1928年，在国民党反动派向琼崖苏区发动的第一次大规模军事"围剿"中，国民党叶肇部刘占雄团伙同地方反动民团共800多人，包围中共陵水县委和县苏维埃政府临时驻地彭谷园村。农军利用坚固的围墙、壕沟作掩护，誓死抵抗。后来，敌人从县城运来大批煤油和稻草，改用火攻，使整个村庄淹没在一片火海之中。县委书记许邦鸿等领导人和300多名农军战士壮烈牺牲。陈继姚、黄有造、张国权、陈开轩等50多人被捕。他们无一人投降，都被敌人砍头剖腹，英勇就义，谱写了一曲大无畏革命精神的战歌。

陵水县苏维埃政府旧址内的"钢铁脊梁"雕像

1932年，在国民党反动派向琼崖苏区发动的第二次大规模军事"围剿"中，琼崖红军独立师解体，各级党组织和政权均遭到严重破坏，琼崖特委与上级失去联系。在革命危难之际，冯白驹带领琼崖党政机关干部和红军指战员共100多人转战于母瑞山中。

在革命的征途上，艰难困苦就像一座座山峰，排列在革命者的跟前，磨炼着攀登者的毅力和勇气。

国民党军队将母瑞山严密封锁起来，强迫实行移民并村，将红色村庄划为"无人区"，处处设卡封锁，企图切断红军与民众的联系，断绝群众对山上队伍的物资供应，同时上山进行"搜剿"，将琼崖特委、苏维埃机关和红军队伍就地消灭。冯白驹带领干部战士们在母瑞山顽强地坚持了8个月，最后仅剩26个人。这26个人宁愿过着大地为床、星月为灯、树叶为被、野菜生果充饥的原始人生活，也决不下山向敌人投降。

冯白驹后来回忆母瑞山艰苦岁月时说："有谁想得到呢？在二十世纪三十年代的世界上，在开化最早的中国，在椰子肥豆蔻香的宝岛上，竟还有这么二十六个工农红军的战士，为争取人类最先进最理想的社会，却过着人类最原始的生活。"[1]就是这20多个人，在冯白驹的带领下，没有一个人逃跑，没有一个人叛变，他们凭借着崇高的理想、坚定的信仰，迸发出摧不垮、打不烂、不屈不挠的顽强意志力。

冯白驹常以革命的乐观主义精神鼓舞大家，他诙谐地说："敌人把我们关进了炼丹炉，我们都像孙大圣一样练就金睛火眼，钢身铁骨，待日冲破炼丹炉，我们的神通就更广大了。"[2]他们在敌人的围困和反复"搜剿"中坚持下来，最终突出重围，将革命的星星之火更猛烈地燎原在琼崖大地上，使琼崖革命斗争进入新阶段。

新中国成立后，中国著名雕塑家潘鹤在采访冯白驹时被琼崖游击队在孤岛上奋战20多年的坚韧不拔精神所震撼，为参加中国人民解放军建军30周年纪念美术展览会而创作了雕塑《艰苦岁月》。该作品展出后，引起了邓小平、陈毅、彭德怀等老一辈无产阶级革命家的关注和共鸣。

邓小平曾经指出："为什么我们过去能在非常困难的情况下奋斗出来，战胜千难万险使革命胜利呢？就是因为我们有理想，有马克思主义信念，有共产主义信念。"[3]

---

① 冯白驹：《红旗不倒》，见《红旗飘飘》（第3集），北京：中国青年出版社1957年版，第34页。

② 中共海南区党委党史办公室：《冯白驹研究史料》，广州：广东人民出版社1988年版，第562页。

③ 《邓小平文选》（第3卷），北京：人民出版社1993年版，第110页。

母瑞山革命根据地纪念园"红旗不倒"雕塑

　　在崇高理想信念的支撑下，中国共产党带领中国人民走过了从新民主主义到中国特色社会主义的艰辛道路，饱经沧桑的中华民族迎来了从站起来、富起来到强起来的伟大飞跃。海南也从封闭的边陲海岛发展为中国改革开放的重要窗口，正以崭新的面貌、勃发的雄姿汇入新时代中国特色社会主义建设的洪流。

　　2018 年 4 月，《中共中央　国务院关于支持海南全面深化改革开放的指导意见》出台，明确了海南"三区一中心"（全面深化改革开放试验区、国家生态文明试验区、国家重大战略服务保障区、国际旅游消费中心）的战略定位。这是党中央对海南进一步全面深化改革开放的成果期待，是新时代中国特色社会主义建设中的重要工程，是实现中华民族伟大复兴中国梦的具体载体，是实现共产主义美好愿景的重要积累，更是琼崖革命先烈崇高理想在当今时代的具体体现。唯有继承先烈的遗志，弘扬"信念坚定、不屈不挠"的琼崖革命精神，才能获得实现新时代之使命与战略的强大、持久的精神动力！

海口湾世纪大桥

"一个国家、一个民族、一个政党，任何时候任何情况下都必须树立和坚持明确的理想信念。"①历史和现实都告诉我们，坚定的马克思主义信仰、坚定的社会主义和共产主义信念，永远是共产党人必须一以贯之的政治灵魂，也是当代中国共产党人带领人民以中国式现代化推进中华民族伟大复兴，特别是建设美好新海南、争创中特色社会主义生动范例、实现国家重大战略目标的精神文化能源。

## 2. 为了人民永远是党的宗旨

中国共产党是以为人民服务为根本宗旨、坚持人民至上的马克思主义政党。将人民群众的利益摆在首位，坚持一切为了人民群众，一切依靠人民群众，密切联系群众，充分发挥人民群众的积极性、主动性、创造性，是琼崖共产党人在僻远的孤岛上坚持革命武装斗争23年红旗不倒、创造丰功伟绩的重要法宝。

在琼崖革命斗争中，琼崖共产党人高度自觉地与人民群众相结合，与人民群众形成了情谊深厚的鱼水关系。人民群众是党的最大靠山。在残酷的革命斗争

---

① 习近平：《领导干部要树立正确的世界观权力观事业观》，《学习时报》2010年9月6日。

中，正是人民群众这座"大山"的掩护、帮助下，党的组织和革命力量得到保存、恢复和发展，使琼崖革命事业滚滚向前。

六连岭旧地村的群众，为了掩护革命队伍，让部队和革命同志搭草寮住在山顶，自己搭草寮住在半山腰，以便保护。部队和革命同志不能下山，群众就下山为他们当交通联络。文北地区的云四婆在革命低潮时曾接待和掩护过上百名干部和战士，有一次冒死救过6个伤员。在抗日战争中，为了保护一位革命同志，她牺牲了自己的一个儿子，其事迹感人肺腑。乐万地区的许远源，在丈夫参加红军后，就经常在家中接待革命同志。她经常冒着生命危险为革命同志洗衣服、带路、放哨、送情报、照看伤病员。敌人曾两次烧了她的房子，但她矢志不渝，干脆在六连岭脚下盖间草房居住。在革命恢复工作中，她积极联络和掩护了不少革命同志，她的草房被称为"树俊寮"，她被群众亲切地称为"红军妈"。

这是党与人民群众血肉关系的缩影，也是琼崖革命斗争能够坚持下去并且发展的真正原因。

党来自于人民，根植于人民，服务于人民。没有人民的支持和参加，就没有革命的胜利，也不会有社会主义建设和改革开放的成果。

在中国特色社会主义新时代，面对新形势新任务，"必须坚持人民至上、紧紧依靠人民、不断造福人民、牢牢植根人民，并落实到各项决策部署和实际工作之中"。因为"中国共产党根基在人民、血脉在人民。党团结带领人民进行革命、建设、改革，根本目的就是为了让人民过上好日子，无论面临多大挑战和压力，无论付出多大牺牲和代价，这一点都始终不渝、毫不动摇"。①

当前，海南充当全面深化改革开放的排头兵，建设中国特色自由贸易港，就是为了使海南人民过上更加美好的生活。

为了不负党中央赋予的特殊使命，不负人民的重托与期待，必须从琼崖革命精神中汲取力量，坚持人民至上，以人民为本，贯彻执行党的群众观点与群众路线。

---

① 《习近平在参加内蒙古代表团审议时强调：坚持人民至上　不断造福人民　把以人民为中心的发展思想落实到各项决策部署和实际工作之中》，《人民日报》2020年5月23日。

矗立在临高角的解放海南纪念雕像

（碑座正面镌刻江泽民题词"军民共铸热血丰碑，解放海南业绩永存"）

首先，坚持以人民为中心的改革取向、发展取向和价值取向。具体而言就是海南建设与发展要不断满足人民日益增长的美好生活需要，让海南发展的成果更多更公平地惠及人民，使群众对自己的生活有更丰富的获得感、更深厚的幸福感。唯有如此，才能让广大人民群众对中国特色社会主义事业有更深的认同感，对中华民族有更亲密的归属感。

其次，依靠群众，充分尊重人民群众的主体地位，充分发挥人民群众推动历史前进的积极性、主动性和创造性。琼崖革命的历史证明，人民群众中蕴藏着无穷的智慧和力量。改革开放的历程也证明，改革开放在认识和实践上每一次突破和深化，改革开放中每一个新生事物的产生与发展，改革开放每一领域和环节经验的创造和积累，无不来自亿万人民的智慧和实践。在海南建设发展中必须重视人民主体地位，必须争取广大群众的支持，激发广大群众的首创精神。只有这样，才能有力推动改革开放的全面深化，加快海南各方面的建设步伐。

再次，坚持从群众中来，到群众中去。在长期的革命斗争中，琼崖共产党人就好比种子，他们根植于人民这沃土之中，他们每到一个地方，就要同那里的群众密切结合起来，在人民中开花结果。在新时代，在海南全面深化改革开放的过程中，依旧要坚持密切联系群众，要坚持从人民群众普遍关注、反映强烈、反复出现的问题背后查找体制机制的弊端，找准深化改革的重点和突破口，实事求是，科学决策。为了有效贯彻决策，还必须到群众中去，宣传群众，组织群众，在充分尊重群众意愿的基础上形成广泛共识。只有这样，人民群众才会积极投身改革，踊跃投身改革，才能打赢全面深化改革开放、建设中国特色自由贸易港这场攻坚战。

最后，坚持人民利益至上，永远为人民群众负责。琼崖革命是琼崖共产党人从广大群众的根本利益和最大愿望，即建立一个自由、平等、美好的新社会而抛头颅洒热血的。如今，海南全面深化改革开放的新目标、新举措，也要始终把人民利益摆在至高无上的地位，决不可为改革而改革，视目标为政绩，一定要"加快推进民生领域体制机制改革，尽力而为，量力而行，着力提高保障和改善民生水平，不断完善公共服务体系，不断促进社会公平正义，推动公共资源向基层延伸、向农村覆盖、向困难群体倾斜，着力解决人民群众关心的现实利益问题"[1]。

概言之，只有一切为了人民，永远以人民为靠山，永远将人民的利益放在第一位，坚信党的根基在人民，党的力量在人民，有力有效地运用党的群众路线这个法宝，才能做到对党忠诚，做到凝聚百姓之心，汇成实现新时代美好新海南发展愿景的磅礴力量。

## (二)开拓创新求卓越，招贤纳才聚力量

### 1. 开拓创新永葆生机

开拓创新是琼崖共产党人在琼崖革命斗争中"自立自强、敢为人先"精神的核心意涵。

---

[1] 习近平：《在庆祝海南建省办经济特区30周年大会上的讲话》，《人民日报》2018年4月14日。

创新是中国共产党人的内在精神品质。党的实事求是思想路线的本质要求就是创新，就是要冲破保守思想的禁锢，善于在斗争中创造新局面。

坚持一切从实际出发、理论联系实际，坚持在斗争中创造新局面，是琼崖革命薪火相传、终获胜利的生机动力保障。

琼崖革命斗争是在非常特殊的地理环境下进行的。在冯白驹带领琼崖党组织开展革命武装斗争的 20 多年间，有一半以上的时间是与上级和党中央失去联系的，琼崖共产党人必须独立自主地处理所面临的一系列重大问题。

土地革命战争时期，中共琼崖特委创造性地制定了正确的解决农民土地问题的办法，使琼崖革命根据地成为全国开展土地革命时间较早、效果较突出的地区。琼崖乐会第四区通过的《土地问题的临时办法》，不但在时间上早于井冈山《土地法》(1928 年 12 月)和兴国《土地法》(1929 年 4 月)，而且在内容上也有不少创新，如它没有提"没收一切土地"，而是只没收地主土地并给地主以生活出路。实践证明，这是符合琼崖实际的，也是对革命运动的发展十分有利的。

在抗日战争和解放战争时期，中共琼崖特委结合实际，正确执行党中央关于开辟五指山根据地的指示，使琼崖革命斗争有了可靠的战略阵地依托。此外还妥善处理了上级党组织关于琼崖纵队北撤、南撤的指示问题，使琼崖革命斗争开创了新的局面。

至于在琼崖各地的实际斗争中，琼崖共产党人发扬自立自强、敢为人先的精神，开拓创新的事例不胜枚举。开拓创新使琼崖共产党人和革命群众在极其恶劣困难的条件下，克服了无数困难，最终奏响了琼崖革命胜利的凯歌。

革命的目的是解放和发展生产力，让人民过上美好的生活。让海南发展起来，让人民富裕起来、幸福起来，是不仅海南人民的梦想，也是党和国家领导人的牵挂。

20 世纪 80 年代，海南被纳入国家经济特区发展战略。邓小平指出："我们还要开发海南岛，如果能把海南岛的经济迅速发展起来，那就是很大的胜利。"①"海南岛好好发展起来，是很了不起的。"②1988 年 4 月 13 日，七届全国人大一次

① 《邓小平文选》(第 3 卷)，北京：人民出版社 1993 年版，第 52 页。
② 《邓小平文选》(第 3 卷)，北京：人民出版社 1993 年版，第 239 页。

会议正式批准设立海南省，建立海南经济特区。这是中国海域面积最大的省份，也是全国最大的经济特区。海南从此成为中国改革开放的前沿。

1950 年 5 月 1 日，海南各界群众庆祝海南岛解放

庆祝海南省成立

2018 年 4 月 13 日，习近平在庆祝海南建省办经济特区 30 周年的大会上指出："如果海南岛更好发展起来，中国特色社会主义就更有说服力，更能够增强人们对中国特色社会主义的信心。"①他勉励海南争创新时代中国特色社会主义生动范例，成为展示中国风范、中国气派、中国形象的靓丽名片。他还殷切期望海南站在更高起点谋划和推进改革，下大力气破除体制机制弊端，不断解放和发展生产力。海南正在快马扬鞭努力建设中国特色自由贸易港，成为中国新时代全面深化改革的标杆。

在新的重大发展机遇面前，因循守旧没有出路，畏缩不前更会坐失良机。全面深化改革开放的过程就是以实事求是为前提的思想解放的过程。没有思想大解放，就不会有改革大突破。

这就要求我们必须大力弘扬"自立自强、敢为人先"的琼崖革命精神，既要大胆探索，敢闯敢干，又要脚踏实地，一切从国情、省情出发；既要总结国内成功做法，又要借鉴国外有益经验，大胆实践，摸索总结出可复制可推广的经验，做出新时代中国特色社会主义生动范例，从而带动全国改革开放的步伐。

"苟日新，日日新，又日新"，历史从不眷顾因循守旧、满足现状者，机遇属于勇于创新、永不自满者。一切伟大成就都是接续奋斗的结果，一切伟大事业都需要在继往开来中推进。自立自强、敢为人先、敢闯敢试、开拓创新，是不断开创中国特色社会主义新局面，特别是将海南建成中国特色社会主义生动范例、实现其新时代新使命新战略的生机保障。

### 2. 广聚人才保障发展

古往今来，人才都是富国之本，兴邦之基。唯有不拘一格广纳贤才的眼界、魄力与气度，才能成就伟大的事业。

在琼崖革命斗争中，琼崖党组织积极培养对党赤胆忠心的革命干部，不拘一格使用人才，广聚英才，团结各族人民群众和海外侨胞共同奋斗，铸就了五湖四海、丹心向党的革命精神。

---

① 习近平：《在庆祝海南建省办经济特区 30 周年大会上的讲话》，《人民日报》2018 年 4 月 14 日。

海南自由贸易港海口江东新区展示中心

政治路线确定之后，干部就是决定因素。在艰难困苦的琼崖革命斗争中，干部奇缺。为满足革命斗争对干部的大量需求，琼崖党组织积极创办各类学校，培养了大批革命斗争骨干。以冯白驹为首的琼崖党组织以德才兼备的标准、五湖四海的胸怀使用干部，特别是外来干部、民族干部，使党组织焕发了生机活力，大大增强了党组织的核心凝聚力、团结战斗力和群众吸引力。

1941年国民党顽固派发动美合事变后，琼崖特委在美合根据地创办的琼崖抗日公学被迫停办，琼崖特委和独立总队投入抗日反顽的斗争。冯白驹认为，培养干部是一项长期的战略任务，形势越紧张，斗争越艰巨，就越需要保证不断地大批培养干部，这项工作决不能中断。

冯白驹不仅及时恢复了原来的随营军事政治干部训练班，而且还建议以此为基础，到环境较为安定的六连岭根据地创办一所新的干部学校。中共琼崖特委和独立总队经研究，决定把恢复不久的随营干训班扩大为延安"抗大"式的琼崖抗日军事政治干部学校。经过紧张筹备，1941年6月，琼崖抗日军事政治干部学校在六连岭开学。由曾在延安抗大任职、具有丰富的干部训练经验的独立总队参谋长李振亚兼任校长和政委，由毕业于延安抗大并在那里工作过的云涌担任副校长。

琼崖抗日军事政治干部学校以延安抗大为榜样，运用抗大的教学方针和教学方法，以"团结、紧张、严肃、活泼"为校风，在教学中用毛泽东军事思想教育学员，提出学用结合，用理论指导战斗，以实践丰富理论，有效提高了学员的军事政治素质，为坚持琼崖抗战培养了中坚力量。

琼崖特委一方面立足革命斗争实际培养干部人才，另一方面也注意向上级争取人才支持。1940年，党中央向琼崖派去了参加过长征的庄田、李振亚、覃威、云涌等领导干部以及一批电台、机要、军械技术人员。他们到琼崖后，冯白驹高度重视，不拘一格使用人才。这些人才带来了延安好作风，在琼崖革命斗争中发挥了模范作用。李振亚、覃威等还将自己的热血洒在了琼崖大地，为琼崖革命事业献出了自己宝贵的生命。

党的团结、人民的团结、民族的团结，是党领导人民战胜一切艰难险阻的根本保证。琼崖革命的胜利，是与"五湖四海"的琼崖革命精神分不开的。

今天，我们正在以中国式现代化全面推进中华民族伟大复兴。按照党中央和国务院提出的要求，到21世纪中叶，海南要率先实现社会主义现代化，形成高度市场化、国际化、法治化、现代化的制度体系，成为综合竞争力和文化影响力领先的地区，全体人民共同富裕基本实现，建成经济繁荣、社会文明、生态宜居、人民幸福的美好新海南。

显然，这是一场持续二三十年的硬仗，是一场新的历史条件下的"琼崖革命"。五湖四海、丹心向党、不拘一格、广纳贤才的琼崖革命精神依然对我们具有重要的启迪与指导意义。

首先，要丹心向党，坚持党的领导。全面建设社会主义现代化国家、全面推进中华民族伟大复兴，关键在党。海南经济特区各项事业所取得的成就，是党中央坚强领导、悉心指导的结果。面对复杂多变的国际形势和不断增多的风险挑战，在海南全面深化改革开放、实现新时代战略目标的道路上，要始终与党中央保持步调一致，坚持和加强党在各领域、各方面、各环节的领导，坚持全面深化改革的正确政治方向。要始终按照新时代党的建设的总要求，全面推进海南各级党组织的政治建设、思想建设、法治建设、作风建设、纪律建设，并把制度建设

位于万宁市牛漏的李振亚纪念园

贯穿其中，充分发挥各级党组织的战斗堡垒作用。坚定理想信念，在群众路线的基础上，凝聚海南各族人民以及海外侨胞的力量，打赢攻坚战。

其次，要有五湖四海的胸怀，海纳百川的气度，广纳贤才。如果说创新是引领海南发展、实现新的战略目标的第一动力，那么，人才则是支撑创新发展的第一资源。海南改革发展事业取得的成就离不开广大建设者的开拓进取与奋勇拼搏，离不开全国人民和四面八方的倾力支持与广泛参与。要圆满实现新时代海南的新使命新战略，必须以五湖四海的博大胸怀和海纳百川的恢宏气度，不拘一格，从省内外、国内外广揽各类人才。当前，尤其要实施好"百万人才进海南行动计划"，各级领导干部要用最大诚意爱才、用才、容才，为人才提供合适的机会和空间，确保用得上、干得好。同时促进本地人才与外地人才共同成长，让海南成为人才聚集的高地。要聚天下英才而用之，努力让各类人才引得进、留得住、用得好，使海南成为人才荟萃之岛、技术创新之岛。

海南省人才服务中心

革命战争时代的硝烟已经散去，中国特色社会主义新时代的战鼓已经敲响。在新的历史起点上，只有全面贯彻习近平新时代中国特色社会主义思想，大力弘扬包括琼崖革命精神在内的中国共产党人精神谱系，踔厉奋发，勇毅前行，才能胜利实现党的二十大绘制的宏伟蓝图，实现海南的新使命新战略，续写好新时代中国共产党人的恢宏海南篇章！

# 参 考 文 献

1. 《马克思恩格斯选集》(第 1 卷), 北京: 人民出版社 2012 年版。

2. 《毛泽东选集》(第 1~4 卷), 北京: 人民出版社 1991 年版。

3. 《毛泽东文集》(第 2 卷), 北京: 人民出版社 1993 年版。

4. 《邓小平文选》(第 3 卷), 北京: 人民出版社 1993 年版。

5. 《习近平谈治国理政》(第 3 卷), 北京: 外文出版社 2020 年版。

6. 中共海南区党委党史办公室:《冯白驹研究史料》, 广州: 广东人民出版社 1988 年版。

7. 中共海南省委党史研究室(海南省地方志办公室):《琼崖革命历史文献选编》(第 1~5 卷), 海口: 海南出版社 2019 年版。

8. 中共广东省海南行政区委员会党史办公室、海南行政区档案馆:《琼崖土地革命战争史料选编》(内部发行), 1987 年。

9. 中共广东省委党史资料征集委员会、中共广东省海南行政区委员会党史办公室:《琼崖抗日斗争史料选编》(内部发行), 1986 年。

10. 中共海南省委党史研究室、海南省档案馆:《琼崖解放战争史料选编》(内部发行), 1989 年。

11. 中共海南省委党史研究室:《红旗不倒——中共琼崖地方史》, 北京: 中共党史出版社 1995 年版。

12. 中共海南省委党史研究室:《中国共产党海南历史》(第 1 卷), 北京: 中共党史出版社 2007 年版。

13. 中共琼海市委党史研究室:《中国共产党琼海历史》(第 1 卷), 北京: 中共党史出版社 2012 年版。

14. 中共万宁市委党史研究室:《中国共产党万宁历史》(第 1 卷), 北京: 中共党史出版社 2016 年版。

15. 琼崖武装斗争史办公室：《琼崖纵队史》，广州：广东人民出版社 1986 年版。

16. 海南军区党史办：《琼岛怒潮》，北京：解放军出版社 1988 年版。

17. 庄田：《琼岛烽烟》，广州：广东人民出版社 1979 年版。

18. 肖焕辉：《琼崖曙光》，广州：广东人民出版社 1989 年版。

19. 钟燕波：《二十三年红旗不倒——六连岭革命斗争纪实》（内部发行），
    2005 年。

20. 钟业昌：《解放海南——战时文献与战后回忆解码》，北京：人民出版社 2017
    年版。

21. 王礼琦、邢益森、武力：《琼崖革命根据地的经济斗争》，海口：海南人民出
    版社 1989 年版。

22. 陈永阶：《琼崖革命先驱者文集》，《琼岛星火》编辑部，1985 年。

23. 《琼岛星火》（第 4、5 期），《琼岛星火》编辑部，1981 年。

24. 《琼岛星火》（第 8 期），《琼岛星火》编辑部，1982 年。

25. 《琼岛星火》（第 12 期），《琼岛星火》编辑部，1983 年。

26. 《琼岛星火》（第 16 期），《琼岛星火》编辑部，1986 年。

27. 《琼岛星火》（第 22、23 期），《琼岛星火》编辑部，1997 年。

28. 《红旗飘飘》（第 3 集），北京：中国青年出版社 1957 年版。

29. 解放军文艺社：《解放军文艺》，1957 年 8 月号。

30. 解放军文艺社：《解放军文艺》，1957 年 12 月号。

31. 白沙县政协文史编辑组：《白沙文史》（第 1 辑），1986 年。

32. 中共海南省委党史研究室、海南省民政厅：《琼崖英烈传》（第 1 辑），海口：
    海南人民出版社 1989 年版。

33. 《黎族简史》编写组：《黎族简史》，广州：广东人民出版社 1982 年版。

34. 程昭星、邢诒孔：《黎族人民斗争史》，北京：民族出版社 1999 年版。

35. 中共中央文献研究室：《朱德诗词集》（上），北京：中央文献出版社 2007
    年版。

36. 董必武法学思想研究会：《董必武诗选》，北京：中央文献出版社 2011 年版。

37. 吴之、贺朗：《冯白驹传》，北京：当代中国出版社 1996 年版。

38. 中共海南省委党史研究室：《冯白驹将军传》，北京：中共党史出版社 1998 年版。

39. 李福顺、楚军红：《冯白驹和他的战友们》，北京：中共党史出版社 2016 年版。

40. 《青山常在》编辑室：《青山常在——纪念华侨将军陈青山》，北京：解放军出版社 2006 年版。

41. 张朔人：《海南红色文化资源分布及现状调查》，海口：海南出版社 2014 年版。

42. 王善：《海南红色文化资源与实践育人探索》，海口：海南出版社 2014 年版。

43. 赵康太：《琼崖革命论》，海口：南海出版公司 2005 年版。

44. 李德芳等：《琼崖革命精神论》，武汉：武汉大学出版社 2007 年版。

45. 李德芳：《琼崖革命史》，海口：南方出版社、海南出版社 2008 年版。

46. 李德芳：《琼崖革命简史》，北京：中国社会科学出版社 2013 年版。

47. 李德芳、杨素稳：《琼崖革命进程中的马克思主义中国化》，北京：中国社会科学出版社 2016 年版。

48. 李德芳：《琼崖革命精神》，北京：中共党史出版社 2019 年版。